KB236776

高句麗의 西方政策 研究

- 北朝와의 對立과 共存의 관계를 중심으로 -

高句麗의 西方政策 研究

- 北朝와의 對立과 共存의 관계를 중심으로 -

李 成 制

국학자료원

이 연구서에서 저자는 北魏 등 北中國王朝를 중심으로 한 서방세력에 대해, 고구려가 전개한 對外政策을 다루었다. 간단히 고구려의 對中國 관계를 다룬 글이라고 말할 수도 있겠다. 저자가 사용한 '西方政策' 대신 '中國政策'이 어울린다는 말도 여러 번 들었다. 그렇지만 北朝에 우려의 눈길을 두면서도 그 주변 세력들까지 염두에 두어야 했던 고구려의 대외정책을 중국정책이라고 말하기는 곤란하다.

長壽王代로부터 고구려는 北燕을 무너뜨린 北魏의 세력과 경계를 접하였고, 뒤에 가서는 北齊를 거쳐, 統一帝國 隋를 상대하였다. 고구려는 매번 遼西 일대로 밀려든 이들의 힘과 맞닥뜨리곤 하였던 것이다. 고구려와 이들의 관계는 항상 긴장감이 감돌았고, 때로는 전면적인 충돌의 위기에 이른 적도 한두 번이 아니었다. 나아가 고구려가 서방 일대에 마주하였던 상대는 경계를 접하였던 北魏, 北齊 그리고 隋만이 아니었다. 직접적이지는 않더라도 당시 동아시아세계의 또 다른 축으로 자리잡고 있던 북방의 柔然(뒤에 가서는 突厥)과 南朝의宋(그 뒤를 이은 齊 · 梁 · 陳)은 고구려가 서방에 대한 대외정책을 수립하는데 있어서 반드시 염두에 두어야 할 주요한 상대였던 것이다. 아울러 요서 일대에 자리잡고 있던 여러 세력들 예를 들면 北燕 · 契丹 · 奚 · 靺鞨 등은 독립적 존재로서 자리매김할 수는 없겠지만, 고구려가 이들을 둘러싸고 北朝 혹은 南朝 · 遊牧勢力과 이해의 대립을 보였다는 점에서 고구려의 대서방 관계를 이해하는데 있어서 돌려놓을 수 없는 존재들이었다. 물론 百濟와 新羅의 적대적 움직임도 이와 무관할 수 없었다. 그런데 이처럼 다양한 세력들에 의해 시시때때로 제기된 도전의 중심에 북조가 자리잡고 있었다. 이에 고구려의 대외정책은 가장 위협적인 북조를 포함하여 서로 긴밀한 관계에 놓여 있던 서쪽 방면의 제 세력을 아우르는 것이어야만 하였다.

또한 고구려와 서방의 제 세력은 '遼西'의 공간을 통해서 경계를 접하였다. 요서는 당시 동북아시아의 여러 세력들이 중국으로 들어가거나 반대로 중국 쪽으로부터 나오는 힘이 전개되는 접점이었다. 당시 요서의 지정학적 중요성은 후대의 遼東에 비교할 만하였던 것이다. 그러므로 고구려의 서방 정책은 이 지역의 지정학적 중요성에서 비롯된 측면도 적지 않았다. 이 점에서 저자가 사용한 서방정책이라는 용어는 요서지역이 가진 지정학적 특수성을 염두에 둔 것이기도 하다.

당대의 중국측 史書는 고구려 방면을 가리켜 '東方'이라 하여, 자신들의 정치적 지배력이 미치지 못하는 별도의 독립적 공간으로 간주하였다. 또한 후대의 朝鮮시대 지식인들은 高句麗와 隋·唐의 전쟁을 東西 大國 간의 대결로 인식하였다. 당대는 물론이고 후대에 이르기까지 고구려는 東아시아세계의 국제질서에서 중국에 버금가는 세력이었다고 이해되었던 것이다. 하지만 다른 한편으로 세력관계에서 고구려가 劣勢에 놓였던 대외관계도 바로 이 방면의 관계에서였다. 이러한 점에서 고구려가 중국 중심의 국제질서 속에서 독보적 지위를 누릴 수 있었던 것이나, 독자적 세력권을 유지해 나갈 수 있었던 토대는 바로 서방정책의 추진에 있었다고 생각한다.

저자가 살펴본 바에 따르면 고구려의 서방정책은 크게 두 가지의 요소로 구성되어 있었다. 고구려와 북조·남조·유목세력의 관계는 기본적으로 영토를 달리하는 독립된 국가 간의 대등한 관계였다. 그렇지만 공식적인 관계에 있어서 고구려는 빈번한 朝貢使節을 북조에 보내었고, 그 册封을 받았다. 고구려는 서방의 여러 세력 가운데 무엇보다 북조를 중시하였고, 그 관계의 성립에 노력 하였다. 양국 간에 册封朝貢關係가 성립되고 그것이 유지될 수 있었던 데에는 고구려가 북조 중심의 국제질서를 인정하였기 때문에 가능할 수 있었다. 물론 이러한 정치적 행위가 형식적이고 명목상에 불과한 것이며, 실제의 내용에 있어서는 서로 독립적이었던 것이 분명하다. 그렇지만 고구려가 북조에 대해 정치적 관계에서의 우위를 인정한 점에 대해서도 애써 가리려고 해서도 안 될 것이다.

  사절의 파견과 교섭이 북조와의 갈등을 평화적으로 해결하기 위한 행위였다면, 그것의 한계를 보완하는 것이 고구려의 무력시위였다고 생각한다. 책봉조공관계라는 북조 중심의 국제질서에 참여하면서도, 고구려는 군사행동이라는 강경한 방법을 통해 북조와의 관계를 이끌어 나갔다. 두 가지 이질적인 요소가 교묘하게 결합되어 상호 보완적인 작용을 하였던 것이 고구려의 서방정책이었고, 북조라고 하더라도 상대적인 우위에 서 있던 당시의 국제정세 속에서는 매우 적절한 것이었다.

  이 책은 저자가 2003년 2월 제출한 박사학위논문을 수정·보완한 것이다. 당초에는 박사학위논문의 내용을 대폭 수정하고 아울러 몇 편의 글을 더하고 싶은 생각이 간절하였다. 특히 '專制海外'의 내용과 이후 고구려와 북조의 관계나, 隋과 고구려와의 관계 등에 대하여 보다 깊이 알아보고 싶었다. 이러한 문제들에 대한 구체적인 해명이 있어야만 서방정책의 변화와 그 한계가 보다 구체적으로 드러날 것으로 생각하였기 때문이었다. 하지만 어느덧 학위논문을 구성하였던 5편의 글 모두를 미흡하게나마 보완하였고, 그것을 학계에 보고한 이상, 작업의 마무리를 더 이상 미룬다는 것이 무의미하게 되었다. 그래서 당초의 계획을 수정하여, 남은 문제들에 대한 해명은 앞으로의 과제로 삼고, 발표논문들의 내용은 본래의 논지에서 벗어나지 않는 한에서 약간의 손질을 가한 채로 간행하기로 하였다.

비록 허점투성이의 책이지만, 이 책이 나오기까지에는 많은 분들의 도움이 있었다. 무엇보다 西江大學校 史學科에 계시는 여러 은사들의 은혜를 잊을 수 없다. 먼저 저자를 한국사 연구의 길로 인도해 주신 李鍾旭 선생님께 진심으로 감사드린다. 李鍾旭 선생님께서는 저자의 대학시절부터 지도교수로서 끊임없는 애정과 인내를 가지고 우둔한 제자를 지도해 주셨다. 아울러 항상 기존의 학설에 얽매이지 않고 자유롭게 사고할 것을 일깨워 주셨는데, 저자의 게으름과 어리석음으로 선생님의 가르침을 제대로 소화해 내지 못하고 있어 늘 송구스럽기만 하다. 저자의 학위논문이 나오기 얼마 전, 학교를 떠나신 洪承基 선생님께서는 사태를 이해하고 그것을 글로 풀어내는 방법을 일러주셨으며, 저자가 선정한 논문 주제를 구체화할 수 있도록 격려해 주셨다. 이 자리를 빌어 감사의 말씀을 올린다. 鄭杜熙 선생님께서는 저자에게 역사적 인물과 사건에 대한 연구가 어떻게 이루어져야 하는가를 일깨워 주셨으며, 학위논문의 심사를 맡아 가르침을 베풀어 주셨다. 그리고 金翰奎 선생님께서는 저자가 고구려의 대외관계사에 관심을 가질 수 있도록 음으로 양으로 가르침을 주셨다. 특히 金翰奎 선생님께서는 수업시간마다 치졸한 수준에 불과했던 저자의 이해를 바로잡아 주셨으며, 韓中 관계사에 대한 흥미가 관심 수준에 머물지 않도록 격려해 주셨다. 저자가 이나마 공부하고 몇 편의 글을 만들 수 있었던 것은 모두 네 분 선생님의 은공 덕분이라 여기고 있다.

또한 吳星 교수님은 바쁜 외중에도 불구하고 저자의 학위논문을 심사하여 주셨고 본 연구서가 출판되도록 주선해 주시고 또 조언을 아끼지 않으셨다. 申虎澈 교수님과 金龍善 교수님께도 감사의 말씀을 올린다. 먼 길을

마다하지 않고 오셔서 저자의 학위논문을 읽고 세세하게 지적해 주셨으며, 논문의 보완에 필요한 가르침을 베풀어 주셨다. 이 자리를 빌어 감사의 인사를 올린다.

　더불어 저자가 西江이라는 울타리를 통해 만난 선배와 후배들께도 감사의 말씀을 전한다. 공부에서나 일상 생활에서 저자는 늘 어리석고 미숙한 면을 드러내곤 하였는데, 그 때마다 서강의 선후배들은 저자의 잘못을 감싸주고, 저자로 하여금 용기를 낼 수 있도록 격려를 아끼지 않았다. 한분 한분의 호의와 보살핌을 떠올리며 고마움을 전한다.

　또한 지난 2년여의 짧지 않은 기간동안 저자가 몸 담았던 戰爭紀念館의 식구들에게도 고마움을 전한다. 담당업무와 연구를 병행한 탓에 저자가 어느 것 하나 만족스러워 하지 못하고 힘들어할 때마다 家兄처럼 감싸주었으며, 기념관에서의 생활을 접고 새로운 장도에 오르던 저자에게 마음에서 우러난 건승을 빌어주었다. 저자에게 베풀어준 따스한 정에 감사의 인사를 드린다.

　또한 어려운 상황에도 불구하고 이 책의 출판을 위해 애써 주신 국학자료원의 鄭贊溶 사장님과 편집부 여러분께도 감사를 드린다.

　끝으로 언제나 변함없는 애정을 보내주고 계신 부모님 그리고 사랑하는 아내 美景에게, 그 오랜 기다림에 비해 너무도 작은 이 성과물로나마 고마움을 대신한다.

2004년 11월
이 성 제

차 례

책머리에 …………………………………………………………… 5

서 론 ………………………………………………………………… 13

제 I 장 長壽王의 對北魏交涉과 그 政治的 意味
― 北燕을 둘러싸고 이루어진 對北魏關係의 전개를 중심으로 ―

1. 머리말 ……………………………………………………… 27

2. 長壽王 23年(435)의 對北魏外交와 그 意味 ……………… 30

3. 長壽王 24年(436) 高句麗軍의 和龍城 入城과 北燕王 迎入 …… 40

4. 北燕王勢力의 確保와 對北魏關係의 變化 ………………… 52

5. 맺음말 ……………………………………………………… 62

제 II 장 長壽王代 對宋外交와 그 意義

1. 머리말 ……………………………………………………… 65

2. 長壽王의 北燕王 馮弘 제거와 對宋外交 ………………… 69

3. 北魏의 和龍 鎭守와 東方政策 …………………………… 85

4. 對宋外交 中心의 西方政策 추진과 그 意義 ……………… 95

5. 맺음말 ……………………………………………………… 106

제Ⅲ장 高句麗의 西方政策과 對北魏關係의 定立
– 高句麗의 '專制海外'를 둘러싼 北魏의 認識 변화를 중심으로 –

1. 머리말 ·· 108
2. 對北魏外交의 再開와 그 意味 ······················ 111
3. 高句麗의 勢力圈과 北魏의 干涉 ···················· 120
4. 對北魏關係의 定立과 高句麗의 '專制海外' ········ 128
5. 맺음말 ·· 138

제Ⅳ장 "北魏末 流人" 문제를 통하여 본 高句麗의 西方政策
– 國際情勢의 變化에 따른 高句麗의 對應에 주목하여 –

1. 머리말 ·· 140
2. 北齊 文宣帝의 營州 진출과 流人 送還 요구 ······ 141
3. 北魏末의 混亂과 高句麗의 流人 包攝 ·············· 147
4. 高句麗의 流人 送還과 그 意味 ······················ 160
5. 맺음말 ·· 167

제Ⅴ장 高句麗의 遼西 攻擊과 對隋戰爭의 開始

1. 머리말 ·· 169
2. 6世紀末 高句麗와 隋의 關係 ························· 172
3. 隋의 遼西 進出과 營州總管府 設置 ················· 183
4. 高句麗의 遼西 攻擊과 그 性格 ······················ 196
5. 맺음말 ·· 207

결 론 ·· 210

參考文獻 ·· 219

Abstract ·· 231

서 론

이 글에서 다룰 高句麗의 西方政策이란 長壽王 23年(435)부터 隋와의 전쟁이 시작된 嬰陽王代까지 高句麗가 北中國王朝를 상대로 하여 전개하였던 對外政策을 말한다. 이 시기동안 고구려는 遼河 일대와 그 너머 중국 대륙으로의 진출, 즉 西方으로의 세력 확대를 지양하였다고 이해되고 있다. 필자도 이러한 예에 따라서 遼河 저편의 諸勢力을 상대로 한 고구려의 對外關係를 對西方 관계로 이해하고자 한다. 흔히 中國史에서 南北朝時代라고 부르는 이 시대에 고구려의 서방에는 새로이 등장한 北魏가 남쪽의 宋과 대립하고 있었고, 뒤에 가서는 北齊를 거쳐, 隋와 唐이 중국을 통일하여 그 자리를 이었다. 고구려는 매번 요하 일대로 밀려든 이들의 힘과 맞닥뜨리곤 하였다. 그러나 북위와의 관계가 시작된 무렵은 말할 것도 없고 嬰陽王 9年(598)의 요서 공격이 있기까지 서방세력과 충돌한 적은 한번도 없었지만, 이 시대 고구려의 대서방관계는 군사적 긴장감이 항상 감돌았고, 때로는 전면적인 충돌의 위기에 이른 적도 한두 번이 아니었다. 즉 북위에서 북제, 그리고 수에 이르기까지의 서방세력이 요하 저편에 등장할 때마다 고구려의 대서방 관계는 중요한 국면을 맞이하였던 것이다. 따라서 당시 고구려는 그 어느 시대보다도 서방관계를 중시해야만 하였다.

이에 長壽王代를 거치면서 高句麗의 對西方 관계는 긴밀하게 전개되었고 册封과 朝貢의 외교 형식도 제도화되었다. 고구려의 세력권이 서방과는 구분되는 별개의 독자적인 것으로 인식되었던 것도 이 무렵이었다. 그런데 서방 관계가 안정되었음을 보여주는 이러한 대외관계가 갑자기 이루어진 것은 아니었다. 서방과의 우호적 관계도 또한 예외가 아니었다. 장수왕이 서방과의 관계를 새롭게 맺고 이것을 우호적으로 이끌어가기 위해 지속적으로 노력한 결과가 다음 시대에 이르러서 결실로 나타나게 된 것이다. 고구려와 서방 세력과의 관계에 대하여서는 특히 서방의 안정이 어떻게 이루어졌는가를 밝히는 것이 중요하겠다. 이러한 문제에 다가서는데 적절한 주제의 하나가 西方政策일 것이다. 즉 5~6세기 고구려의 대서방 관계의 성격을 밝히기 위하여 서방에 대한 고구려의 대외정책에 관한 연구가 필요한 것이다.

또한 고구려의 서방정책은 長壽王의 對北魏交涉에서 비롯되었다. 장수왕은 북위라는 새로운 위협세력과 대결하지 않으려 하였다. 이러한 그의 노력은 일정한 효과를 본 것으로 생각된다. 하지만 두 국가 사이에 놓여 있던 北燕을 북위가 차지함으로써 양상은 달라졌다. 서방으로부터의 위협은 직접적인 것이 되었고, 양국은 대결 직전의 적대적 관계에 놓이게 되었다. 이러한 대북위 관계의 악화와 충돌의 위기 속에서도 고구려는 북위와 대결하지 않을 수 있었고, 뒤에 가서는 대북위 외교를 재개하기에 이르렀다. 그렇다면 고구려의 대북위 관계가 군사적 충돌이라는 극단적 적대관계까지 나아가지 않았던 요인은 무엇이었을까. 이러한 효과를 거두었던 서방정책의 내용을 살펴보는 것은 매우 중요한 작업이 될 수 있다고 생각한다.

또한 이 연구의 필요성은 여기에 그치지 않는다. 고구려의 서방에는 북중국의 정세변화와 짝하여 항상 새로운 위협세력이 등장하곤 하였다. 이 시기 동안 고구려는 서방에 새로운 정세변화가 나타날 때마다 새로운 위협에 직면하였던 것이다. 장수왕의 긴 통치기간과 그 뒤를 이은 文咨明王代에 고구려의 중요한 과제는 서방으로부터 밀려오는 북위의 도전을 어떻게 대처해 나갈 것인가에 있었다. 華北 全域을 석권한 강력한 국력을 바탕으로 북위의 東方政策이 추진되고 있었기 때문이었다. 이러한 북위의 동방정책에 대응하기 위해 고구려는 서방정책을 추진하였던 것이다. 마찬가지로 북위를 이은 북제와, 중국을 통일한 수에서도 고구려를 위협하는 정책을 추진하였다. 고구려의 서방에 들어선 각국의 정치·군사적 역량과 당시의 국제정세에 따라 정도의 차이는 있었겠지만, 고구려는 그때마다 걸맞는 서방정책을 전개해 나가야만 하였던 것이다. 고구려의 서방에 대한 대외정책을 특정 국가보다는 한 시대의 方面 전체에 대한 정책으로 바라보려는 이유가 여기에 있다.

끝으로 서방관계와 주변세력들의 동향은 어떠한 상관 관계를 가지는 것일까 하는 점도 흥미롭다. 이때는 고구려가 세력권 아래 있거나 아직 포함되지 않고 저항을 계속하던 주변세력들을 보다 확실히 장악해 나가야 할 시점이기도 하였다. 따라서 주변 세력들의 입장에서 보면 고구려와 서방 세력의 대립은 고구려의 영향력 아래에서 벗어날 수 있는 기회일 수 있었다. 이러한 관점에서 고구려가 서방관계를 고려하는데 있어서 서방세력 뿐 아니라 주위에 자리잡고 있던 주변세력들의 동향도 매우 중요한 문제였을 것으로 생각된다. 고구려의 서방정책이 결정되고 추진되는데 서방세력과 주변세력의 관계도 중요한 변수로 작용될 수 있었던 것이다. 따라서 고구려의 서방정책을 검토하는 일은 고구려와 주변 세력의 관계, 서방세력과 주변세력의 관계, 그리고 그것의 변화를 이해하는데 매우 긴요하다.

이처럼 고구려의 서방정책에 관한 연구는 전성기 고구려의 대외관계에 대한 여러 가지 궁금증을 밝히는데 도움을 줄 것이다. 이 분야에 관한 지금까지의 연구도 이러한 문제의식에서 이루어졌다고 볼 수 있다. 특히 이 시기에 대한 학계의 관심은 당시 고구려가 북위를 비롯한 북중국 왕조의 국가들과 대결하지 않고, 다각적인 외교를 추진함으로써 대서방 관계를 평화적으로 전개해 나갔다는 점에 모아졌다.[1] 지금까지 5~6세기 특히 장수왕대를 중심으로 한 고구려의 대서방 관계와 정책에 관련한 연구성과를 정리해 보면 다음과 같다. 전반적으로는 당시 고구려와 서방 각국의 관계가 勢力의 均衡을 이루고 있었다는 점은 지적되고 있다. 고구려의 영역 확장이 遼東 지방을 넘어 서쪽으로 나가지 못하고, 南方으로의 진출을 적극 전개하게 되었던 배경도 여기에서 찾아졌다. 동아시아의 국제관계가 세력균형을 이루고 있었기 때문에 고구려는 다각적인 외교를 통해 서방세력을 견제해 나갈 수 있었다는 것과, 대서방관계는 책봉 · 조공의 외교형식을 통해 활발하게 전개되었다는 점 등도 밝혀졌다.

고구려의 서방정책의 구체적 실현은 당시 국제정세의 勢力均衡的 관계를 이용하고 서방세력과 책봉 · 조공관계를 맺음으로써 이루어졌다고 이해되어왔다.[2] 이와 관련하여 고구려의 朝貢과 西方세력의 高句麗王에 대한

---

1) 5~6세기 서방에 대한 고구려의 대외정책에 관한 이해는 당시 대외정책의 목표를 '西方의 위협에 대한 防禦와 南方으로의 進出'로 파악하는 문제와 관련이 깊었다. 관련 연구들에 대해서는 盧重國, 「高句麗對外關係史 研究의 現況과 課題」『東方學志』 49, 1985, pp.306~307에서 정리하였다.

2) 江畑武, 「四-六世紀の朝鮮三國と日本-中國との册封をめぐって-」『朝鮮史研究會論文集』 4 (極東書店, 1968); 上田正昭・井上秀雄編, 『古代の日本と朝鮮』(學生社, 1974).
坂元義種, 「古代東アジアの日本と朝鮮-「大王」の成立をめぐって-」『史林』 51-4 (1968); 『古代東アジアの日本と朝鮮』(吉川弘文館, 1978).
武田幸男, 「長壽王の東アジア認識」『高句麗史と東アジア』(岩波書店, 1989).
徐榮洙a, 「三國과 南北朝 交涉의 性格」『東洋學』 11(1981).
徐榮洙b, 「三國時代 韓・中外交의 展開와 性格」『古代韓中關係史의 研究』(1987).
三崎良章a, 「北魏의 對外政策과 高句麗」『朝鮮學報』 102(1982).
三崎良章b, 「高句麗의 對北魏外交」『早稻田大學大學院文化研究科紀要別册』 9 (1982).
노태돈, 「5-6世紀 東아시아의 國際情勢와 高句麗의 對外關係」『東方學志』 44(1984);

册封이 갖는 형식성이 지적되기도 하였다.[3] 또한 宋 혹은 宋과 柔然이 중심
이 되어 對北魏 包圍戰線을 구축하였고, 고구려는 여기에 연결하여 북위의
위협을 견제할 수 있었다고 보고, 세력균형적 국제관계를 강조한 연구가
있었다.[4] 이러한 고구려의 대서방 외교를 두고 兩屬外交였다고 하거나, 自
主外交라고 규정하기도 하였다.[5] 고구려가 중국의 분열상황을 적절히 이용
하여 對中國二重外交를 전개하였다는 것이다. 한편 고구려의 대서방 관계
를 다른 국가들의 경우와 비교 · 검토하는 작업도 이루어졌다.[6]

　고구려의 서방에 대한 대외정책이 전개된 요인에 대해서는 百濟를 비롯
한 주변세력들의 압박에서 그 원인을 찾는 노력들도 기울여졌다.[7] 고구려

　　　『고구려사연구』(사계절, 1999).
　　盧重國, 앞의 글.
　　朴漢濟, 『中國中世胡漢體制硏究』(一潮閣, 1988).
　　池培善, 「北燕에 대하여(Ⅲ)-馮弘 재위시와 對高句麗관계를 중심으로-」 『東洋史學 硏
　　　　究』 32(1990).
　　孔錫龜, 「5-6세기 高句麗의 對外關係」 『高句麗 領域擴張史 硏究』(서경문화사, 1998).
　　金鍾完a, 『中國南北朝史硏究-朝貢 · 交聘關係를 중심으로-』(一潮閣, 1995).
　　金鍾完b, 「南朝와 高句麗의 關係」 『高句麗硏究 14-高句麗의 國際關係-』(2002).
　　金翰奎, 『한중관계사』 Ⅰ(아르케, 1999).
　　井上直樹a, 「高句麗の對北魏外交と朝鮮半島政勢」 『朝鮮史硏究會論文集』 38(2000).
　　李 凭, 「高句麗와 北朝의 關係」 『高句麗硏究 14-高句麗의 國際關係-』(2002).
3) 江畑武, 앞의 글, pp.32~38.
4) 武田幸男, 앞의 글, p.223 및 노태돈, 앞의 책, pp.307~316 등 지금까지의 연구들은
　 거의 모두 이러한 입장에서 고구려의 대서방 관계를 바라보고 있다.
5) 江畑武, 앞의 글, pp.32~38 및 坂元義種, 앞의 책, pp.12~21.
6) 江畑武, 앞의 글, pp.32~44, 三崎良章a, 앞의 글, pp.114~163 및 三崎良章b, 앞의 글,
　 pp.365~372, 金鍾完, 앞의 책, pp.1~173, 노태돈, 앞의 글, pp.296~333. 이 가운데,
　 三崎良章은 北魏의 四方에는 북위와 외교관계를 맺은 藩屛國家들이 자리잡게 되었는
　 데, 이 가운데 東方의 藩屛이 高句麗였다고 보았다.
7) 고구려의 대북위 관계 재개는 당시 고구려에게 위협이 되고 있던 당면문제를 어떤
　 것으로 보는가와 연관되었다. 이러한 당면문제들에 대한 논의에 관하여는 井上直樹

의 대북위 외교가 宋 위주에서 북위로 변한 것은, 송의 쇠퇴와 북위의 융성, 그리고 百濟의 고구려 공격 요청 때문이었다고 하였다.[8] 고구려 서부의 안정은 다른 방면으로의 영토확장을 위해 필요했다는 견해도 있었다.[9] 또한 新羅와 百濟의 연합이 고구려가 대북위 외교를 재개한 주요 원인이라고 본 경우도 있었다.[10] 한편 고구려의 세력권에서 이탈하려는 신라문제에 주목한 연구도 있었다.[11]

또한 고구려의 대서방관계에서 보이는 몇몇 사건들이 고구려와 서방세력의 대립과 관련하여 주목되어 왔다.[12] 高句麗軍의 和龍城 진출이라든지, 北燕王 馮弘을 둘러싼 고구려와 북위의 관계, 북위의 사절과 고구려 국왕의 외교적 의례를 둘러싼 다툼 등이 그러한 사례들로 이해되었던 것이다. 520년 무렵 북위의 내란과 관련하여, 북위의 혼란을 틈타 고구려가 遼西 일대로 군대를 보낸 적이 있었음도 지적되었다.[13]

가 앞의 글, pp.181~185에서 정리하였다.

8) 江畑武, 앞의 글, p.31. 한편 金壽泰는 백제의 북위에 대한 청병이 고구려에게 심각한 위협을 주었다고 지적하였다. 백제가 대북위 외교를 전개하여 북위의 고구려 공격만이 아니라 백제와 북위의 對고구려 연합공격을 추진하였고, 이에 대한 북위의 반응도 긍정적이었다는 것이다(金壽泰, 「百濟 蓋鹵王代의 對高句麗戰」 『百濟史上의 戰爭』, 忠南大 百濟研究所編, 2000, pp.227~234).

9) 노태돈, 앞의 책, pp.309~310. 그런데 고구려의 대북위 교섭은 남방진출에 나선 동안 후방의 안전을 확보하기 위한 것이라는 이해는 今西龍(今西龍, 「百濟史講話」 『文明の朝鮮』 67, 1931; 『百濟史研究』, 國書刊行會 再版, 1970)이 지적한 이래 널리 수용되고 있다(井上直樹a, 앞의 글, p.183).

10) 孔錫龜, 앞의 책, p.280.

11) 井上直樹a, 앞의 글, pp.183~193.

12) 기존의 연구에서는 대개 고구려의 대서방 관계를 개략적으로 서술하는데 그치고 있다. 고구려와 북위의 정치 · 외교적 갈등 관계를 노태돈, 삼기양장 등이 비교적 자세히 다루고 있을 뿐이다(노태돈, 「5-6세기 동아시아 국제정세와 고구려의 대외관계」, 앞의 책 및 三崎良章b, 앞의 글).

나아가 동아시아세계의 국제관계는 통일제국 隋가 들어섬으로써 새로운 국면으로 나아갔다. 고구려의 서방에는 이전의 어떤 국가와도 비할 수 없는 강력한 위협이 다가오게 되었다. 이러한 정세 변화와 관련하여 고구려의 遼西 공격에 주목한 연구들이 있었다. 이것은 다가올 수의 침략에 대비한 선제공격의 성격을 띠었다고 이해한 것이다.[14)]

이와 같은 연구에 힘입어서 5~6세기 고구려의 대서방 관계나 서방정책과 관련한 문제가 다루어졌다. 하지만 연구의 결과가 만족할 만한 단계에 이르렀다고는 생각하지 않는다. 아직도 고구려의 대서방 관계과 그에 대한 대외정책의 실상이 제대로 부각되었다고 말할 수 없다. 이것은 지금까지의 연구에 다음과 같은 몇 가지의 문제가 있었기 때문이 아닌가 한다.

첫째 지금까지의 연구는 고구려의 대서방 관계와 대외정책을 이해하면서 시기의 변화와 위협의 구체적인 내용과 그에 따른 대응의 차이에 그다지 주목하지 않았다. 長壽王이 북위와 외교관계를 맺은 뒤부터 文咨明王代를

---

13) 朱子方·孫國平,「隋'韓曁墓誌'跋」『北方文物』1986年 1期.
　　井上直樹b,『韓曁墓誌』を通してみた高句麗の對北魏外交の一側面-六世紀前半を中心
　　　　に-」『朝鮮學報』178(2001).

14) 日野開三郎,「粟末靺鞨の對外關係」『史淵』41(1949. 10)·42·43·44(1950. 8);
　　『東洋史學論集』第15卷(三一書房, 1991).
　　李龍範,「高句麗의 遼西進出 企圖와 突厥」『史學硏究』4(1959);『韓蒙關係史硏究』
　　　　(1989).
　　李丙燾,「高句麗對隋唐抗戰」『韓國古代史硏究』(博英社, 1979).
　　金善昱a,「高句麗의 隋唐關係 硏究-朝貢記事의 檢討를 中心으로-」『忠南大學校人 文
　　　　科學硏究所論文集』11-2(1984).
　　金善昱b,「高句麗의 隋唐關係硏究-靺鞨을 中心으로-」『百濟研究』26(1985).
　　菊池英夫,「隋朝の對高句麗戰爭の發端について」『中央大學アジア史研究』16(1992).
　　韓　昇,「隋と高句麗の國際政治關係をめぐって」『堀敏一先生古稀紀念論叢』(汲古書
　　　　院, 1995).
　　노태돈,「귀족연립정권의 성립」(앞의 책, 1999).

거쳐 이후 수와 전쟁하기까지의 모든 시기를 통하여 또는 이 시기의 모든 서방으로부터의 위협에 대해 고구려의 서방정책은 한결같이 조공사절의 파견을 통한 외교였다거나 반대로 남조와의 연결을 통해 북조를 견제하였다고 하는 둘 가운데 하나를 선택하는 식의 논의가 대부분이었다. 물론 5~6세기의 시기는 대체적으로 말하자면 고구려의 서방 진출이 적극적으로 전개되던 앞선 시기나 뒤에 오는 對隋·唐戰爭期와는 다른 특성을 지니고 있다. 그렇기 때문에 5~6세기 고구려의 대서방 관계와 서방에 대한 정책을 하나로 이해하고 앞뒤의 시기와 구분하여서 볼 수 있다. 이러한 거시적인 관점은 앞뒤의 긴 시대의 흐름 속에서 5~6세기 고구려의 대서방 관계와 대외정책이 가지는 상대적인 위치를 가늠케 해주었다.

그러나 필자는 이와 아울러서 시기를 좀더 잘게 나누고, 위협의 구체적 내용에 접근해 보는 관점도 중요하게 여겨야 한다고 믿는다. 이 시기가 다른 어떤 때보다 고구려와 서방 세력 사이의 긴밀한 교섭이 전개되었던 때였다는 점을 염두에 두어야 할 것이다. 이에 따라서 5~6세기의 시기를 다시 몇 시기로 나누어서 살피는 일이 필요하다고 생각한다. 같은 장수왕대라고 하더라도 북위의 北燕 침공이나 북위의 華北 석권에서 고구려가 느꼈을 위협의 정도는 예사로울 수도 동일할 수도 없다. 이와 짝하였을 고구려의 서방정책도 동일한 내용이었을 리는 만무하다. 즉 대외정책의 상호 연관성을 중시하는 관점에서 고구려의 서방에 대한 대외정책을 검토하겠다는 것이다. 또한 고구려가 마주한 상대국과의 국력 차이도 염두에 두어져야 한다. 이것은 고구려가 강력한 국력의 뒷받침을 받을 수 있었던 장수왕대와 그렇지 못하였던 시기의 서방정책을 고려하는데 중요한 변수이기도 하다. 예를 들면 북위에 대해 고구려는 시기에 따라 서로 다른 내용의 서방정책을 전개하였던 것이다. 따라서 이 글에서는 시기에 따른 변화나 서방세력의 위협

정도에 따른 차이에 각별히 유의하고자 한다. 즉 고구려의 서방에 대한 대외정책이 시기와 서방세력의 위협 정도에 따라서 달랐다는 점에 주의를 기울일 것이다.

둘째 이제까지의 연구는 대체로 고구려나 북위·수 등 서방세력 가운데 어느 한쪽에 무게를 두어서 서방에 대한 고구려의 대외정책을 이해하였다. 북위·수의 서방세력이 가진 힘의 우위를 강조하여서 그들이 동아시아세계의 국제관계를 좌우했다고 보거나, 아니면 廣開土王 이래 강력한 국력의 뒷받침을 받고 있어서 고구려가 대서방관계를 유리하게 전개할 수 있었다고 보는 경향이 두드러졌다. 고구려와 서방세력의 상대적인 크기나 국제정세에 연관된 측면에 유의하여 대서방관계를 이해했다고 볼 수 있다. 국가 간의 관계는 기본적으로 국력의 크기에 따라서 결정된다. 그러나 그 밖의 변수들도 많다. 예컨대 북위와 수에게 고구려는 동방의 강국이긴 하지만 넘지 못할 상대였다고 볼 수는 없다. 이에 고구려가 이들과의 관계를 이루어 가기 위해서는 우선 저들의 고구려에 대한 인식부터 바꾸어야만 하였다. 즉 복속할 수 있고, 해야만 하는 상대가 아니라, 함께 공존해야 할 세력으로 인식시키는 과정이 고구려의 대서방관계에서 필요하였다는 뜻이다. 어떻게 하면 좀더 이상적인 관계를 현실에서 이루어 낼 수 있으며 또한 어떻게 하면 현실과 이상의 격차를 줄여 나갈 수 있는 방안이 될 수 있을까. 아마도 고구려의 대서방정책의 기본을 이루는 과제란 이런 류의 문제들이 아니었을까 한다. 그런데 종래의 연구에서는 이 점을 지나쳐 온 것이 사실이다.

이 글에서는 고구려가 대서방관계에서의 인식의 격차를 현실적으로 줄여가고자 기울인 노력을 주의깊게 관찰하고자 한다. 다시 말하여 고구려의 서방정책이 대서방관계의 이상과 현실의 격차를 줄여나가기 위한 정책이었다는 관점에서 서방에 대한 고구려의 대외정책을 검토한다는 뜻이 된다.

예를 들면 고구려는 북위와 타협적 관계를 맺으려 하였다. 이것은 물론 힘의 우열이 있어서 북위와 정면으로 맞서는 것은 피할 필요가 있었기 때문이었다. 다른 한편으로 고구려가 북위와 외교관계를 맺으면서 실력행사도 병행했던 것은 그렇게 함으로써 북위와의 관계를 이상적인 상태로 이끌어가는데 도움이 된다는 판단에서 비롯한 것이기도 하다.

셋째 지금까지의 연구에서는 冊封과 朝貢을 연결 고리로 삼아서 고구려와 서방세력 간의 관계의 구체적인 내용을 그려내는데 그다지 관심을 두지 않았다. 물론 고구려의 대서방 관계와 관련한 사료를 분석하면서 외교제도나 국제적 지위 따위와의 관련을 추구한 연구가 전혀 없었던 것은 아니다. 하지만 대부분의 연구에서는 제도의 형식성과 국제적 서열을 살피는데 논의의 초점을 맞추었다. 고구려와 서방세력의 관계를 이해하기 위해 당시의 외교양식과 국가간의 서열을 알아보는 것은 우선적으로 이루어져야 할 작업이다. 외교양식에 대한 기본적인 이해가 없이 국가 간의 관계의 실상을 파악하기 어려우리라는 점에서 그러하다. 그러나 이 시기에서만 나타나는 제도상의 특징이 반드시 형식적인 것에만 치우쳤다고 보기는 어렵다.

이 글에서는 고구려와 서방세력의 관계에 관한 사료를 분석하면서 다양한 방면의 문제와 연결지어 보고자 한다. 예를 들면 장수왕이 북위로부터 받은 "都督遼海諸軍事 領護東夷中郞將"의 책봉호를 북위측이 고구려의 독자적 세력권을 인정하는 것으로만 설명하는데 그칠 수는 없다. "영호동이중랑장"은 동이세력에 관할권을 행사하고 있던 동이교위와 별개의 것으로 만들어진 것이었기 때문이다. 이것은 북위가 동이세력에 대한 세력확대를 중단하지 않으려 했음을 짐작하게 해준다. 책봉호의 수여를 세력권에 대한 인정이나 고구려에 대한 각별한 평가라는 면과 더불어서 양국의 타협에 미진한 갈등의 소지가 남아있었다는 측면에서도 살필 수 있을 것이다. 따라서 하나의 사실이나 제도를 당대의 현안과 관련지어 보면서 전체적인 모습을 파악할 필요가 있다. 이러한 다각적인 관점에서 연구가 이루어질 때 고구려와 서방세력의 관계를 좀더 구조적으로 이해할 수 있을 것이다.

아울러 고구려가 서방세력과 경계를 접한 지역은 遼西 일대였다. 요서는 당시 동북아시아세계의 여러 세력들이 중국 방면으로 들어가거나 동북아시아를 향한 중국의 힘이 나오는 접점의 역할을 하고 있었다. 이에 당시 요서의 지정학적 중요성은 후대의 遼東에 비교할 만하였다. 그러므로 고구려와 서방세력이라는 당시 동북아시아세계의 강력한 두 축의 대립은 이 지역의 지정학적 중요성에서 비롯된 측면도 적지 않았다. 이러한 점에서 요서지역의 특수성을 염두에 둔 연구도 필요하다.

이상에서 지금까지의 연구에서 보이는 몇 가지의 문제점을 말하였다. 더불어 필자가 글을 쓰면서 각별히 유의할 사항에 대해서도 정리하였다. 이 글에서는 고구려의 서방정책이 시기에 따라서 그리고 위협의 정도에 따라서 달랐다고 보는 입장에 설 것이다. 시기적인 변화와 위협 정도의 차이에 주목하여 서방정책의 특성을 드러내려는 것이다. 그리고 이 글에서는 고구려와 서방세력의 대외정책 간에 보이는 상호 연관성을 중시하는 관점을 가질 것이다. 따라서 서방에 대한 고구려의 대외정책이 대고구려 위협정책에 대응하기 위해 마련되었다는 사실에 주목할 것이다. 마지막으로 하나의 사실이나 제도를 밝히는데 그치지 않고 그것을 여러 관련되는 문제와의 연결 속에서 이해하고자 노력할 것이다. 이들 사이의 연관성을 중시하여 사태를 구조적으로 파악하게 되기를 기대한다.

이 연구에서는 앞에서 말한 관점에 따라서 5~6세기 고구려의 서방정책에 관하여 검토하고자 한다. 특히 필자는 서방에 대한 정책을 필요로 하였던 각 시기의 여러 현안에 유의하고자 한다. 각 시기의 현안에 관심을 가짐으로써 서방정책의 구체적인 내용을 파악할 수 있다고 보기 때문이다. 5~6세기 고구려의 대서방관계에서 현안이 되었던 문제들로는 북위의 北燕 정복, 北燕王 馮弘의 거취, 북위의 동방정책과 주변세력, 북위 말 流人 문제, 수의 고구려 침공계획 따위가 있었다. 이들의 구체적인 전개과정과 대응방안을 비롯하여 그 결말과 의미에 관하여 살피는 것은 고구려의 대서방관계와 서방에 대한 대외정책의 실제적인 모습을 그려내는 일이 되기도 할 것이다. 본론의 내용은 모두 다섯 장으로 이루어졌다. 앞으로 검토할 내용을 간략히 소개하면 다음과 같다.

제 I 장에서는 長壽王의 對北魏交涉과 그 政治的 意味에 관하여 알아보고자 한다. 장수왕의 대북위 교섭은 朝貢과 册封의 外交와 武力示威의 군사행동으로 이루어졌다. 여기에서는 먼저 장수왕이 대북위 관계에서 이 둘 가운데 어느 한쪽에 전적으로 의지하지 않고 둘을 아울러 구사하였음을 분명히 할 것이다. 다음으로 고구려가 대북위 외교에 나섰던 이유와 관련하여 北燕이 北魏쪽으로 기울던 정세의 변화를 검토할 것이다. 그리고 장수왕 23년 고구려의 朝貢으로 북연과 북위의 관계가 급변하였음을 알아볼 것이다. 마지막으로 北燕王의 고구려 亡命과 관련하여 고구려의 전략이 어떠한 역할을 하였으며, 北燕王 迎入으로 대북위 관계는 어떻게 전개되었는지에 대해 살펴서 장수왕의 대북위 교섭이 가지는 한계와 정치적 · 역사적 의미를 밝히려고 한다.

제 II장에서는 北魏와 對立하는 동안 고구려가 추진한 對宋外交의 性格과 戰略에 관하여 알아보고자 한다. 먼저 北燕王 馮弘의 처리문제를 중심으로 고구려와 宋, 北魏의 관계에 대해 살펴보겠다. 이와 더불어서 대송외교의 성격은 어떤 것이었는지를 알아볼 것이다. 대송외교의 추진 원인은 북위와의 관계에 있었을 것이므로 고구려와 북위의 입장에 대해 비교하면서 볼 것이다. 그리고 대송외교를 추진한 고구려의 대북위 전략을 당시 국제정세와 연관지어 볼 것이다. 이것은 대송외교를 내세운 고구려의 대북위 전략이 어떻게 성공을 거둘 수 있었는가를 밝히는 일이 되기도 할 것이다.

제 Ⅲ장에서는 고구려가 對北魏外交를 재개하게 되었던 배경과, 그러한 문제가 어떤 과정을 거쳐 해결되었는가를 살펴보고자 한다. 먼저 재개된 양국 관계를 둘러싸고 고구려와 북위의 입장에 대해 알아볼 것이다. 이와 더불어서 고구려가 대북위 외교를 재개하였던 이유와 관련하여 고구려를 둘러싼 주변 국가들과 북위의 관계를 검토할 것이다. 여기에서 대북위 외교의 재개와 관련하여 고구려가 직면하고 있던 문제의 소재가 명확해질 것이다. 이어서 불안정한 상태에 머물던 양국 관계가 어떤 과정을 거쳐 우호의 방향으로 나아가게 되었는가를 살펴볼 것이다. 이와 관련하여 양국 관계에 대한 북위의 인식 변화와, 그것을 이끌어 내었던 정세는 어떤 것이었는가를 검토하게 될 것이다. 나아가 이것은 고구려의 '專制海外'와 그것에 대한 북위의 인정이 대립의 관계를 뒤로 하고 새로운 관계를 모색하게 된 뒤에 가서야 나올 수 있었다는 필자의 가설을 확인하는 작업도 될 것이다.

제 Ⅳ장과 Ⅴ장은 중국 南北朝時代 末의 혼란과 隋의 통일로 이어지는 시기의 高句麗와 西方勢力의 관계를 알아보려는 목적에서 마련되었다. 제 Ⅳ장에서는 北魏의 붕괴에 따른 동아시아세계의 혼란과 遼西를 장악하고자 한 고구려의 서방정책에 대해 살펴보고자 한다. 먼저 고구려가 北魏를 이은 北齊와 대립하게 된 문제가 무엇이었는지를 밝히고자 한다. 이와 관련하여 流人의 발생과 이들에 대한 고구려의 적극적인 迎入 활동을 살펴보게 될 것이다. 또한 고구려의 적극적인 유인 확보 노력이 의미한 바에 대해서도 요서의 확보라는 측면에서 검토하게 될 것이다. 마지막으로 유인의 送還을 매개로 한 고구려와 북제의 관계에 관하여도 살펴볼 것이다.

제 V장에서는 高句麗의 遼西 攻擊과 隋의 東方政策 사이의 관계를 알아
볼 것이다. 먼저 高句麗가 隋를 공격하기까지의 양국 관계에 대해 살펴볼
것이다. 여기에서는 고구려와 수의 관계를 보여주는 사료들을 분석하여
고구려가 요서를 공격하게 된 원인에 대해 다시 검토하고자 한다. 이어서
고구려로 하여금 선제 공격하도록 한 수의 위협을 구체적으로 살펴볼 것이
다. 끝으로 수의 고구려 침공과 그 결말을 알아볼 것이다. 이로써 고구려의
요서 공격이 갖는 역사적 의의를 드러내 보일 것이다.

이러한 연구를 통하여 5~6세기 高句麗의 對西方關係와 西方에 대한 對
外政策이 전개된 실상과 특성을 좀더 분명하게 알 수 있었으면 한다. 나아가
고구려사를 이해하는데 조금이나마 보탬이 되기를 기대한다.

제Ⅰ장 長壽王의 對北魏交涉과 그 政治的 意味

― 北燕을 둘러싸고 이루어진 對北魏關係의 전개를 중심으로 ―

1. 머리말

長壽王代 高句麗는 廣開土王 이래의 국력을 바탕으로 세력권을 더욱 넓혀가고 있었다. 그러나 장수왕의 세력확대가 순탄하기만 한 것은 아니었다. 遼河 일대에서 고구려는 세력팽창을 거듭하고 있던 北魏와 맞닥뜨렸던 것이다. 北魏는 이미 北中國의 넓은 영역을 차지하고 있었다. 북위는 더 나아가 遼河 以西와 지금의 河北省 일부를 영역으로 했던 北燕을 공격하기 시작하였다. 그 힘은 조만간 北燕을 넘어 고구려로 밀려올 것이었다. 고구려는 다가오는 북위의 위협에 대처해야 할 처지가 되었다.

이러한 위기의 상황에 대해 이 글에서는 長壽王의 對北魏交涉에 주목하여 장수왕 23년(435) 무렵 요하일대의 정세 변화와 그에 대한 고구려의 대응을 살펴보고자 한다. 이 글에서 장수왕의 對北魏交涉이란 장수왕 23년(435)에 고구려가 북위에 사절을 보내 册封朝貢關係를 맺었던 일과 이듬해인 장수왕 24년에 北燕王을 迎入한 고구려가 북위를 상대로 벌인 對北魏外交를 아울러 말하는 것이다.

장수왕대 고구려의 대북위 관계에 대한 지금까지의 연구는 册封과 朝貢

을 통해 양국의 외교관계가 이루어졌음에 주목하였다. 자연히 외교를 통한 북위와의 타협이 강조되었다.[1] 상대적으로 사절의 파견과 북연왕 영입에서 보인 고구려의 능동적인 태도에 대한 관심은 소홀하게 되었다.[2] 또한 그 동안의 연구에서는 장수왕 23년의 대북위 외교와 이듬해의 북연왕 영입 사건을 별개의 사건으로 구분하고 있는 경향을 보인다.[3] 하지만 이 두 사건

---

1) 북위의 북연 공략이라는 군사적 위협이 고구려로 하여금 대북위 외교에 나서게 했다고 처음 지적한 이는 江畑武였다(江畑武, 「四~六世紀の朝鮮三國と日本-中國との冊封をめぐって-」『朝鮮史研究會論文集』 4, 極東書店, 1968, p.32; 上田正昭 · 井上秀雄 編, 『古代の日本と朝鮮』, 學生社, 1974). 나아가 武田幸男은 고구려가 북위에 조공하였다는 점에서 고구려의 對北魏外交를 소극적인 방책(武田幸男, 「長壽王の東アジア認識」『高句麗史と東アジア』, 岩波書店, 1989, pp.218~223)이라고 평가하였다. 그에 따르면 長壽王 23年 북위에 조공사절을 보내 國交를 맺은 것을 계기로 고구려의 대외정책은 西方和平策으로 전환되었다고 한다. 대체로 이후의 연구자들은 이들의 견해에 따라 고구려의 대북위 관계가 북위의 북연 공략에서 비롯되었으며, 외교의 방법으로 사태를 해결하려는 것이었다고 보고 있다.
   한편 고구려의 대북위 외교가 북위의 세력확대로 빚어진 정세변화를 파악하기 위한 조치였다고 간주하는 노태돈(「5-6世紀 東아시아의 國際情勢와 高句麗의 對外關係」『東方學志』 44, 1984; 『고구려사연구』, 사계절, 1999)과 池培善(「北燕에 대하여 (Ⅲ)-馮弘 재위시와 對高句麗관계를 중심으로-」『東洋史學研究』 32, 1990)의 연구도 있다. 이들의 연구에서는 고구려가 외교사절을 북위에 보낸 배경과 관련하여 북연을 둘러싼 전후의 사정이 자세하게 다루어지고 있다. 찬반간에 필자는 이들의 연구성과에 시사받은 바가 많았다.
   한편 위에서 언급하지 않은 연구들도 여럿이 있다. 이들 연구에서는 논의의 대상을 고구려를 비롯한 三國과 중국의 南北王朝의 외교 전반에 두고 있다. 이에 따라 필자가 관심을 둔 고구려의 대북위 외교에 대해서는 부분적으로 언급하는데 머물고 있다. 그러므로 이들에 대해서는 본론을 서술하면서 필요에 따라 언급하는데 그쳤음을 밝혀둔다.
2) 고구려가 북위의 세력확대에 대응하여 대북위 외교를 전개한 것은 틀림없다고 여겨진다. 그렇지만 고구려의 대북위 외교를 수동적인 측면에서 바라보는 시각에는 동의할 수 없다. 그 동안의 연구가 고구려의 대북위 교섭을 전론으로 삼아 논의하지 않았기 때문이지만, 어느 연구자도 대북위 외교에 나선 고구려의 의도를 자세하게 추적하지 않았다.

은 북위의 세력확대라는 西方으로부터의 위협에 맞서, 고구려가 북연과 북위와의 관계를 새롭게 모색하고 재정립해나가는 과정에서 발생한 것이다. 즉 대북위 교섭이라는 하나의 틀 속에서 대북위 외교와 북연왕 영입을 연결지워 볼 필요가 있는 것이다. 또한 대북위 교섭에서 드러나는 고구려의 전략에 대한 보다 깊이있는 연구도 필요하다. 이 글은 이러한 문제의식 속에서 고구려의 대북위 교섭을 이해하여 보려는 시도이다. 이를 위해 우선 장수왕 23년을 전후한 시기의 대북위 관계에 한정하여 이 글을 구성하고자 한다.

장수왕 23년 고구려가 북위에 조공한 것은 양국의 관계가 성립되는데 결정적인 역할을 하였다. 그리고 이것은 遼河 일대의 정세와 밀접한 관계를 갖고 있었을 것이라는 점도 의심의 여지가 없다. 이러한 관점에서 볼 때 요하 일대의 정세에 대한 깊이있는 이해가 꼭 필요하다고 할 것이다. 그것은 고구려가 대북위 외교에 나서게 된 사정을 보여주는 것이기 때문이다.

고구려의 대북위 교섭은 册封과 朝貢관계[4]의 성립이라는 외교와 북위에 대한 軍事行動으로 나누어 볼 수 있다. 장수왕이 재위 23년과 24년에 거듭 북위에 사절을 보냈다는 점에서 전자가 더 중시되었다고 할 수 있다. 그렇다고 하여 중요성도 그러하다는 뜻은 아니다. 이 둘은 각각의 성격에 따라 고구려가 북위의 세력확대에 보다 능동적으로 대처하는데 도움을 주었다.

---

3) 이러한 시각에서 池培善과 朴京哲은 장수왕 24년 高句麗軍의 和龍城 入城을 강조하여 설명한 바 있다(池培善a, 앞의 글, pp.32~39 및 朴京哲,「高句麗 軍事戰略考察을 위한 一試論」『史學研究』40, 1989, pp.40~44).

4) 册封朝貢關係의 정치적 의미와 그 한계에 대해서는 다음의 글을 통해 자세하게 살필 수 있었다. 金翰奎,「南北朝時代의 中國的 世界秩序와 古代 韓國의 幕府制」『古代東亞細亞幕府體制研究』(一潮閣, 1997), 金鍾完,『中國南北朝史研究-朝貢·交聘關係를 중심으로-』(一潮閣, 1995), 李成珪,「中國의 分裂體制模式과 東아시아 諸國」『韓國古代史論叢』8(1996).

전자를 이해하는데 우선 주목되는 것이 대북위 외교에서 보이는 고구려의 태도이다. 장수왕 23년의 조공을 통해 고구려는 북위와의 관계 성립을 바랐다고 이해된다. 그런데 같은 대북위 외교라고 하더라도 이듬해에 이루어진 외교는 북연왕의 거취를 둘러싸고 양국이 대립하는 과정에서 전개되었다. 그러므로 장수왕 23년에서 24년에 걸친 고구려의 대북위 외교는 서로 다른 목적을 가지고 전개되었다고 보아야 할 것이다. 이러한 이유에서 먼저 장수왕 23년의 대북위 외교에 관심을 기울여 보겠다.

한편 당시 고구려와 북위의 관계에서 가장 극적인 사건은 고구려가 北燕王을 영입한 일이었다. 고구려군이 북연의 수도에 入城하였다는 점도 그러하지만 특히 영입한 대상이 북연의 국왕이었다는 점에서도 평범해 보이지 않는다. 북연왕이 고구려와 어떠한 관계에 있었는지 궁금하다. 고구려와 북위의 관계에서 북연왕의 역할을 이해하는 것 역시 이 글의 주요 내용이 될 것이다. 그리고 북연이 북위의 공격을 받고 있었다는 점에서 고구려의 북연왕 영입이 어떠한 정세의 변화를 반영한 것인지 고찰하지 않을 수 없다. 한편 북연왕을 영입한 뒤 고구려는 북위에 사절을 보냈는데, 이것은 양국 관계에 어떠한 의미를 갖는 것이었는지 궁금하다.

2. 長壽王 23年(435)의 對北魏外交와 그 意味

長壽王代 초반부터 高句麗의 西方 정세는 크게 변하였다. 北中國에서 北魏가 등장하여 華北 일대를 통합해 나갔던 것이다. 이것은 4세기 이래 유지되고 있던 5胡의 亂立과 相爭이 일단락되어감을 의미하였다.[5] 북중국

---

5) 金鍾完, 앞의 책, pp.17~19.

의 여러 국가들 가운데 北燕과 北涼만이 남게 되어 북위의 화북 통일이 임박하였던 것이다. 이러한 북중국의 정세 변화에 대하여 고구려는 어떤 입장을 가지고 있었을까. 우선 장수왕대 고구려와 북위의 관계를 알려줄 수 있는 기록을 살펴 보도록 하자. 고구려가 북위와 처음으로 접촉한 것은 장수왕 13년(425)의 일이었다. 장수왕이 북위에 使者를 보냈던 것이다.6) 그러나 이때의 사절 파견이 양국관계에 구체적으로 어떤 영향을 끼쳤는지 자세히 알 수는 없다. 이로부터 10년 뒤인 장수왕 23년(435), 장수왕이 보낸 사자가 북위 조정에 조공을 바치었고, 이때 북위도 고구려 장수왕을 책봉하기 위해 사신을 보내었다. 그리하여 고구려와 북위는 공식적인 외교관계를 열었다. 그런데 이러한 양국의 관계는 고구려의 조공을 계기로 하였다는 점에서 우리의 관심을 끈다. 다음의 기록을 통해, 고구려가 북위와 책봉조공 관계를 맺기까지의 사정을 살펴보기로 하자.

A a) 世祖時 釗曾孫璉始遣使者安東奉表貢方物 并請國諱. b) 世祖嘉其 誠款 詔下帝系名諱於其國 c) 遣員外散騎侍郎李敖 拜璉爲都督遼 海諸軍事 征東將軍 領護東夷中郎將 遼東郡開國公 高句麗王 (『魏 書』卷100, 中華書局, pp.2214~2215. 이하 中華書局 생략).

이 기록은 장수왕 23년(435)의 일을 전하여 주고 있는데, 내용은 크게 세 부분으로 나누어 살필 수 있다. 먼저 a)를 보면 고구려왕 高璉, 즉 長壽王 代에 고구려가 북위에 사자를 보내 表文과 方物을 바치었고, 북위의 國諱를

---

6) "十三年 遣使如魏貢." 『三國史記』卷18, 高句麗本紀6, 長壽王. 이 기록을 사실로 인정할 수 없다고 지적한 이는 三品彰英이었다(三品彰英, 「三國史記高句麗本紀の原典批判」『大谷大學硏究年報』 6, 1953, p.9). 지금까지 이 견해를 따르는 이들도 적지않다. 특히 武田幸男은 이 기록이 杜撰임을 자세하게 논증하였다(武田幸男, 앞의 책, pp.219~222).

알려달라고 했음을 알 수 있다. 『魏書』의 太武帝紀에 따르면 고구려가 북위
에 사신을 보낸 것은 장수왕 23년 6월의 일이었다.[7] b)는 고구려의 요청에
대해, 북위의 태무제가 기뻐하며 북위 황실의 系譜와 名諱를 보내주었다는
내용이다. 요컨대 북위 황제를 흡족하게 할 정도로 고구려가 보낸 표문과
방물은 정성을 다한 것(誠款)이었다. 북위에 각별한 정성을 보이려 했다는
점에서 고구려는 북위와의 관계를 중요하게 여겼다고 할 수 있다. 그러면
고구려는 어째서 대북위 관계를 중요하게 여겼을까. 이 점과 관련해서는
고구려의 서쪽 경계와 접한 北燕이 북위의 공격을 받고 있었다는 사실이
주목된다.

北燕은 장수왕 4년(416)부터 북위의 공격을 받기 시작하였다.[8] 북연은
북위의 거듭된 공격을 막아내고 있었지만, 그 저항은 날로 약해져 갔다.
그만큼 북위의 세력이 고구려에 다가오고 있었던 것이다. 이와 관련하여
다음의 기록을 살펴보기로 하자.

B) (馮崇-필자주, 이하 필자주 생략) 初 燕王(馮弘)嫡妃王氏生長樂公
(馮)崇 崇於兄弟爲最長.……又黜崇 使鎭肥如【註: 燕以幽州刺史
鎭肥如 遼西之地也.】崇母弟廣平公朗樂陵公邈相謂曰 今國家將亡
人無愚智皆知之.……乃相與亡奔遼西 說崇使降魏 崇從之.……(長
壽王 20年) 十二月 己丑 崇使邈如魏 請擧郡降 (『資治通鑑』卷122,
p.3845).

위의 B)기록은 北燕의 王子 馮崇이 북위에 항복하게 된 사정을 알려 주고
있다. 北燕王 馮弘의 長子인 馮崇은 遼西를 鎭하고 있었다. 그러다가 지키고

---

7) 『魏書』卷4上, p.85.
8) 『資治通鑑』卷117, p.3693.

있던 遼西郡을 들어 북위에 歸附하였다. 그가 항복을 결심한데는 아버지인 北燕王 馮弘에 대한 반발심도 작용하였을 것으로 믿어진다. 그는 형제 가운데 가장 연장자였음에도 불구하고 중앙에서 내몰린 상태였기 때문이다. 그러나 그가 북위에 귀부하였던 것은 이 때문만은 아니었다. "북연이 장차 망할 것이라는 것은 어리석거나 똑똑하거나에 상관없이 누구나 알고 있다 (今國家將亡 人無愚智皆知之)"는 말에서 그러하다. 이러한 평가에서 당시 북연이 처한 상황이 매우 비관적이었다는 것을 알 수 있다. 풍숭의 귀부에서도 알 수 있듯이 북연이 머지않아 망할 것이라는 것은 누구나 예견할 수 있을 정도였던 것이다. 장수왕 20년(432) 무렵에 이르면 북연의 붕괴는 단지 시간 문제가 되어 갔다.

한편 북연 왕자 풍숭이 귀부하자, 북위는 그의 항복을 받아들였다. 그리고 그를 遼西王에 책봉하기까지 하였다. 북위가 이처럼 풍숭을 각별히 후대한 사정을 다음의 기록에서 살펴보기로 하자.

C-1) (長壽王 21年 2月) 拜(馮)崇假節 侍中 都督幽平二州東夷諸軍事 車騎
　　　大將軍 領護東夷校尉 幽平二州牧 封遼西王 (『魏書』卷97, p.2127).

북위가 풍숭을 遼西王에 책봉한 것은 그가 북연왕의 長子 신분이라는 점과 함께 그의 세력기반이 遼西郡에 있었기 때문이라고 여겨진다. 아울러 그에게 북위의 역사상 最高位의 將軍號를 내린 점9)도 이와 무관하지 않을 것이다.

그런데 북위의 책봉은 단지 예우의 차원에 그치는 것이 아니었다. 풍숭이 車騎大將軍과 함께 都督諸軍事 권한도 아울러 받았기 때문이다. 거기대장

---

9) 三崎良章a, 「北魏の對外政策と高句麗」『朝鮮學報』 102(1982), p.125.

군 풍숭은 독자적 군사권을 발휘할 수 있는 권한을 갖추고 있었다. "都督幽
· 平 · 東夷諸軍事"란 거기대장군 풍숭이 군사적으로 統監할 수 있는 권
한의 범위에는 유주와 평주, 그리고 동이도 포함되었음을 의미한다. 이처럼
북위에 귀부함으로써 풍숭은 관할지역의 범위에서나 권한의 크기에서 막
강한 권력을 행사하게 되었다.

그러면 북위가 투항한 북연 왕자를 각별히 대우한 까닭은 어디에 있었을
까. 풍숭은 북위의 보호 아래 놓여 있었다. 이를테면 그는 북위의 附庸세력
이었던 것이다. 풍숭과 그의 세력이 이러한 성격을 지니고 있었다는 점은
매우 중요하다. 풍숭과 관련된 이들 사실로부터 장수왕 21년(433)무렵 북연
방면에 대한 북위의 세력확대 정책을 엿볼 수 있기 때문이다.

북위는 북연의 요서군 일대를 세력기반으로 삼고 있는 풍숭을 끌어들임
으로써 북연의 내부 분열을 꾀할 수 있었다.[10] 뿐만 아니라 이미 북연의
상당 지역을 차지한 북위로서는 풍숭을 내세워 점령지역에 대한 지배를
확고히 해나갈 수 있게 되었다. 그러나 북위가 풍숭에게 걸었던 기대에서
보다 중요한 것은 다음에 있었다고 보인다.

북위는 풍숭에게 幽州 · 平州의 2州와 함께 東夷에 대해서도 도독제군
사의 권한을 주었다. "都督幽 · 平 · 東夷諸軍事"가 그것이다. 그리고 "護
東夷校尉" 직[11]을 겸하도록 하였다. 이러한 사실은 북위가 풍숭에게 북연인
에 대한 포섭과 회유 뿐만 아니라 다른 역할도 기대하였음을 뜻한다. 그러면
동이와 관련하여 풍숭이 맡았던 역할은 무엇이었을까. 이와 관련하여 우선

---

10) 池培善a, 앞의 글, p.10.

11) 北魏代 東夷校尉의 임무에 대해서는 그 부임지가 遼西 혹은 和龍이었다는 점에서
　　晋代 동이교위와 동일한 임무, 즉 동이에 대한 監護를 맡아보았을 것이라는 三崎良
　　章의 견해(三崎良章b, 「東夷校尉考-その設置と「東夷」への授與-」『東アジア史の展
　　開と日本』, 山川出版社, 2000, p.234)를 따른다.

북연의 지정학적 특성을 고려해 볼 수 있겠다. 요서지방 대부분을 영역으로 삼고 있었기 때문에 북연은 契丹 · 庫莫奚 등 주변 세력들과의 교류가 잦았다. 북연 역시 이들 세력들을 포섭하여 세력권 내에 둔 적도 있었고[12] 나아가서는 북방의 柔然과 연결되기도 하였던 것이다.[13] 이 점에서 북연 공략에 나선 북위가 동이세력에 대해서도 관심을 보였던 것으로 이해할 수 있겠다. 그렇지만 북위가 풍숭에게 '東夷' 통령의 임무를 맡겼던 것은 단지 관심의 차원이 아니었다. 이에 대해서는 다음의 기록이 도움을 준다.

C-2) 建德公嬰文 神元皇帝之後也. 少明辯 有決斷 太宗器之. 典出納詔
　　　令 常軌機要. 世祖踐阼 拜護東夷校尉 進爵建德公 鎭遼西. 卒 (『
　　　魏書』卷14, p.345).

위의 C-2)는 풍숭에 앞서 동이교위를 역임한 拓拔嬰文의 기록이다. 이 기록은 풍숭이 귀부하기 전, 북위와 동이세력 사이의 관계를 알려준다. 북위 太武帝는 423년(장수왕 11) 무렵 탁발영문을 護東夷校尉로 삼아 遼西를 鎭하게 하였다.[14] 416년부터 북연 공격에 나섰던 북위는 몇 년 지나지 않아 東夷校尉府를 설치하였던 것이다. 이것은 북위의 목표가 遼河 以西와 지금의 河北省 일부로 이루어진 북연의 영토를 차지하는데 그치는 것이 아니라는 점을 알려준다. 북위는 북연을 넘어서 동이 세력까지도 장악할 의도를 가지고 있었던 것이다. 이러한 의도를 이루기 위해 북위는 군대를 동원하여

---

12) "契丹 · 庫莫奚皆降於燕 (王 馮)跋署其大人爲歸善王."『資治通鑑』卷116, p.3668.

13) 柔然과 北燕이 일찍부터 긴밀한 관계를 맺고 있었다는 점에 대해서는 池培善의 글(池培善b, 「北燕에 대하여(Ⅱ)-馮跋과 그 在位時를 중심으로-」『東洋史學硏究』29, 1989, pp.162~166)을 참조하라.

14) 三崎良章은 탁발영문의 호동이교위 재임 시기를 423년 무렵이라고 보았다(三崎良章 b, 앞의 글, p.232, 表 1). 아마도 "世祖踐阼"의 표현에 근거한 이해라고 여겨진다.

북연을 공략해 가는 한편 東夷校尉府를 두고 역량있는 인물("少明辯 有決斷 太宗器之. 典出納詔令 常軌機要")에게 그 책임을 맡겼던 것이다. 즉 북연 방면으로 세력확대에 나선 초반기부터 북위는 북연 뿐만 아니라 동이세력 까지 염두에 두고 있었다. 그리고 북위는 그것을 실제로 구현하려고 시도하였다.

그렇지만 북위의 의도와는 달리, 拓拔嬰文이 구체적인 성과를 거두지는 못하였던 것으로 보인다. 그의 列傳에서조차 활약상에 대한 언급이 없다는 점에서 그러하다. 이로 미루어 동이세력에 대해서 북위는 애초의 계획보다, 적어도 북연 공략만큼의 성과를 거두지는 못하고 있었다고 여겨도 좋을 것이다. 한편 풍숭의 귀부는 북연의 붕괴가 멀지 않음을 보여주는 사건이었다. 이 점에서 그리 멀지 않은 장래에 대해, 그것도 사태를 주도하고 있던 북위로서는 준비하지 않을 수 없었다. 즉 북연 정복을 눈 앞에 둔 북위로서는 동이세력에 대해서도 조치를 강구해야 할 필요가 있었다는 것이다.[15]

그러면 화북의 통일을 눈 앞에 두고 있던 북위가 동이세력까지도 장악하고자 한 것은 어떠한 이유에서였을까. 우선 북연, 즉 遼西 지방에는 주변의 동이세력과 따로 떼어 생각할 수 없는 지역적 특수성이 있었다. 지정학적으로 볼때, 요서는 요서를 차지한 세력이 주변의 동이세력에게 영향력을 미칠 수 있는 거점이면서, 주변의 세력들이 요서를 통해 중국 내륙으로 진출할 수도 있는 통로였다.[16] 특히 북위로서는 요서 일대를 장악해 두어야 할

---

15) 풍숭 이후, 북위와 동이세력의 관계에 대해서는 풍숭의 뒤를 이어 동이교위에 임관된 이들의 활동을 통해 알아볼 수 있을 것이다. 기록에서 찾아볼 수 있는 이들로는 拓拔渾(『魏書』卷16, p.400), 拓拔思譽(『魏書』卷19下, p.516), 拓拔休(『魏書』卷19下, p.517), 公孫邃(『魏書』卷33, pp.785~786) 등이 있다. 이들의 활동에 대해서는 다음의 글(李成制, 「高句麗 長壽王代의 對宋外交와 그 意義」『白山學報』 67, 2003, pp.85~93; 본서 제Ⅱ장)을 참조하라.

중요한 이유가 있었다. 북위의 수도 平城이 현재의 山西省 북쪽 大同市에 위치하고 있어 북방으로부터의 위협에 노출되어 있었기 때문이었다. 북위는 북방에 저 유명한 6鎭을 설치하고 귀족의 자제들로 이루어진 정예병을 배치해 두고 있었다.[17] 북위가 북방, 柔然의 위협을 얼마나 심각하게 생각하고 있었는지를 알아볼 수 있는 대목이다. 게다가 柔然은 과거 북연과 교류한 적도 있어 언제 요서 일대로 세력을 확대해 올지도 모를 일이었다. 그런 만큼 배후의 안정 뿐만 아니라 유연에 대비하기 위해서라도 북위는 요서지역과 그 일대의 동이세력을 장악해 두어야만 하였다.[18]

북위가 이러한 목적을 이루는데 있어서 馮崇은 적임자였다. 당시 어느 북위인보다도 그가 북연 주변 동이세력의 사정에 밝았을 것이기 때문이다.

---

16) 遼西의 지정학적 의미를 지적한 이는 日野開三郎이었다. 그는 營州의 설치와 互市의 운영에 주목하여 6세기 이래 중국세력이 동북으로 진출하는데 거점이 되었다고 보았던 것이다(日野開三郎, 「粟末靺鞨の對外關係」『史淵』 41(1949. 10)·42·43·44(1950. 8); 『東洋史學論集』第15卷, 三一書房, 1991, p.216). 노태돈은 隋代에도 영주가 중국인과 동북아 제민족의 교역과 교통의 요지였다는 점을 확인해 주었다(노태돈, 앞의 책, p.427). 여기에서 한걸음 나아가 필자는 훗날 고구려와 隋의 대립이 요서의 장악을 둘러싼 갈등에서 비롯되었다고 본 바 있다(李成制b, 「嬰陽王 9年 高句麗의 遼西 攻擊」『震檀學報』 90, 2000; 본서 제V장). 이러한 요서의 지정학적 중요성이 6세기에만 한정되지는 않을 것이다. 특히 북연이 붕괴하던 이 시기 요서는 밀려오는 북위세력과 그것을 막아내려는 고구려세력이 만나는 접점지역이었다.

17) 이에 대해서는 다음을 참고하라. 濱口重國, 「正光四五年(523·524)の交に於ける後魏の兵制に就いて」『東洋學報』 22-2(1935); 『秦漢隋唐史の研究』 上(東京大出版部, 1966), pp.108~124.

18) 실제로 북위의 세력확대는 우선 북연을 중심으로 한 東方에 치중되었다. 북연문제가 일단락되고 나서야 북위는 北涼으로 눈을 돌렸던 것이다. 이러한 생각을 뒷받침해 주는 것이 다음의 기록이다. 북연을 차지한 뒤, 북위 太武帝는 북연 공략을 '동방에서 종사하고 있던 일'이라고 지칭하고, 이제 그 일이 끝났으니, 涼州 즉 北涼을 도모하려 한다("李順自河西還 魏主問之日 卿往年言取涼州之策 朕以東方有事 未遑也. 今和龍已平 吾欲卽以此年西征 可乎"『資治通鑑』卷123, pp.3866~3867)고 하였다.

또한 그가 북연의 要人이었다는 점은 북연과 연고가 있던 주변세력들에게 호감을 줄 수 있는 조건이었을 것이다. 이러한 조건들에 더하여 북위의 강력한 군사력이 그의 활동을 뒷받침해 주었다. 즉 풍숭의 귀부를 계기로 북위는 동이세력에 대한 세력 확대를 적극적으로 추진해 나갈 수 있게 되었다. 북위는 북연 공략의 성과를 자신하게 되면서, 미진한 부분이었던 동이세력을 장악해 가려는 움직임을 보이기 시작했던 것이다.

이제까지 북위의 북연 공략에 따른 정세의 변화를 살펴보았다. 풍숭을 중심으로 한 당시의 정세에서 볼 수 있듯이 장수왕 20년(432)부터 고구려의 서방에서는 급격한 세력관계의 변화가 나타나고 있었다. 이러한 북위의 움직임으로 보아 그 세력은 조만간 북연을 넘어 고구려의 서쪽 변경 일대로까지 확대될 가능성이 농후하였다.

그런데 북위의 세력이 요서로 밀려오고 있다는 사안의 중요성에 비추어 고구려의 대응은 한참 뒤에 가서야 나타났다. 곧 무너질 북연의 상황에도 불구하고 고구려는 장수왕 23년에 이르고서야 대북위 외교에 나섰다. 이러한 사실은 고구려의 대북위 외교가 북위의 북연 공략에서 비롯되었다기보다는 장수왕 23년 무렵의 정세변화와 밀접한 관련이 있었다는 점을 알려준다.

물론 고구려가 대북위 외교에 나선 주요 요인이 북위의 세력확대 때문이었음은 부인할 수 없는 사실일 것이다. 고구려가 대북위 외교에 나섰다는 점도 장수왕이 북위와의 대결을 바라지 않고 있었음을 알려준다. 그렇지만 고구려의 대북위 외교를 이해하는데 가장 염두에 두어야 할 점은 이것이 장수왕 20년 이래 급박해지고 있던 요서 일대의 정세에 대처하기 위한 방책이었다는 것이다. 생각이 여기에 미치고 보면, 고구려가 북위에 조공하고 각별한 정성을 보였다고 하여 급박한 사태를 해결할 수 있었을까 의문이 든다.

또한 조공 사절의 파견에 대해서는, 장수왕이 북위의 남쪽에 있던 宋에 조공한 적도 있으므로 이것을 새삼스럽게 보아야 할 이유가 없을 지도 모른다.[19] 그렇지만 고구려는 조공에 더하여 북위의 國諱를 알려주기를 요청하였다. 북위 황실의 계보와 이름들을 알아 앞으로 피하겠다는 뜻이다. 즉 이것은 북위를 섬겨 그 제도를 따르겠다는 의미를 담은 것이었다. 이로 미루어 장수왕은 북위 중심의 국제질서에 참여하겠다는 뜻을 분명하게 보이려 했다고 여겨진다. 장수왕 23년의 대북위 외교에서 보인 고구려의 태도는 어쩌면 북위에 대한 굴복으로까지 비춰질 수 있을 정도이다. 북위의 태무제가 기뻐했다는 기록은 이러한 가능성을 높여준다. 그러므로 고구려의 조공은 북위의 위협을 잠재우기에 부족하였다고 보아야 할 것이다. 북위가 세력확장의 의도를 가지고 있었고, 실제로 그것을 실행에 옮기고 있었다는 점에서 그러하다.

또한 장수왕 23년 고구려의 대북위 외교가 미칠 영향은 여기에서 끝나지 않는다. 장수왕이 북위에 대적하지 않겠다는 의사를 밝힌 것은 북연의 붕괴 시점을 앞당기는 것이기 때문이었다. 뒤에서 자세하게 보겠지만 당시 국제 관계에서 북연을 지원해 주고 있던 국가는 어디에도 없었다. 북방의 柔然은 물론이고 宋조차도 도움을 바라는 북연의 요청을 받아들이지 않았다. 이러한 상황에서 북연을 공략하고 있던 북위가 고구려의 동향에 관심을 기울이지 않았을리 없다. 북연의 배후에 위치한 고구려의 강성한 국력을 염두에 두어야 했기 때문이다. 그 동안 고구려와 북위의 관계가 불안정한 상태에 놓여 있었다는 점에서 더욱 그러하다. 이제 고구려의 조공으로 북위는 북연 공략에서 고구려라는 배후 세력을 의식하지 않을 수 있게 되었던 것이다.

이상에서 살펴본 바와 같이 장수왕 23년의 외교는 고구려가 급박한 정세

---

19) 長壽王은 재위 11년(424), 東晉의 뒤를 이은 宋에 조공한 바 있었다(『宋書』卷97, p.2392).

를 해결하는데 도움을 주기보다는 오히려 북위의 기세를 올려줄 가능성이 높았다. 이러한 점들로 보아 고구려가 대북위 외교에 기대어 사태를 해결하려 했다고 보는 이해에 대해 회의적인 생각이 든다. 그런 만큼 대북위 외교의 정치적의미로 보아, 고구려가 북위에 대해 저자세를 보였다는 사실은 중요한 의미를 갖는다. 서방으로부터의 긴박한 정세변화와 맞물려 고구려가 취한 대응이었기 때문이다. 그러면 고구려가 북위와 외교관계를 맺게 되었던 배경은 어디에 있었는지 궁금해진다. 이 점에 대해서는 장을 달리하여 계속 살펴보기로 하자.

3. 長壽王 24年(436) 高句麗軍의 和龍城 入城과 北燕王 迎入

앞에서는 長壽王 23年(435) 高句麗가 北魏에 朝貢使節을 보낸 점에 주목하여 조공의 의미를 살펴 보았다. 그 정치적 의미로 보아 이때의 대북위 외교로는 고구려가 북위의 위협에서 벗어나기에 부족하였다. 이로 미루어 고구려가 불안한 정세에 대해 장수왕 23년에 가서야, 그것도 대북위 외교로써 나서게 되었던 데는 다른 사정이 있었음을 짐작할 수 있다. 그런데 당시의 불안한 정세에는 고구려와 북위 두 나라와 북연과의 관계가 얽혀 있었다. 따라서 장수왕 23년 무렵의 고구려와 북연의 관계를 먼저 알아보려고 한다.

고구려가 북위의 세력확대와 관련하여 북연에게 어떤 입장을 보이고 있었는지 자세히 알 수는 없다. 이러한 사정을 알려주는 사료가 보이지 않기 때문이다. 그러나 고구려는 廣開土王 이래 북연과 우호관계를 맺고 있었다.[20] 고구려가 대북위 외교에 나설 때에도 예외는 아니었다. 이런 사정은,

이 무렵에 북연왕이 그 대신과 나눈 다음의 말에서도 반영되고 있다. 즉 북연왕은 "만약 일이 잘못되면 동으로 가서 고구려에 의지하여 훗날의 거사를 도모하겠다"고 하였다. 그리고 그는 고구려에 사람을 보내 맞아들여 줄 것을 요청하였다.[21] 여기에서 양국이 우호의 관계에 놓여 있었음을 알 수 있다. 말하자면 고구려는 대북위 외교에 나서기 전은 물론이고 그 이후에도 북연과 우호하고 있었던 것이다.

한편 이러한 양국 관계는 고구려가 북위와 외교관계를 맺는데 걸림돌이 되기에 충분하였다. 북위의 입장에서 볼 때, 북연과 우호하고 있는 국가는 북위의 북연 공격을 방해하는 존재로 여겨질 만하였다. 사정이 이러하다면 고구려가 대북위 외교에 나섰다는 사실은 북연에 대한 고구려의 입장에 어떤 변화가 있었음을 알려준다. 이와 관련한 기록을 다시 한번 살펴보기로 하자.

> D a) 世祖時 釗曾孫璉始遣使者安東奉表貢方物 并請國諱. b) 世祖嘉其
> 誠款 詔下帝系名諱於其國 c) 遣員外散騎侍郎李敖 拜璉爲都督遼
> 海諸軍事 征東將軍 領護東夷中郎將 遼東郡開國公 高句麗王 (『魏
> 書』卷100, pp.2214~2215).

D(A와 같음)는 앞서 보았듯이 장수왕이 치세 23년 북위에 조공하여 책봉을 받았다는 기록이다. 조공하였다는 것이나 國諱를 요청하였다는 것은 양국의 관계에서 세력의 우위가 북위쪽에 있음을 드러내는 일이었다. 즉 고구려는 양국의 세력 관계에 있어서 북위가 우위에 서 있음을 인정하였던

---

20) 池培善b, 앞의 글, pp.160~161.

21) "燕王曰 …… 若事急 且東依高麗以圖後擧. …… 密遣尙書陽尹請迎於高麗" 『資治通
鑑』卷122, p.3859.

것이다. 아울러 여기에는 장수왕 23년 무렵까지 진행된 북위의 세력 확대를 고구려가 인정하겠다는 의미도 담겨져 있었다고 하겠다. 양국의 세력관계에 있어서 북위의 우위는 북연 공략에서 비롯되었기 때문이다. 나아가 북위와 북연의 적대관계를 고려하면 고구려는 북위에 더 이상 북연과 우호하지 않겠다는 입장을 드러냈다고 하겠다. 그렇다면 이처럼 대북위 외교에 나선 고구려의 태도는 대북연 관계에서 보이고 있던 입장과는 상반된 것이었다고 하겠다.

이런 점에서 볼 때, 고구려가 왜 더 이상 북연과 우호하지 않겠다는 입장을 보였는지 궁금해진다. 머지않아 북연은 붕괴할 것이고, 북위의 세력이 고구려의 서방에 들어설 것이었다. 여기에서 고구려가 새로이 대북위 관계를 모색하게 되었다고 볼 수도 있겠다.

그런데 북연이 북위의 공세를 당해낼 수 없을 것이라는 사실이 분명해진 것은 이보다 앞선 장수왕 20년(432)의 일이었다. 이 점에서 고구려가 대북위 외교에 나선 것은 북연의 열세가 분명해졌기 때문이 아니었다. 또한 대북위 외교에 나섰다고 하여 고구려가 북연에 대한 입장을 실제로 바꾼 것이 아니라는 점도 알아차릴 수 있다. 이것은 얼마 뒤 북연왕이 맞아줄 것을 요청하였고, 고구려가 그것을 받아들였다는 사실로써 분명하다. 이와 관련하여 다음의 기록을 살펴보기로 하자.

E) (長壽王 24年: 436) 夏 四月 魏娥淸古弼攻燕白狼城 克之【註: 白狼
縣 漢屬右北平郡. 燕以白狼城爲重鎭 置并州. 魏後入幷建德郡廣都
縣.】高麗遣其將葛盧孟光將衆數萬隨陽伊至和龍迎燕王. 高麗屯于
臨川【註 : 臨川 在和龍城東】燕尙書令郭生因民之憚遷 開城門納
魏兵 魏人疑之 不入. 生遂勒兵攻燕王 王引高麗兵入自東門 與生戰

于闕下 生中流矢死 葛盧孟光入城 命軍士脫弊褐 取燕武庫精仗以給
之 大掠城中. 五月 乙卯 燕王帥龍城見戶東徙 焚宮殿 火一旬不滅
令婦人被甲居中 陽伊等勒精兵居外 葛盧孟光帥騎殿後 方軌而進 前
後八十餘里 (『資治通鑑』卷123, pp.3861 ~3862).

위의 기록은 고구려가 장수왕 24년(436)에 북연왕을 영입하게 된 사정을
전하여 준다. 이에 따르면, 장수왕은 북연 領內로 수만 명의 고구려군을
보내었다. 진출한 고구려군은 북연의 수도에 入城하였다. 이 과정에서 고구
려군은 북연왕이 보낸 使者의 안내를 따랐고, 북연측이 열어준 성문으로
성안에 들어갔다고 한다. 이러한 사실은 고구려와 북연이 장수왕 24년 무렵
긴밀한 관계를 맺고 있었음을 확인하여 준다. 나아가 장수왕은 전장의 한복
판에 고구려군을 보내었다. 당시의 상황으로 보아 북위군과 충돌할 지도
모를 일이었다. 급박한 상황임에도 불구하고 고구려가 북연을 보호하려
했음을 확인할 수 있는 대목이다.

그런데 장수왕이 북연과 긴밀한 관계를 유지했을 뿐만 아니라 보호하려
한 것은 북연을 그만큼 필요로 하였기 때문일 것이다. 이와 관련해서는
북연이 고구려와 북위 사이에 가로놓여 있었다는 사실이 중요하다. 그 지리
적 위치로 보아 북연이 약해져 갈수록 고구려는 서방으로부터 다가오는
위협에 그만큼 가까워졌다. 그러나 북연이라는 방파제가 遼河以西 지역에
남아있는 한 고구려는 북위와 직접 맞닥뜨리지 않을 수 있었다. 이런 점에서
장수왕이 재위 24년(436) 당시 군대를 보내 북연왕을 맞아들였던 것도 북연
을 위해서라기보다는 고구려의 안전을 위해서였을 것이다.

이러한 맥락에서 대북위 외교에 나선 고구려의 전략은 무엇이었을까.
여기에서 중요한 단서는 북연이 남아있는 한 고구려는 북위의 세력과 직접

대적하지 않을 수 있었다는 점이다. 이 점을 염두에 두면 고구려가 대북위 외교에 나섰다는 사실은 그러한 비상한 조치를 고려해 보아야 할만큼 심각한 위기가 나타났음을 뜻한다. 이러한 점을 알아보기 위해 북위에 맞서고 있던 북연의 상황을 자세히 검토하여 보자.

F-1) (長壽王 20年; 432) 燕尙書郭淵勸燕王送款獻女於魏 乞爲附庸. 燕王曰 負釁在前 結忿已深 降附取死 不如守志更圖也 (『資治通鑑』卷122, p.3840).

F-2) (長壽王 22年; 434) 春 正月 戊戌 燕王遣使請和於魏 魏主不許 (『資治通鑑』卷122, p.3851).

F-3) (長壽王 22年 3月) 辛巳 燕王遣尙書高顒上表稱藩 請罪于魏 乞以 季女充掖庭 魏主乃許之 徵其太子王仁入朝 (『資治通鑑』卷122, p.3853).

위의 사료들은 북위의 공격에 대해, 북연이 내놓은 대응책을 보여주는 자료이다. 먼저 F-1)의 기록은 432년 북연 내부에서 抗戰과 附庸 두 가지 방책이 논의되었음을 보여준다. 이에 따르면, 王女를 북위에 바치고, 附庸하자는 의견이 있었으나, 북연왕은 抗戰하겠다는 뜻을 분명히 하고 북위에 맞섰다. 그러나 부용하자는 의견이 제기되었던 사실에서 북위에 맞선다는 것을 회의적으로 바라보는 입장도 적지 않았다고 여겨진다. 사정이 이러하다면 북연은 역량면에서 북위의 상대가 되지 못하는 것은 물론이고, 항전의 의지조차도 오래 가지 못할 상태였다고 보아야 옳을 것이다. 얼마 뒤 왕자 馮崇이 북위에 항복하였다는 점에서 더욱 그러하다.

실제로 434년에 들어서면서 북연의 저항은 한계를 드러내었다. F-2와 3)의 기록은 이러한 사정을 보여준다. 북연왕은 북위에 사신을 보내 和親을 요청하였다. 이것은 북위의 공격을 모면하려는 지연책22)이기도 하였지만, 더 이상 북위에 맞설 수 없음을 북연 스스로 드러내는 사건이었다. 애초에 조정의 논의를 항전으로 이끌었던 이가 바로 북연왕이었기 때문이다. 그러던 그로서도 화친을 모색해야 할 정도로 상황은 암울하였다. 결국 북연왕은 북위에 表文을 바치고 북위의 藩國임을 일컬었다. 또한 북위에 죄를 청하고 王女를 바치겠다고 하였다. 이러한 조치들로 미루어 북연 내부에서 부용론이 대세를 이루게 되었음을 짐작할 수 있다.

이와 같은 북연의 갑작스러운 태도 변화로 요서 일대의 정세는 급변하였던 것으로 보인다. 이것은 북위 太武帝가 북연의 청을 허락하면서, 대신 북연 太子의 入朝를 요구하였다는 F-3)의 기록에서도 드러난다. 북위는 북연의 강화 제의를 받아들이는 선에 머물지 않고 태자를 인질로 하여 북연을 확실히 장악하려 하였던 것이다.23) 이로써 북위에 저항하던 북연이 북위의 屬國으로 탈바꿈하게 될 상황에 이르렀다.

이제 고구려는 심각하게 북연·북위와의 기존 관계를 재고하지 않을 수 없었다. 북연이 북위측으로 돌아서려 하였기 때문이다. 고구려로서는 북위에 대비하기 위해서라도 이러한 상황을 좌시할 수 없었다. 도리어 고구려는 기존 관계를 넘어서서 북연을 영향력 아래 묶어둘 필요가 있었다. 이러한 사정과 관련하여 고구려는 대북위 외교를 전개해 나갔다고 여겨진다. 즉 북연이 북위에 기울어가는 상황에 직면하여 고구려가 취한 조치가 대북위 외교였다는 것이다. 그러면 고구려의 대북위 외교는 북연과 북위의 관계에 어떤 영향을 주었을까. 다음의 기록을 살펴보자.

---

22) 북연이 북위에 칭번한 것에 대해, 池培善은 북위의 공격을 일시 중지시켜 보려는 지연책이었다(池培善a, 앞의 글, pp.20~24)고 이해하였다.

23) 북위의 요구는 북연에 대해 확고한 宗主의 위치를 굳히려는 의도였다(池培善a, 앞의 글, p.20)고 한다. 아마도 영향력의 확대를 의미하는 것으로 이해된다.

G) (長壽王 23年 6月) 戊申 魏主命驃騎大將軍樂平王丕 鎭東大將軍徒
　　河屈垣等帥騎四萬伐燕 …… 魏樂平王丕等至和龍 燕王以牛酒犒軍
　　獻甲三千 (『資治通鑑』卷122, p.3858).

　　위의 기록은 고구려가 장수왕 23년(435) 대북위 외교에 나선 직후, 북위와
북연의 관계를 보여주는 자료이다. 이에 따르면, 북위 태무제는 驃騎大將軍
樂平王 丕 등에게 북연을 공격케 하였다. 이 사건에 주목이 가는 까닭은
북연을 속국으로 삼으려던 노력 끝에 북위가 취한 조치였다는 점 때문이다.
북위의 의도는 북연을 속국으로 삼는 것이었지만, 그것의 첫 단계라고 할만
한 북연 太子의 入朝 문제는 1년 반이 지나도록 해결의 기미를 보이지 않고
있었다. 북연이 태자의 입조를 계속 미루고 있었던 것이다.24) 435년 6월에
이르면 북연왕이 북위에의 부용을 바라지 않는다는 사실은 분명히 드러나
고 있었다고 하겠다. 따라서 북위는 북연문제를 해결하기 위해 새로운 방법
을 모색할 필요가 있었다.

　　그런데 모색의 결과가 북연 공격이었다는 점에서 주의를 끈다. 북연 공격
을 재개한 북위는 驃騎大將軍 樂平王 丕 등 5명의 장군과 4만 병력을 동원하
였다.25) 북위군은 수도 和龍城까지 진출하여 북연을 위기에 몰아넣었다.
규모면으로 보나 압박의 강도에서 북위의 태도가 현저히 달라지고 있음을
감지할 수 있는 대목이다. 북위는 북연이 스스로 굴복해 오기를 기다리기보
다는 군사적 방법으로 사태를 해결하려고 했다고 하겠다. 얼마 뒤 侍子를

---

24) 이러한 모습은 장수왕 23년 3월의 기록에서 잘 드러난다. 이때에도 북연은 병을
　　핑계로 태자의 입조를 미루었다("三月 癸亥 燕王遣大將湯燭入貢於魏 辭以太子王仁
　　有疾 故未之遣." 『資治通鑑』卷122, p.3856).

25) "(435년 6월) 戊申 詔驃騎大將軍 樂平王丕等五將率騎四萬東伐文通." 『魏書』卷4上,
　　p.85.

보내겠다는 북연의 제안을 거부하였다는 점에서 그러하다.[26) 재차 북연공
격군을 일으켰다는 점으로써도 분명하다. 북위가 무력이라는 강경한 조치
로 북연 문제를 매듭지으려 함으로써 북위와 북연의 관계는 또 다시 급변하
였다.

　그러면 북위의 대북연 대책이 강경한 방향으로 나아가게 되었던 것은
어떤 이유에서였을까. 이것은 북연왕이 태자를 인질로 보내려 하지 않았던
점27)에도 있었지만, 그보다는 북위의 태도 변화에서 비롯되었다. 북위가
북연을 무너뜨리는 것은 사실상 그리 어려운 일이 아니었다. 앞서 세력의
우열이 명백함에도 불구하고 북위는 북연의 강화 제의를 받아들였다. 이로
써 임박하던 북연의 붕괴는 잠시 뒤로 미루어졌다. 이러한 점에서 북위는
무력의 방법으로 해결할 수 있었음에도 그렇게 하지 않았다고 하겠다. 대신
북위는 북연을 속국으로 삼는다는 좀더 시간과 노력을 필요로 하는 방식을
택하였다고 할 수 있겠다. 이러한 지배방식을 북위가 굳이 택하였다는 점에
서 그것이 당시로서는 최선의 방안이었다고 여겨도 좋을 것이다. 양국관계
에서 주도권을 가진 쪽이 북위였다는 점에서 그러하다. 사정이 이러하다면
대북연 정책을 결정하는데 있어서 북위가 달리 염두에 두어야 할 문제가
있었다고 보아야 할 것이다. 그러던 북위의 정책은 장수왕 23년에 들어서
북연을 직접 지배하려는 방향으로 나아갔다. 이러한 정책의 변화는 북연을
둘러싼 정세에 어떤 변화가 있지 않고서는 일어날 수 없을 것이다. 북위로

---

26) "燕王遣使入貢于魏 請送侍子 魏主不許 將擧兵討之." 『資治通鑑』卷123, p.3861.

27) "(장수왕 22년) 燕王不遣太子質魏 散騎常侍劉滋諫曰 …… 願亟遣太子 …… 燕王怒
　　殺之." 『資治通鑑』卷122, p.3854. 북연왕이 북위에의 부용에 반대하고 있었음은 분명
　　하다. 그리고 이것이 북위의 침공을 다시 부른 원인(池培善a, 앞의 글, p.24)의 하나였
　　다고 볼 수 있겠다. 하지만 북연의 지연책만 가지고 북위가 강경한 조치를 취했다고
　　보기에는 한계가 있다.

하여금 북연에 대해 결정적인 조치를 취해도 좋다고 여겨질 만한 정세의 변화가 일어났던 것이다.

그런데 당시의 정세에 이만한 변화를 주는데 고구려를 돌려놓고서는 마땅한 세력이 없다고 생각된다. 고구려는 북연과의 밀접한 관계, 즉 북연과 우호하고 있을 뿐만 아니라 북연이 사라지게 된다면 북위와 경계를 마주하게 될 것이라는 점에서 그러하다. 당시의 국제정세로 보아도 고구려는 북위에게 북연과 遼河 일대로의 세력확대라는 현안과 분리시켜 생각할 수 없는 상대가 되고 있었다. 또한 이 무렵이 되어서 북위는 北邊을 늘 위협하던 柔然과의 관계를 우호적인 것으로 돌려놓을 수 있었다.[28] 남쪽의 宋도 북위에 대해 공세를 취할 수 있는 형편이 아니어서 양국의 대결은 소강국면에 놓여 있었다.[29] 장수왕 23년 무렵에 이르러서는 북위에 맞서 북연을 도우려는 세력이 어디에도 없게 되었다. 그런 가운데 고구려는 그때까지도 북위에 불분명한 입장을 보이고 있었던 것이다. 특히 고구려가 요하 일대에서 가장 강성한 국가였던 만큼 북위가 고구려와의 충돌을 꺼리는 것은 당연하였다. 그런데 불분명했던 양국의 관계가 고구려의 朝貢으로 분명해졌던 것이다. 이제 북연을 두고 북위가 염두에 두어야 할 문제는 사라졌다.

이 점에 주목하여 D)의 기록을 다시 한번 살펴보기로 하자. 고구려의 조공 사절이 북위에 이른 것은 太延 元年(435; 장수왕 23) 6월 丙午의 일이

---

28) 북위의 팽창에 있어서 걸림돌은 柔然이었다. 북위는 군사행동에 앞서 항상 유연의 침입에 대해 대비해야만 하였던 것이다. 이러한 양국의 적대관계는 434년(장수왕 22년)의 通婚으로 바뀌었다(『資治通鑑』卷122, p.3852).

29) 宋은 武帝를 이은 文帝의 시대였다. 당시 송은 涼州와 漢中지방을 확보하려 하였지만, 현지의 北涼·吐谷渾·仇池氏 세력에게 일부 변경을 잃는 등 성과를 거두지 못하고 있었다. 또한 송은 군권을 장악한 功臣집단을 제거하고 있던 중이었다(三軍大學 編著,「第五章 南北朝之戰爭二-魏宋相互攻伐戰」『中國歷代戰爭史』第6冊, 臺灣, 軍事譯文出版社, 1972, pp.147~150).

었다. 그리고 같은 달 戊申에 북위는 북연 공격에 나섰다.[30] 전후의 시간관계로 보아 고구려의 조공은 북위로 하여금 북연 공격을 결행하는데 영향을 주었을 가능성이 높다. 이미 지적하였듯이 조공을 통해 북위의 우위를 인정함으로써, 고구려는 북연문제에 개입하지 않겠다는 뜻을 보였던 것이다. 적어도 북연을 차지하려는 북위의 입장은 암묵적으로나마 인정되었다고 하겠다. 고구려의 조공으로 북위의 우려는 불식되었던 것이다. 이것으로 말미암아 북연에 대해 북위의 결정적인 조치가 취해졌다는 점에서 그러하다.

이와 관련하여 조공 사절을 보낸 고구려에 대해 북위가 각별한 관심을 보였다는 점이 흥미를 끈다. D-c)의 기록에 따르면, 북위는 고구려에 國諱를 보내주었고 장수왕을 책봉하였다. 하지만 북위의 반응이 여기에 머문 것은 아니었다. 북위는 돌아가는 고구려 사신을 통하지 않고 따로이 册封使를 보내 장수왕을 책봉하였다.[31] 그리고 册封使 李敖는 귀국하여 고구려의 사정에 대해 보고하였다고 한다.[32] 즉 북위가 고구려에 각별한 관심을 보였다는 것인데, 이러한 관심은 고구려의 입장 변화를 의심하였기 때문이 아니었을까 한다. 일부러 책봉의 사절을 보냈다는 점에서 그러하다. 북위 조정은

---

30) 주 25) 참조.

31) 책봉과 조공의 관계에서 통상 책봉국은 조공국의 국왕에게 책봉호와 그에 걸맞는 물품을 내려주었다. 그러나 이를 위해 책봉사를 항상 보내지는 않았다. 돌아가는 조공국의 사절에게 책봉조서와 물품을 들려 보내는 경우가 더 많았다(三崎良章a, 앞의 글, pp.145~146).

32) "(李)敖至其所居平壤城 訪其方事. 云遼東南一千餘里 東至柵城 南至小海 北至舊夫餘 民戶參倍於前魏時 其地東西二千里 南北一千餘里." 『魏書』卷100, p.2215. 북위는 책봉을 구실로 사신 이오를 보내 고구려의 실상을 탐문하였다(池培善a, 앞의 글, pp.29~30). 여기에서 북위가 고구려의 사정을 엿보려 했다는 점에 관심이 간다. 이 사실은 북위가 고구려의 향배에 각별한 주의를 기울이고 있었음을 반증한다.

고구려의 입장이 갑자기 바뀐 사정을 알고자 했던 것이다.[33]

그런데 여기서 한가지 궁금한 사실이 있다. 북위와 북연의 관계가 급변하게 되었다면 그것이 고구려에게 어떤 이득이 있었는가 하는 점이다. 이 점은 북위군의 거센 공격을 받게 된 북연이 어떤 움직임을 보였는가 하는 문제와 연관된다. 바꾸어 말하면 고구려의 대북위 외교와 북연의 향배를 연관지워 볼 수 있다는 의미이다. 이 둘의 연관성을 이해하는데 아래의 사료가 도움이 된다.

> H) (長壽王 23年; 435) 魏人數伐燕 燕日危蹙 上下憂懼. …… (太常)勸
> 燕王速遣太子入侍. 燕王日 吾未忍爲此. 若事急 且東依高麗以圖後
> 擧. (太常日) …… 高麗無信 始雖相親 終恐爲變. 燕王不聽 密遣尙
> 書陽伊請迎於高麗 (『資治通鑑』卷122, p.3859).

위의 H) 기록은 북위의 공격이 거세지자, 이를 피해 북연왕이 고구려로 망명하려 한 사정을 알려준다. 북연왕은 고구려로의 망명을 결정하고, 고구려에 맞아줄 것을 요청하였다. 앞에서 본 고구려군의 북연 領內 진출과 和龍城 입성이 가능할 수 있었던 것은 모두 북연왕의 구원 요청에서 비롯되었다.[34] 따라서 북연왕이 고구려를 의지의 대상으로 정하였던 것은 고구려에게 매우 중요한 의미를 갖지 않을 수 없다.

그렇지만 고구려가 북연이 의지할 대상으로 결정되기까지 적지않은 논

---

33) 북위의 책봉 직후, 고구려가 북위에 謝恩의 사신을 보내었던 것("秋 王遣使入魏
謝恩." 『三國史記』18, 高句麗本紀6, 長壽王 23年)도 이러한 맥락에서 이해하여 볼
수 있을 듯하다.
34) 고구려군은 북연사신 양이의 인도로 북연 땅에 들어갔으며, 북연왕이 열어준 성문을
통해 화룡성에 들어갈 수 있었다(사료 E 참조). 북연왕의 지지와 적극적인 협력이
어떤 결과를 낳았는가 알 수 있는 대목이다.

란이 있었고, 그것이 정해진 뒤로도 북연인 모두에게 최선의 선택으로 여겨졌던 것은 아닌 듯하다. 이러한 사정을 알려주는 것이 "고구려는 신의가 없다. 처음에는 친선을 보이겠지만 끝내는 아마도 변할 것이다"라는 지적이다. 그리고 이것은 북연에게는 본래 고구려에 의지할 생각이 없었음을 의미하는 것이 아닐까 한다. 신의가 없다는 지적이나 훗날에는 태도를 바꿀 것이라는 것은 고구려에 대한 북연 조정의 인식이 그리 우호적이지 않았음을 뜻하기 때문이다.[35] 실제로 북연왕을 영입한 고구려는 뒤에 가서 그를 제거하였다.[36] 그러므로 위의 지적은 바로 고구려가 북연왕을 이용하려는 의도를 가지고 있음을 읽어낸 것이라고 볼 수 있겠다. 그렇다면 북연왕이 고구려로 피신한 것도 애당초 그의 바람에서 이루어졌다기보다는 어쩔수 없는 상황에서 이루어진 차선책이었을 가능성이 높다. 북연왕의 구원 요청이 宋에 집중되어왔음을[37] 고려할 때, 북연이 의지하려던 대상을 애초부터 고구려였다고 못박을 수는 없을 것 같다. 도리어 급박한 상황이었다는 점에서 북연왕의 고구려 망명은 불가피한 선택에 가깝다고 보아야 할 것이다. 달리 말해 북연왕이 고구려에 의지하게 된 것은 북연 정세가 급박하게 전개되었기 때문이었다. 그리고 이러한 불가피한 상황으로 북연을 몰아간 것은 고구려의 대북위 외교였다.

---

35) E) 사료에서 북연의 尙書 郭生은 백성들이 이주를 꺼려함에 의지하여 성문을 열어 북위군을 들이려 했다. 여기에서의 "이주"란 고구려로의 이주를 의미하는 것이었다는 점에서 북연인들의 일반적인 정서를 드러내는 것이라고 볼 수도 있겠다. 만일 그러하다면, 고구려가 대북위 외교를 전개했던 것은 고구려에 대한 북연의 비우호적인 정서도 고려한 것이라고 볼 수 있다.

36) 『三國史記』18, 高句麗本紀6, 長壽王 26年.

37) "(長壽王 23年 1月) 燕王數爲魏所攻 遣使詣建康稱藩奉貢. 癸酉 詔封爲燕王 江南謂之黃龍國." 『資治通鑑』卷122, p.3855, "(長壽王 23年 夏 4月) 燕王遣右衛將軍孫德來乞師." 『資治通鑑』卷122, p.3857.

이상의 설명이 크게 잘못되지 않았다면, 고구려는 대북위 외교를 통해 북위로 기울어지려던 북연의 입장을 돌려놓을 수 있었다. 이 점에서 고구려의 대북위 외교는 위기의 국면에서 어쩔 수 없이 전개한 소극적인 외교가 아니었다. 도리어 불리해져 가고 있던 국면을 반전시키려는 조치였다. 그리고 北燕王과 和龍城民의 迎入은 그 성과였다.

4. 北燕王勢力의 確保와 對北魏關係의 變化

앞에서는 長壽王 23년(435)의 對北魏外交로 高句麗가 北魏와 北燕의 관계에 영향을 주었다고 보았다. 그리고 좀더 구체적으로는 이때의 대북위 외교가 북연을 궁지로 몰아, 北燕王으로 하여금 고구려로 망명케 했다고 이해하였다. 이 점에서 장수왕 23년의 이 조치는 북위를 상대로 한 것이었지만, 실제에 있어서는 북연의 태도 변화를 목표로 한 것이었다고 믿어진다. 그리고 이 조치 안에서 북위와의 관계가 차지하는 비중은 적었다고 할 수 있다. 우선은 북연을 고구려 쪽으로 돌려놓는 것이 시급하였다는 점을 고려할 때 그러하다. 따라서 이 무렵 고구려의 주된 관심은 북위와의 관계보다는 북연의 동향에 있었다고 할 수 있다. 그렇다고 하여 대북위 관계가 중요하지 않았다는 의미는 아니다. 오히려 북연왕의 망명으로, 대북위 관계는 더 중요하게 되었다고 생각된다.

장수왕 24년(436), 북연을 무력으로 무너뜨린다는 강경 방침에 따라 북위의 군사행동은 거듭 이어졌고, 강도를 더해갔다. 특히 북위는 북연 문제를 매듭짓기 위한 결정적인 공격을 준비하였다. 그래서 북위는 고구려를 비롯한 주변 국가들에 사신을 파견하는 조치38)를 취하였다. 이미 고구려마저 순응하겠다는 입장을 보이고 있는 마당에, 북위의 세력확대를 가로막을 세력은 어디에도 없었다. 북위의 사절 파견은 이러한 사정을 반영한 것이라고 할 수 있다. 이러한 자신감을 반영하여 북위는 북연 주변의 국가들에 곧 있을 군사행동을 알리고 협력을 요구할 수 있었다고 판단된다.

그렇다면 장수왕이 군대를 보내 북연왕 영입에 나섰던 것은 북위에 정면으로 도전하는 행동이 아닐 수 없다. 이러한 점에서 북연왕을 영입한 고구려의 의도가 궁금하다. 말하자면 고구려의 전략을 알아보자는 것이다. 이와 관련하여 아래의 기록을 살펴보자.

> I-1) (長壽王 24年; 436 夏 四月) 高麗遣其將葛盧孟光將衆數萬隨陽伊至和龍迎燕王. 高麗屯于臨川【註: 臨川 在和龍城東】燕尙書令郭生因民之憚遷 開城門納魏兵 魏人疑之 不入. 生遂勒兵攻燕王 王引高麗兵入自東門 與生戰于闕下 生中流矢死 葛盧孟光入城 命軍士脫弊褐 取燕武庫精仗以給之 大掠城中. 五月 乙卯 燕王帥龍城見戶東徙 焚宮殿 火一旬不滅 令婦人被甲居中 陽伊等勒精兵居外 葛盧孟光帥騎殿後 方軌而進 前後八十餘里 (『資治通鑑』卷123, pp.3861~3862).
>
> I-2) 魏主聞之 怒 檻車徵弼及娥淸至平城 皆黜爲門卒. 戊午 魏主遣散騎常侍封撥使高麗 令送燕王 (『資治通鑑』卷123, p.3862).

위의 I-1(E와 같음) 기록에 따르면 장수왕이 보낸 고구려군은 和龍城에

---

38) "(長壽王 24年 2月) 壬辰 遣使者十餘輩詣東方高麗等諸國告諭之【註: 諭以燕王之罪 使不得與通 或有奔逸 使不得容受之也】"『資治通鑑』卷123, p.3860. 三崎良章은 북위의 사절 파견이 협력을 당부하기 위한 것이었다(三崎良章a, 앞의 글, p.146)고 이해하였다.

입성하여, 함락 직전의 위기[39]로부터 北燕王을 구해낼 수 있었다. 뿐만 아니라 고구려군은 北燕王과 和龍城民을 호위하여 무사히 고구려로 빠져나올 수 있었다. 반면 고구려의 군사행동을 예기치 못했던 북위군은 혼란에 빠져, 열린 성문을 보고서도 입성할 수 없었다. 그러면 이 사건에서 드러나는 고구려의 의도는 무엇이었을까.

먼저 고구려의 군사행동은, 북위가 일방적으로 주도하고 있던 국제관계에 타격을 주었다. 고구려의 북연왕 영입이 있기까지 북연을 둘러싼 정세의 주도권은 북위에 있었다. 그러나 이러한 상황이 계속 유지되지는 않았다. 북위군은 고구려군의 화룡성 입성을 가로막지 못했을 뿐만 아니라 성에서 나온 고구려군의 귀환대열을 뒤쫓지도 못하였다. 어떠한 이유에서건 고구려의 군사행동에 대해 북위는 소극적으로 대응하였다.[40] 양국의 힘이 충돌

---

39) 화룡성을 사이에 두고 양군이 도착하여 대치하던 상황에서 성안의 친고구려파와 친북위파 간에 내분이 벌어졌다(노태돈, 앞의 책, p.300).

40) 북위군의 소극적인 대응에 대해, 池培善은 북위측이 숫적으로 열세하였기 때문이라고 보았다. 즉 고구려군의 실제 병력이 『魏書』의 기록(步騎 2萬)보다 훨씬 많았다(池培善a, 앞의 글, pp.36~37)고 본 것이다. 힘의 우위가 고구려군에게 있었다고 본 것인데, 이러한 입장은 朴京哲의 연구에서도 보인다(朴京哲, 앞의 글, p.42). 북연왕의 명령에 따르는 북연군도 더해져 숫적인 측면에서 고구려측이 우세했을 수도 있다. 그러나 이것을 가지고 군사적 역량의 우열을 가늠할 수 있을 지에 대해서는 의문이다. 한편 행동에 나설 생각이 있었다면 북위군에게도 기회는 있었다. 일례로 화룡성민까지 포함된 고구려군은 '80여 리'의 대열을 이루고 귀환하였다. 이 기다란 대열을 호위하기란 몇 만의 병력이라 할지라도 역부족이었을 것이다. 북위군이 적극적으로 추격하였다면, 무사귀환은 아무래도 어려운 상황이었다. 그렇지만 북위군은 고구려군을 요격하는데 실패하였다. 이러한 점들로 미루어 고구려군의 행동은 시종일관 북위군이 예측할 수 없는 선에서 전개되었다고 보아야 옳다. 북위 장수 고필의 예는 이를 말해 준다("古弼部將高苟子帥騎欲追之 弼醉 拔刀止之 故燕王得逃去"『資治通鑑』卷123, p.3862). 즉 고구려의 군사행동은 화룡성 입성에서부터 귀환에 이르기까지 전격적인 것이었다. 과감하고 신속한 행동으로 고구려군은 북위군의 기세를 제압했다고 보인다. 이에 북위군은 당황하였고, 화룡성에서 나오는 고구려

할 상황이 전개되자, 고구려는 적극적인 행동에 나선 반면, 북위는 충돌을 꺼려하는 모습을 보였던 것이다. 이 사건으로 고구려는 북위에 대한 입장을 분명히 드러냈다. 고구려의 북연왕 영입은 북위의 협력 요구를 정면으로 거부하는 행동이었다. 또한 북위의 북연 공략에 맞섬으로써 고구려는 북위에 굴복할 의사가 없음을 알렸다. 그리고 북위군이 충돌을 회피함으로써 고구려군의 능력은 실제보다 더 강력한 것으로 비추어지게 되었다고 보인다. 따라서 이 사건으로 양측의 세력 관계가 역전되었다고 말할 수는 없겠지만, 북위가 사태를 일방적으로 주도해 나갈 수 없다는 사실은 명백해졌다.

그렇지만 고구려가 북위와 정면으로 대결할 의도를 가지고 있었던 것은 아니었다. 북위군이 당황할 정도로 고구려군의 진출은 예기치 못한 것이었고, 숫적으로도 북위군과 상대할 만하였다. 고구려군에게 공격할 의도가 있었다면 기회는 있었던 것이다. 그럼에도 불구하고 양군이 충돌하지 않았다는 것은 고구려가 그것을 바라지 않았기 때문이라고 보아야 옳다. 말하자면 장수왕의 군사행동은 제한적 의미에서의 군사력 사용, 즉 무력시위에 한하였다는 뜻이다.

또한 고구려는 북위의 반발을 염두에 두고 행동하였다. 그렇지 않았다면 장수왕은 고구려군으로 하여금 기왕에 확보한 화룡성 일대에 그대로 머물도록 할 수도 있었다. 하지만 실제에 있어서 고구려는 북연왕을 영입하는데 만족하였다. 이것은 고구려가 북위에 정면으로 맞서기보다는 스스로의 행동에 한계를 두었다는 점을 알려준다. 화룡성을 두고 북위군과 대치하였으면서도 고구려군이 애써 충돌을 피하였던 점으로써도 분명하다. 이러한 고구려의 의도적인 행동에 힘입어 양군은 정면으로 충돌하지 않을 수 있었

군에 대해서도 의혹을 느껴 섣불리 행동에 나서지 못하였다고 보는 것이 온당할 것이다.

다. 그렇기는 하지만 이것은 북위의 행동에 분명한 선을 그어두는 것이기도 하였다. 고구려의 군사행동이란 결국 북위의 세력확대를 좌시하지 않겠다는 의지를 보인 것이라는 점에서 그러하다. 이러한 점들로 보아 제한적인 차원으로 이루어진 것이라 해도, 고구려군의 화룡성 진출에서 드러난 고구려의 입장은 군사행동을 앞세운 강경한 것이었다. 그리고 이것은 고구려의 전략이 가지는 특징의 하나라고 지적될 만하다.

그렇지만 무엇보다도 고구려의 전략을 이해하는데 가장 중요한 문제는 다름아닌 北燕王일 것이다.[41] 장수왕 23년의 대북위 외교에서 북연왕 영입까지 고구려의 관심은 북연왕에 시종일관하였다. 북연왕은 북연의 통치자였고, 그와 함께 고구려가 영입한 和龍城民은 북연의 중추를 이루는 수도 출신이었다. 점령지 통치에서 중요한 것은 현지 세력들의 협력이라고 할 수 있는데, 북위는 그러한 역할을 해 줄 조력자를 얻지 못하게 되었던 것이다. 더욱이나 북연왕과 화룡성민이 가진 상징성과 연고성은 북위의 점령지 통치를 어렵게 하기에 충분하였다고 믿어진다. 특히 북연왕은 북위에 대한 저항을 상징하는 인물이었다는 점에서 그러하다. 반면 고구려가 가지게 된 북연 지역에 대한 영향력은 커졌다. 설사 그렇지 않았다고 하더라도 고구려가 북연의 지배세력을 대거 포섭했다는 사실은 북위로 하여금 더 이상의 세력 확대를 어렵게 하였다고 짐작된다.

이로써 고구려가 장수왕 23년에 대북위 외교에 나서면서까지 이루고자 했던 바를 이해할 수 있겠다. 고구려는 북연 지역의 장래에 개입할 수 있는

---

41) 池培善은 북연을 차지하기 위해 고구려가 군사행동에 나섰다고 보았다(池培善a, 앞의 글, p.33). 한편 朴京哲은 북위의 화북통일기도에 제동을 걸고 요서지역에서의 고구려의 기득권을 확인하기 위해 감행한 군사행동이었다(朴京哲, 앞의 글, p.43)고 지적하였다.

역량을 확보하려 했던 것이다. 고구려가 영입한 북연왕은 復國을 도모하려는 의지를 가지고 있었다는 점에서 북위에게 위협적인 세력이었다. 그의 존재가 특히 문제되었던 것은 고구려가 강력한 국력으로써 그의 활동을 뒷받침할 지도 모른다는 사실 때문이었다. 즉 고구려는 북위의 세력확대를 저지할 수단으로서 북연왕 세력을 확보하려 했던 것이다.

그러나 고구려 영내의 북연왕 세력이 북위를 상대로 하여 활동하였다는 기록은 어디에도 보이지 않는다. 이것은 아마도 이들의 역할이 실제의 위협보다는 잠재적인 것에 한정되었기 때문이었다고 보인다.[42] 장수왕은 북위를 위협할 수단을 확보하고서도 그 역할을 잠재적인 차원에 한정시켰던 것이다. 이러한 점에서 고구려는 북연왕 세력을 북위에 대한 抑制力으로 삼았다고 보아도 좋을 것이다. 말하자면 장수왕은 북위와 충돌하지 않으면서 북위의 세력확대를 저지하려고 했던 것이다.

이상의 추론이 타당하다면, 고구려의 대북위 외교와 북연왕 영입은 북위에 맞서기 위한 전략의 일환이었다. 그리고 이러한 전략으로 장수왕은 양국의 세력관계에 있어서의 격차를 상당 부분 좁힐 수 있었다. 결국 장수왕 23년의 조공이 북연을 고구려쪽으로 돌려놓기 위한 외교적 조치였다면, 그것을 대북위 억제력으로 확보하는 조치가 고구려군의 화룡성 진출이었다고 할 수 있다. 바꾸어 말하면 고구려는 외교적 조치로 불리해지고 있던 정세를 돌려놓았고, 북연왕 영입으로 북위를 견제할 수 있는 역량을 倍加했다는 의미이다. 상대적으로 북위는 노력에 걸맞는 성과를 거둘 수 없었다. 북위의 반발이 거셀 것은 분명하였다.

I-2) 기록은 고구려의 북연왕 영입에 대해 북위가 보인 반응을 전하여

---

42) 이후 고구려와 북연왕 세력, 그리고 북위와의 관계에 대해서는 다음의 글을 참고하기 바란다(李成制a, 앞의 글; 본서 제Ⅱ장).

준다. 고구려군이 북연왕을 데려갔다는 소식이 전해지자, 북위 太武帝는
격노하였다. 그리고 함거를 보내 북연공격군의 장수들을 끌어오게 하고
門卒로 삼았다고 한다. 이러한 격렬한 반응으로 보아 고구려의 군사행동은
그대로 넘어갈 사안이 아니었다.

그러나 정작 고구려에 대해서 북위는 북연왕을 요구하는 사신을 보내었
다. 고구려의 도전적 행동에도 불구하고 북위는 사태를 확대하지 않으려
하였던 것으로 보인다. 불만을 애써 돌려두고 외교적으로 해결하려 했다는
점에서 그러하다. 고구려의 대응은 어떠하였을까. 아래의 기록에 눈을 돌려
보자.

> J) 高麗不送燕王於魏 遣使奉表 稱當與馮弘俱奉王化.[43] 魏主以高麗違
> 詔 議擊之 將發隴右騎卒 劉絜日秦隴新民 且當優復 俟其饒實 然後用
> 之. 樂平王丕日 和龍新定 宜廣脩農桑以豊軍實 然後進取 則高麗一擧
> 可滅也. 魏主乃止 (『資治通鑑』卷123, p.3863).

북연왕을 건네달라는 북위의 요구를 고구려는 거부하였다. 북연왕의 거
취를 둘러싸고 고구려는 북위와 타협할 의도가 없음을 드러냈다. 이러한
고구려의 강경한 입장은 정세를 더욱 위기 국면으로 몰아갔다. 이것은 북위
조정이 고구려 공격을 논의하였다는 J) 기록에서 잘 드러난다. 북연왕을
내줄 수 없다는 고구려에 대해, 북위는 강경한 조치를 취하려 하였다. 외교
를 통한 사태의 수습이 실패하자, 북위는 隴右에 배치해 둔 기병을 동원하여
고구려 공격에 나서려 하였다. 이것으로 고구려 공격을 위한 구체적인 논의
가 있었음을 짐작할 수 있다.

---

43) 고구려가 북위에 사신을 보낸 것은 9월의 일이었다(『魏書』卷4上, p.87).

그런데 위의 기록에서 북위가 계획한 고구려 공격이 어떤 것이었는지에
대해서는 확실하지 않다. 이 점에서 북위가 고구려 공격을 실행에 옮기지
못한 까닭도 잘 알 수 없다. 그렇지만 고구려 공격과 관련하여 隴右 기병의
동원과 和龍, 즉 정복한 북연지역의 안정이 논의되었다는 점에 주목이 간다.
즉, 秦과 隴 땅의 新民을 배불리고 살찌운 뒤에야 隴右의 기병을 동원할
수 있다는 점이나, 북연을 잘 경영하여 軍資를 충실히 한 뒤라야 고구려를
일거에 멸할 수 있다고 한 점은 북위의 고구려 공격이 이 두 가지 문제에
크게 좌우되고 있음을 보여주는 언급이기 때문이다. 북위 조정의 논의는
이 두 가지 현안을 해결하는 것이 시급한 일이고, 그렇기 때문에 우선 이들
을 먼저 매듭지은 다음 고구려 공격에 나서자는 것으로 끝을 맺고 있다.
전후의 문맥으로 보아서 만일 이들 현안이 없었다면 고구려 공격이 실행에
옮겨졌을 것이라는 점을 알 수 있다. 그런데 이들 현안 가운데 하나가 고구
려의 군사적 능력과 관련이 있고, 다른 하나는 북연왕과 연결된다는 점에서
흥미롭다.

먼저 隴右 기병의 동원, 즉 다른 방면에 배치된 군대를 끌어온다는 것이
나, 軍資를 충실히 한 뒤라야 고구려를 멸할 수 있다는 것은, 현재 북위가
북연에 두고 있는 군사력만 가지고서는 고구려를 공격하기에 부족하다는
뜻이다. 그런데 이러한 판단이 나올 수 있었던 직접적인 계기는 아무래도
바로 앞에 있었던 고구려군의 화룡성 입성과 북연왕 영입이었다고 보아야
옳다. 그것은 고구려를 종전과 달리 평가하게 되었다는 점에서 그러하다.[44]
장수왕 24년(436) 2월에 북위는 고구려에 북연 공략에 협력하라고 일방적으
로 강요할 수 있었다. 이러한 북위의 태도는 분명 고구려를 위압하는 것이었

---

44) 池培善은 이에 대해 고구려의 강성함 때문에 북위가 공격에 나서지 못했다고 보았다
　　(池培善a, 앞의 글, p.41).

고, 그만큼 세력관계에 있어서의 우열을 자신하고 있었기에 가능한 것이었다. 그러던 북위의 평가가 고구려의 북연왕 영입 직후 달라졌던 것이다. 결국 북위가 고구려를 새롭게 바라보게 된 것은 고구려가 억제력을 갖추게 되었다는 점 때문이었다고 말할 수 있겠다. 그리고 이것은 고구려의 전략이 거둔 성과라고 보아야 합당할 것이다.

또한 "화룡(북연)을 새로이 평정하였으므로 마땅히 農桑을 널리 닦아 軍資를 충실히 해야 한다"는 언급은 북연을 차지한 북위가 앞으로 해나가야 할 조치들을 말하고 있다. 여기에서 정복 뒤의 조치가 유화적인 것은 점령지를 통치하기 위해서 당연하였다고 여길 수도 있을 것이다. 그러나 고구려가 북연왕 등 북연의 중추 세력을 확보하고 있었다는 점을 고려하면, 사정은 그렇게 간단하지 않다. 북연왕 세력이 복귀를 노리고 있다는 점을 염두에 두고, 북위는 북연지역의 통치에 착수해야만 하였다. 이 점에서 북위는 적극적인 포섭책을 시행할 필요가 있었다. 따라서 위의 주장은 바로 이러한 현실을 반영한 것이었고, 그 현실이 고구려 공격에 나서려는 북위를 가로막는 걸림돌이었다는 사실을 알려준다. 결국 고구려가 확보한 북연왕 세력은 북위의 침공에 대해서 효과적인 제어수단이 되고 있었던 것이다.

그렇지만 북위의 불만을 고려해볼 때, 고구려가 북위와 대결하지 않을 수 있었던 것에는 군사적 조치를 보완하는 또 다른 방책이 있었기에 가능하였다고 보여진다. 이러한 시각에서 관심이 가는 사실이 사료 J)에서 장수왕이 북위에 表文을 보냈다는 점이다. 북연왕을 보내라는 북위의 요구가 있은 직후인 9월, 장수왕은 북위에 사절을 보내 북연왕과 함께 "王化"를 받들겠다고 하였다. 이것은 북연왕을 넘겨줄 생각이 없다는 점을 분명히 하는 것이면서[45] 아울러 고구려가 북연왕 세력을 통제 아래 두고 있다는 현실을 다시 한번 일깨우는 것이기도 하였다. 그러나 이러한 사실은 고구려가 굳이 사절을 통해 알리지 않더라도, 북위측에서 충분히 인지하고 있을 만하였다. 이 점에서 사절을 보낸 장수왕의 의도는 무엇이었을까.

장수왕의 의도를 알려주는 단서는 표문의 내용 가운데 "왕화를 받들겠다(奉王化)"라고 한 부분이다. 여기에서의 왕화란 북위 황제의 德化를 일컫는 것이다. 그러므로 장수왕이 "왕화를 받들겠다"는 것은 고구려가 북위의 朝貢國으로서 북위에 순종하겠다는 말이 된다. 장수왕는 북연을 둘러싸고 북위와 대립하는 행동을 하였지만 양국의 冊封朝貢 관계는 여전하다는 점을 애써 강조하였던 것이다. 특히 이때의 표문이 양국관계에서 중요한 것은 그것이 앞으로의 양국 관계에 대한 고구려의 입장을 드러낸 것이었다는 점에 있다. 북위에 "왕화를 받들겠다"는 의사를 밝힘으로써 고구려는 양국의 관계를 종전대로 유지해 나가자는 뜻을 보였다. 장수왕은 양국의 책봉조공관계를 유지하자는 뜻을 보임으로써, 고구려가 북위와의 관계에서 평화와 안정을 바라고 있다는 뜻을 드러내었던 것이다.

이에 대해 북위가 어떤 입장을 보였는지 잘 알 수 없다. 고구려에 대한 불만으로 보아 북위가 고구려의 제안을 쉽게 받아들이기는 어려웠다고 이해된다. 이 점에서 양국이 공존의 관계로 나아가기란 용이한 일이 아니었다. 그러나 적어도 북위는 군사적 조치를 취해 현실을 변화시키려고 하지 않았다. 이것은 북연왕을 내세운 고구려의 대북연 지역 진출이 시도되지 않을 것이라는 점을, 북위쪽에서 알고 있었기에 가능하였다고 여겨진다. 즉 장수왕 24년의 사절로 인해, 북위는 고구려가 북연지역을 위협하지 않을 것이며

---

45) 池培善은 이때 고구려가 회답을 피하였다고 보았다(池培善a, 앞의 글, pp.40~41). 고구려는 시간적 여유를 갖고 북위관계를 새롭게 구상하려 했다는 것이다. 그러나 문맥으로 보아, 고구려가 북연왕을 건네주지 않겠다는 거부의 의사를 밝힌 것은 분명하다.

북위와의 우호적 관계를 바라고 있다는 점을 인식하게 되었던 것이다.[46] 이 점에서 장수왕 24년 9월의 사절 파견은 고구려가 북위에 타협적 입장을 보이는 계기였다.

장수왕 23년 고구려는 불리해지고 있던 정세를 반전시키기 위해 대북위 외교를 전개하였다. 그 결과 북위의 세력확대와 침공의 위협을 제어하는데 효과적인 수단을 확보할 수 있었다. 그러면서도 고구려는 확보한 억제력을 잠재적인 차원에 한정시켰을 뿐만 아니라 양국의 책봉조공관계를 유지해 나가자는 뜻을 보였다. 이로써 고구려는 북위의 세력확대 저지라는 당면목표를 달성하면서도 북위와 충돌하지 않을 수 있었다. 이후 6세기 말까지 고구려는 억제력의 확보와 외교를 통한 타협으로 이루어진 西方政策을 추진해 나갔다. 이러한 정책의 근간은 장수왕 23년에서 24년까지 진행된 대북위 교섭에서 마련되었던 것이다. 장수왕이 재위 23년 무렵에 추진한 대북위 교섭이 지니는 정치적 의미는 무엇보다도 이 점에서 찾아져야 할 것이다.

5. 맺음말

흔히 長壽王代 高句麗는 北魏에 대해 和平 위주의 외교를 전개했다고 일컬어지고 있다. 고구려의 대북위 관계에서 冊封과 朝貢관계의 외교가

---

46) 북위는 고구려가 요하 이서방면으로 진출하여 세력확장에 나서지 않을 것임을 알고 있었다(노태돈, 앞의 책, pp.301~302)고 한다. 필자도 노태돈의 지적이 온당하다고 본다. 그렇지만, 북위가 고구려의 입장을 인지하게 되었던 계기를 장수왕 24년의 사절 파견에서 비롯되었다고 본다는 점에서 노태돈의 이해와 다르다. 노태돈은 이에 대해 뒤에 가서 고구려가 북연왕 풍홍을 제거한 사실을 들고 있다.

차지하는 비중이 컸던 것은 사실이다. 그러나 북위로 대표되는 이 시기의 서방세력에 대한 고구려의 대외정책에서 외교가 담당한 부분에는 한계가 있었다. 아울러 고구려가 외교관계에 있어서 북위의 우위를 인정한다고 하여 북위의 위협이 사라질 것도 아니었다. 遼河 일대로의 진출에 나선 北魏는 北燕의 영토를 차지하는데 그치지 않고 나아가 고구려에까지 영향력을 드리우고자 했기 때문이다.

長壽王 23年(435) 무렵 북연을 둘러싼 정세는 급박해지고 있었다. 북위의 거듭된 공격을 막아내고 있던 북연이 북위의 屬國으로 탈바꿈할 상황에 놓이게 되었다. 고구려는 심각하게 북연 · 북위와의 기존 관계를 재고하지 않을 수 없었다. 고구려로서는 전략적으로 중요한 북연을 북위에 내줄 수는 없었다. 나아가 북연과의 우호관계를 넘어서서 북연을 영향력 아래 묶어둘 필요가 있었다. 이러한 사정과 관련하여 고구려가 취한 조치가 장수왕 23년의 대북위 외교였다. 고구려의 조공으로, 북위는 북연에 대해 무력 정복이라는 결정적 조치를 취할 수 있게 되었다. 그리고 태도를 정하지 못하고 있던 북연왕은 절박한 상황에 몰려 고구려에 의지하지 않을 수 없었다.

장수왕 24년 북위가 북연을 붕괴시키려 하자 고구려는 군대를 보내 북연왕을 영입하였다. 이 군사행동은 무력시위의 제한적인 차원으로 진행되었지만, 고구려의 대항 의지와 국력을 보여주기에는 가장 확실한 조치였다. 여기에는 북위의 세력 확대를 더 이상 용납하지 않겠다는 고구려의 경고가 담겨져 있었다. 그러나 이 조치에서 가장 중요한 것은 고구려가 북연왕과 화룡성민을 영입함으로써 북위에 대해 억제력을 확보하게 되었다는 점이었다.

달리 말하면 고구려가 북위에 굴복하였기 때문에 책봉조공관계를 맺은 것은 아니었다. 또한 북위와 대결하기 위해 고구려군을 북연에 보냈던 것도 아니었다. 오히려 이 둘은 북위의 세력확대를 저지하려는 전략의 구성요소였다고 보아야 더 적절하다. 의미하는 바에서 차이는 있지만 조공 사절의 파견과 무력시위는 북위와 대립하지 않고 타협을 이루어 내고자 하는 장수왕의 의도에 따라 추진되었다. 실제에 있어서도 이 두 조치는 서로를 보완하며 고구려에 불리해지고 있던 정세를 돌려놓았고, 궁극적으로 고구려가 북위의 세력확대를 저지하고 기득 권익을 보전하는데 기여하였다. 이로써 고구려는 북위의 세력확대 저지라는 당면 목표를 달성하면서도 북위와 충돌하지 않을 수 있었다. 그리고 이 점에서 장수왕 24년의 대북위 외교는 바로 전해에 이루어진 양국의 외교관계를 발판으로 삼아 우호관계를 유지하자는 고구려의 타협적 입장을 보이는 계기였다.

제 Ⅱ장 長壽王代 對宋外交와 그 意義

1. 머리말

高句麗는 長壽王의 치세 50년(462)에 北魏로 사절을 보내었다. 장수왕 27년(439)의 사절 파견[1])이 있은 지 실로 23년만이었다. 이 기간동안 고구려는 9차례에 걸쳐 宋으로 사절을 파견하였다. 이것은 고구려가 그 동안 송 일변도의 외교를 추진하였음을 뜻한다. 이 고구려의 對宋外交는 긴장이 고조되던 對北魏 관계에서 고구려가 북위로의 사절 파견을 중지하는 것과 거의 동시에 이루어졌다. 따라서 高句麗의 對宋外交는 北魏와의 대립에서 비롯되었다고 볼 수 있다. 이러한 과정에 있어서 북위의 위협에 맞선 西方政策의 흐름을 살펴보려는 것이 이 글의 목적이다.

高句麗와 北魏의 대립은 이미 장수왕 24년(436) 北燕을 둘러싼 분쟁에서부터 보여지고 있었다. 북연과 관련된 분쟁을 배경으로 하여 양국의 관계가 악화되기 시작하였고, 이를 타개하기 위해 고구려는 송 일변도의 외교를 전개해 나갔다는 뜻이다. 따라서 북위와 대립하던 시기 고구려가 추진한 서방정책의 특성을 이해하는데 있어서 가장 중요한 문제는 對宋外交일 것이다. 무엇보다도 북위의 세력확대로 인해 동아시아 각국이 치열한 상쟁을 벌이고 있던 시기였음에도 불구하고, 고구려로 하여금 각축의 장에서 벗어

---

1) "是月(11월) 高麗及粟特渴盤陀破洛那悉居半諸國各遣使朝獻"『魏書』卷4上, p.90.

날 수 있게 한 것이 對宋外交였다는 점에서 그러하다.

그런데 지금까지의 연구에서는 고구려의 송 일변도 외교를 당시 宋이 추진하고 있던 對北魏包圍戰線과 연결된 것으로 주목하여 왔다.[2] 자연히

---

2) 여기서의 '對宋外交'는 물론 장수왕 26년부터 동왕 50년까지 고구려가 추진한 송 중심의 외교를 의미한다. 이에 관한 지금까지의 연구로는 아래와 같은 글들이 있다.
　江畑武, 「四-六世紀の朝鮮三國と日本-中國との册封をめぐって-」『朝鮮史研究會論 文集』 4, (極東書店, 1968); 上田正昭・井上秀雄編, 『古代の日本と朝鮮』(學生社, 1974).
　坂元義種, 「古代東アジアの日本と朝鮮-「大王」の成立をめぐって-」『史林』 51-4, (1968) 『古代東アジアの日本と朝鮮』(吉川弘文館, 1978).
　武田幸男, 「長壽王の東アジア認識」『高句麗史と東アジア』(岩波書店, 1989).
　徐榮洙a, 「三國과 南北朝 交涉의 性格」『東洋學』 11(1981).
　徐榮洙b, 「三國時代 韓・中外交의 展開와 性格」『古代韓中關係史의 研究』(1987).
　三崎良章a, 「北魏의 對外政策과 高句麗」『朝鮮學報』 102(1982).
　三崎良章b, 「高句麗の對北魏外交」『早稻田大學大學院文化研究科紀要別册』 9(1982).
　노태돈, 「5-6世紀 東아시아의 國際情勢와 高句麗의 對外關係」『東方學志』 44(1984) ; 『고구려사 연구』(사계절, 1999).
　盧重國, 「高句麗對外關係史研究의 現況과 課題」『東方學志』 49(1985).
　朴漢濟, 『中國中世胡漢體制研究』(一潮閣, 1988).
　池培善, 「北燕에 대하여(III)-馮弘 재위시와 對高句麗관계를 중심으로-」『東洋史學研 究』 32(1990).
　孔錫龜, 「5-6세기 高句麗의 對外關係」『高句麗 領域擴張史 研究』(서경문화사, 1998).
　金鍾完a, 『中國南北朝史研究-朝貢・交聘關係를 중심으로-』(一潮閣, 1995).
　金鍾完b, 「南朝와 高句麗의 關係」『高句麗研究 14-高句麗의 國際關係-』(2002).
　金翰奎, 『한중관계사』 I (아르케, 1999).
　井上直樹, 「高句麗の對北魏外交と朝鮮半島政勢」『朝鮮史研究會論文集』 38(2000).
　李 凭, 「高句麗와 北朝의 關係」『高句麗研究 14-高句麗의 國際關係-』(2002).
　지금까지의 논의는 다음 몇 가지 각도에서 진행되어 왔다. 첫째, 외교의 내용과 성격에 대해서이다. 내용에 있어서는 고구려의 使行이 宋 위주였다는 점이 거론되었고, 성격은 '反北魏親宋說'로 정리될 수 있다. 이 점에 대해서는 조금 뒤에 다시 보겠다. 둘째, 고구려의 송에 대한 외교는 당시 宋이 추진하고 있던 北魏包圍戰線에 가담하는 행동으로 파악되었다. 북위와 송의 대립관계에서 고구려가 송에 가담하여 북위에 대항 (武田幸男, 앞의 글, p.223 및 池培善, 앞의 글, pp.44~45과 井上直樹, 앞의 글, p.180)했

북위에 적대하는 대북위 포위전선의 전략과 연관지워 고구려의 외교를 이해하여 왔다. 하지만 고구려가 對宋外交를 전개한 것은 송과의 관계를 새롭게 모색하고 이를 통해 북위의 위협을 막기 위함이었다. 즉 고구려의 대송외교는 당시 고구려·송·북위 사이의 미묘한 대립과 견제의 관계를 함축하고 있다. 따라서 고구려의 대송외교에 대한 검토는 기존의 연구에서 미처 다루지 못한 다음과 같은 부분들을 이해하는데 도움을 준다고 생각된다.

첫째, 對宋外交의 수립에 근거가 되었을 대외정세에 대한 문제이다. 430년대 말에 이르러 북위가 華北 일대를 석권하게 되면서 동아시아세계의 정세는 급변하였다. 이러한 정세 변화를 맞이하였던 고구려의 대외정책은 그 동안 연구자들의 주목을 받아왔다. 그런데 기존 연구에서는 대체로 長壽王 27년(439)을 親宋外交의 출발점으로 삼아왔다. 이것은 고구려가 송의 요청에 따라 軍馬를 보내주었다는 사실과, 이 해의 사절을 끝으로 고구려가

다거나 송 및 柔然과 직접 관계를 맺고 대북위 연합전선을 형성(노태돈, 앞의 책, pp.307~316 및 朴漢濟, 앞의 책, p.210, 孔錫龜, 앞의 책, p.280, 金鍾完b, 앞의 글, pp.210~211)했던 것으로 이해되었던 것이다. 셋째, 고구려의 송에 대한 외교를 다른 국가들의 경우와 비교·검토하는 작업도 이루어졌다(江畑武, 앞의 글, pp.32~44 및 三崎良章의 글a·b, 노태돈, 앞의 책, pp.296~333, 金鍾完a, 앞의 책, pp.1~173).

여기에서 먼저 분명히 해 둘 점이 있다. 고구려의 외교는 당시의 일반적인 외교형식이었던 冊封과 朝貢을 통해 전개되었다. 그러므로 고구려와 이들 국가 사이의 관계를 이해하는데 책봉·조공의 여부와 그 빈도수는 매우 중요한 단서임에 틀림없다. 그러나 고구려가 對宋外交를 전개한 것은 북위와의 불안한 긴장관계를 배경으로 삼은 것이다. 이 점에서 對宋外交를 살피기 위해서는 고구려와 북위 사이에서 일어났던 사실들에 대한 이해가 선행되어야 할 것이다. 또한 이 기간동안 고구려와 북위는 사절을 주고받지 않았고, 고구려는 송 위주의 외교를 전개하였다. 즉 사절의 교환 여부에 초점을 맞춘다면 이 시기 고구려의 외교는 송 일변도였음에 분명하다. 그러나 이것만으로 고구려가 親宋的 입장을 가지고 있었다고 보기에는 망설여진다. 필자는 송 위주의 외교를 '親宋外交'로 평가할 수 없다고 본다. 이에 '對宋外交'라는 용어를 사용할 것이다. 본문에서 자세한 설명이 있을 것이다.

대북위 외교를 단절하고 송 일변도의 외교를 전개해 나갔기 때문이었다. 장수왕 27년을 기점으로 고구려는 대외정책의 방향을 크게 수정하였던 것이다. 그렇다면 고구려가 대송외교 중심의 대외정책을 수립할 수 있었던 계기는 어디에 있었을까 하는 점을 생각해 볼 필요가 있다. 즉 고구려가 북위의 위협을 대처하기 위해서 대송외교가 필요하다고 생각했던 계기는 어떤 것이었으며, 당시 고구려가 인식한 대외정세는 어떤 것이었는가 하는 점을 구체적으로 살펴 볼 필요가 있는 것이다. 이러한 인식과 관련하여 長壽王 26年(438) 宋의 北燕王 迎入사건을 돌려놓고 이야기할 수는 없다.[3] 달리 말하면 北燕王 사건을 통해 송은 고구려와의 연결 의지를 드러냈으며, 고구려에게 연결의 상대로 인식될 수 있었다는 것이다.

둘째, 지금까지는 高句麗의 親宋外交가 宋을 중심으로 한 對北魏 包圍戰線과 연계하였음을 중요하게 다루었지만,[4] 고구려와 대북위 포위전선의 연결 내용에 대해서는 소홀한 경향이 있다. 고구려의 西方 경계인 遼西 일대는 북위의 東方과 맞닿고 있어 그 위협에 곧바로 노출되어 있었다. 그렇기 때문에 북위와의 외교 단절로 고구려의 서방 일대에는 북위의 적대 행위가 벌어질 위험성이 늘 있었다. 이 점에서 고구려가 북위의 위협을

---

3) 宋의 北燕王 迎入사건이란, 高句麗로 피신해 있던 北燕王 馮弘을 宋이 맞아들이려 했던 사건이다. 이 사건에는 고구려와 송, 그리고 북연왕 풍홍이 직접 관련되었고, 이 삼자와의 관계 속에서 북위도 관련이 있었다. 고구려의 대송외교와 관련하여 이 사건을 중요하게 다루려는 까닭이 여기에 있다.

4) 이 시기의 외교에 대한 이해는 '反北魏親宋'으로 축약될 수 있다. 아마도 북위와 송이 대립하고 있던 역학관계에 초점을 맞추어 고구려조차도 이 두 강대국의 대결관계의 일각을 이루는 한 세력에 지나지 않는다는 인식이 강하였기 때문일 것이다. 그러나 노태돈만은 연결의 정도로 보아 송과 북위의 대결에 직접 개입하는 적극적인 것은 아니었다(노태돈, 앞의 책, pp.303~333)고 보았다. 송과 북위의 대결에 적극 개입한 국가들과 고구려를 일단 구별하였던 것이다. 이 점에서 노태돈의 연구는 필자의 논지에 도움을 주었다.

막아내는데 있어서 송과 송의 연합세력들이 어떤 역할을 해줄 수 있었는지 따져보아야 할 것이다. 그리고 고구려의 대북위 견제력은 무엇이었는가를 자세히 검토해 볼 필요가 있다.

　여기에서는 이러한 문제의식과 관련하여 다음과 같은 내용을 다루게 될 것이다. 먼저 宋의 北燕王 迎入사건을 중심으로 對宋外交의 性格을 살펴볼 것이다. 다음으로는 高句麗가 對宋外交를 추진하게 된 원인이었던 北魏의 對高句麗政策을 알아볼 것이다. 마지막으로 對宋外交期 高句麗와 北魏의 관계를 살펴봄으로써, 高句麗가 對宋外交로써 어떻게 北魏의 위협을 차단할 수 있었는지에 대해 검토할 것이다. 이러한 검토를 통해서 對宋外交期 高句麗의 西方政策에는 어떤 변화가 있었는지 살펴 볼 수 있을 것이다.

2. 長壽王의 北燕王 馮弘 제거와 對宋外交

　北魏가 遼西와 지금의 河北省 일부를 영역으로 했던 北燕을 무너뜨리고 그 영토를 차지한 것은 長壽王 24年(436)의 일이었다. 이것은 이제부터 고구려가 북위와 요서 일대를 경계로 마주하게 되었음을 뜻하였다. 그리고 이것은 고구려의 西方 일대에서 긴장이 고조되었음을 상징하는 사건이기도 하였다. 이에 고구려는 장수왕 23년 무렵에 北燕王 馮弘을 迎入하여 북위의 위협을 저지하려 하였다.[5] 북연왕을 둘러싸고 고구려와 북위의 관계는 그

---

5) 이와 관련하여서는 李成制, 「長壽王의 對北魏交涉과 그 政治的 意味-北燕을 둘러싸고 이루어진 對北魏關係의 전개-」『歷史學報』 181, 2004. 3; 본서 제Ⅰ장)의 내용을 참조하기 바란다. 이러한 의도를 이루기 위해 고구려는 冊封 · 朝貢과 무력시위라는 强穩 兩策을 사용하였다.

어느때보다 악화되어 있었다.[6] 한편 華北 전체의 석권이 가까워지면서, 북위의 군사행동은 북쪽의 柔然과 남쪽의 宋에게도 전개되기 시작하였다.[7] 이에 따라 북위에 대항하기 위한 柔然과 宋의 움직임도 적극적인 것으로 나아갔다. 이로써 동아시아세계의 국제관계는 北魏와 反北魏 진영의 대결이라는 전환기를 맞이하였다. 고구려도 이러한 대결관계에서 입장을 분명하게 정할 필요가 있었다.

이와 관련하여 주목이 가는 사실이 고구려의 對宋外交이다. 고구려가 宋과 처음으로 접촉한 것은 長壽王 11年(424)의 일이었다.[8] 고구려가 사절을 보내 朝貢하였던 것이다. 송에서도 이에 답하는 사절을 보내었다. 그러나 이때의 冊封과 朝貢이 양국관계에 구체적으로 어떤 영향을 끼쳤는지 자세히 알 수는 없다. 이로부터 14년 뒤인 장수왕 26년(438)부터는 비교적 구체적

---

6) 고구려는 북연왕을 건네 달라는 북위의 요구도 거부하였다. 이에 북위 조정에서는 고구려를 침공하기 위한 논의가 열릴 정도로 양국의 관계는 악화되었다. 이러한 사실은 다음의 기록에서 알 수 있다("王遣將葛盧孟光 將衆數萬 隨陽伊至和龍 迎燕王. …… 魏主聞之 遣散騎常侍封撥來 令送燕王. 王遣使入魏 奉表稱當與馮弘 俱奉王化. 魏主以王違詔 議擊之. 將發隴右騎卒 劉絜樂平王丕等諫之 乃止." 『三國史記』卷18 高句麗本紀 6 長壽王 24年條).

7) 당시의 국제정세와 관련한 北魏와 宋의 전략에 대해서는 三軍大學編의 『中國歷代戰爭史』第6冊(臺灣, 軍事譯文出版社, 1972, pp.136~157)이 참고된다. 이에 따르면 北魏는 우선 北燕과 北涼을 차지하여 華北 전체를 장악한 뒤, 柔然과 宋을 상대할 전략을 세웠다. 반면 송은 內政 문제로 이에 대비하지 못하다가, 나중에서야 북위에 대항하기 위해 유연과 연결을 도모하기 시작하였다고 한다.

8) 송이 고구려에 대해 관심을 보인 것은 長壽王 7년(420) 7월의 일이었다. 동년 6월 건국한 송은 건국 37일만에 고구려 장수왕을 책봉하였던 것이다. 그러나 이것은 王朝의 성립을 기념하는 책봉으로서 고구려의 조공을 받고서 책봉한 것은 아니었다(金鍾完, 앞의 책, pp.118~120). 고구려는 이로부터 4년이 지난 뒤에야 비로소 송에 조공하였고, 송의 사절도 이때서야 처음 고구려에 이르렀다(『宋書』卷 97, p.2392). 그 뒤 대송 외교를 전개하기 전까지 고구려의 사절 파견은 장수왕 24년의 단 한차례에 그쳤다(『宋書』卷5, p.84).

인 외교의 내용이 보이기 시작한다. 그리고 이때부터 고구려는 점차 북위에 사절을 보내지 않는 대신, 송 일변도의 외교를 추진하기 시작하였다. 이 점에서 당시 고구려의 주요 외교상대는 송이었다고 할 만하다. 그러면 고구려가 송 위주의 외교를 전개한 목적은 무엇이었을까. 다음은 이러한 의문을 해결하기 위해 기록에서 보이는 대송외교의 사례들을 모은 것이다.

<표 1> 高句麗의 對宋外交 內容

年 代	高句麗 使節의 活動	使行의 目的	비 고
長壽王 26 (438)년	是歲武都王·河南國·高麗國·倭國·扶南國·林邑國並遣使獻方物	宋使의 호송과 처벌 요구	宋, 사절 처벌
長壽王 27	是歲武都王·河南王·林邑國·高麗國並遣使獻方物	軍馬 800필 수송	宋, 北伐위해 軍馬 요구
長壽王 29	是歲肅特國·高麗國·蘇靡黎國·林邑國並遣使獻方物		
長壽王 31	是歲河西國·高麗國·百濟國·倭國並遣使獻方物		長壽王 30년, 北魏軍이 대거 宋을 침공, 柔然은 송과 연결하여 북위를 침입.
長壽王 39 (451)	冬十月癸亥 高麗國遣使獻方物		長壽王 38년, 北魏軍이 대거 宋을 침공, 宋軍의 北伐과 후퇴. 兩軍이 講和.
長壽王 43	(11월) 辛亥 高麗國遣使獻方物	慰國哀再周	長壽王 41년, 宋 文帝 弑害
長壽王 46	(10월) 乙未 高麗國遣使獻方物		
長壽王 47 (459)	十一月 己巳 高麗國遣使獻方物 肅慎國重譯獻楛矢石砮		
長壽王 49	(7월) 丁卯 高麗國遣使獻方物		

먼저 고구려가 長壽王 26年(438)과 27年 사절을 파견한 이유는 비교적 분명하게 드러난다. 전자의 경우는 송의 사절을 돌려보내기 위해서이고, 장수왕 27년의 사절은 송이 요청한 軍馬를 보내주기 위해서 파견되었던 것이다.9) 그렇지만 나머지 사절의 파견은 예외없이 "遣使獻方物"로 기록되고 있어, 당시 외교의 현안이 무엇이었는가를 전혀 알 수 없다. 더욱이 사절을 보내고 방물을 바친 고구려의 노력에도 불구하고, 고구려의 외교는 송으로부터 별다른 반응을 이끌어 내지 못하였던 것으로 보인다. 고구려의 대송 외교에 대해 송은 차라리 무관심했다고 평가될 수 있을 정도로 반응하였던 것이다. 이것은 초반의 두 차례를 제외하고는 송이 사절을 보낸 사실을 찾아볼 수 없기 때문이다.

또한 長壽王 31年(443)에서 39年(451)에 걸친 기간은 대규모의 격전이 北魏와 宋, 그리고 柔然 사이에서 벌어졌던 시기였다. 특히 장수왕 38년에 있었던 송과 북위의 대결에서는 북위의 공격은 물론이고, 늘 수세에 몰려있던 송이 北伐에 나서기도 하였다. 송이 북위에 대해 모처럼 적극적인 공세를 취했던 것이다. 이 점에서 송으로서는 북위의 전력을 분산시키기 위해 여러 가지 방안을 모색했을 가능성이 높다. 예컨대 고구려가 북위의 東方을 위협해 준다면 송의 공세는 적지않은 도움을 받을 수 있었다. 그럼에도 불구하고 송이 고구려와의 군사적 유대를 도모했다는 기록은 찾아볼 수 없다.10) 도리어 송과 북위 사이에서 정작 본격적인 대결이 벌어졌던 이 기간동안 고구려의 후원을 필요로 하였을 송은 물론이고, 고구려조차 2차례 사절을 보내는

---

9) 이 사실은 고구려가 북위에 맞서면서 송과 연대하는 '反北魏親宋'외교의 구체적 증거로 파악되기도 한다(江畑武, 앞의 글, p.33 및 金鍾完a, 앞의 책, pp.84~85, 井上直樹, 앞의 글, p.180).

10) 고구려와 송 사이에서 군사적 유대관계를 엿볼 수 있는 사례는 이보다 11년 전인 장수왕 27년(439)의 '군마의 요청' 단 한차례에 불과하다.

데 그쳤던 것이다. 이러한 점은 고구려가 송에 기우는 외교를 전개하였지만, 그것은 어디까지나 분명한 선을 그은 것이었음을 짐작하게 한다.

하지만 이러한 이해를 확정지우기 위해서는, 長壽王 26年(438)과 同王 27年(439) 고구려가 어떤 이유에서 사절을 송에 보냈는지를 알아볼 필요가 있다. 송측으로부터의 使行도 이때에 있었다는 점에서 더욱 그러하다. 장수왕 27년 고구려는 송의 軍馬 요청을 수락하고 海上을 통해 軍馬 800匹을 보내주었다. 고구려는 陸路가 아닌 海路를 통해, 그것도 800필의 적지않은 군마를 보냈던 것이다. 이것으로 고구려와 송의 긴밀한 결속, 즉 고구려는 송을 위해 군사적인 협력도 제공했다[11]고 볼 수도 있다. 그러나 대송외교를 전개한 고구려의 의도가 송에게 군사적 협력을 제공하기 위한 취지에 있었다고는 말할 수 없을 것이다. 도리어 그러한 협력이 있었다면 고구려가 송으로부터 제공받으려 했을 것이고, 이것이 북위의 위협에 대처한다는 측면에서도 온당하다. 그렇지만 실제에 있어서는 그러하지 않았고, 이 점에서 종래의 이해를 그대로 받아들이기 어렵다.

그런데 長壽王 27年의 使行은 바로 전해의 사절 파견에 뒤이은 것이었다. 그리고 장수왕 26년에는 北燕王 馮弘 문제에서 비롯된 고구려와 송의 무력 충돌이 있었다. 이 점에서 고구려가 연거푸 사절을 보낸 것은 앞서의 분쟁상황을 수습하기 위한 것이었다고 보아야 옳다. 즉 양국 사이에서 심각한 분쟁이 있었던 장수왕 26년에 관심이 모아지는 것이다. 이것은 고구려와 송 사이에 중요한 현안이 있었고, 그것을 둘러싸고 대립한 적이 있었음을 알려주기 때문이다. 장수왕 26년의 분쟁은 송이 북연왕의 구원 요청에 따라 그를 영입하기 위해 고구려로 사절을 보내온 것이 계기가 되었다. 이때,

---

11) 주 9)를 참조.

고구려는 송의 기대와는 달리 북연왕을 제거하였고, 송이 고구려 장수를 살해함으로써 양국 사이에서 무력충돌이 벌어졌다. 그런데 고구려가 북연왕을 제거한 조치는 송의 요청을 거부한 것이었다는 점에서 우리의 관심을 끈다. 그러므로 북연왕 풍홍을 둘러싼 고구려와 송의 갈등은 고구려와 송 사이에 있었던 현안을 살펴보는데 가장 적합한 사례라고 여겨진다.[12] 물론 장수왕 26년의 사건으로써 대략 20여 년 동안 고구려 장수왕이 추진한 對宋 外交에서의 양국 관계와 입장을 이해하기에는 한계가 있을 것이다. 그러나 고구려의 대송외교는 이 사건 직후부터 추진되었고, 그 외교정책의 수립은 이 사건을 통해 드러난 양국 관계와 입장을 바탕으로 하여 이루어졌으리라 는 점에서 크게 다르지는 않았을 것이라 여겨진다. 아래에 보인 기록은 이 사건을 전해주는 자료로써, 고구려가 대송외교를 전개하기까지의 자세 한 사정을 전해준다.

A a) (元嘉―필자주, 이하 필자주 생략)十五年(438; 長壽王 26年) 復爲
索虜所攻 (北燕王 馮)弘敗走 奔高驪北豊城 表求迎接. b) 太祖遣使
王白駒·趙次興迎之 幷令高驪料理資遣 c) (高句麗 長壽王 高)璉不欲
使弘南 乃遣將孫漱·高仇等襲殺之. d) 白駒等率所領七千餘人 掩討
漱等 生禽漱 殺高仇等二人. e) 璉以白駒等專殺 遣使執送之 上以遠
國 不慾違其意 白駒等下獄 見原. 璉每歲遣使 (『宋書』卷97, 中華書
局, p.2393, 이하 中華書局 생략)

---

12) 북연왕 풍홍문제를 둘러싸고 고구려가 송과 북위의 대결관계에 휘말리게 되었음을
처음 지적한 이는 武田幸男이었다(武田幸男, 앞의 글, p.223). 그에 따르면 고구려는
북연왕을 죽임으로써 가까스로 위기를 모면할 수 있었다고 한다. 이때 고구려가
위기의 국면을 맞이한 것은 분명하다. 그러나 단지 위기를 모면하기 위해 장수왕이
북연왕을 제거했다고는 여겨지지 않는다.

먼저 A-a)에 따르면 北魏의 공격을 피해 北燕王은 고구려의 北豊城에 머물고 있었다. 이곳에서 北燕王은 宋에 表를 올려 맞아들여 줄 것을 요청하였다. 이러한 북연왕의 요청을 받은 송의 대응은 A-b)에 잘 드러나 있다. 宋은 북연왕의 요청을 받아들여 그를 迎入하려 시도하였다. 그리고 송은 북연왕을 맞아들이기 위해 王白駒 등 사절을 고구려에 파견하였다. 아울러 馮弘의 인도와 함께 이들이 송에 오는데 필요한 제반 편의를 보아줄 것을 고구려에게 요구하였다. 송은 북연왕의 영입을 위해 적극적으로 나섰던 것이다. 송이 북연왕을 영입하겠으니 협조를 당부한다는 요청에 그치지 않고, 직접 그를 맞이하기 위해 고구려의 경내에까지 사절단을 보내왔다는 점에서 그러하다.

그런데 長壽王은 北燕王을 迎入하겠다는 宋의 요구에 따르려 하지 않았다. 이러한 사정은 A-c)의 기록을 통해 확인할 수 있다. 이에 따르면 고구려는 북연왕이 송으로 가는 것을 바라지 않았다. 북연왕을 맞이하려는 송의 사절이 오자, 도리어 장수왕은 북연왕과 그의 일가를 제거하였다.[13] 나아가 A-d)는 고구려가 북연왕을 제거함에 따라서 고구려와 송 사이에 군사적인 충돌이 일어났음을 전한다. 고구려는 북연왕을 영입하려던 송의 시도를 무산시켰다. 곧바로 사절 王白駒의 지휘를 받은 宋軍의 공격이 이어졌고, 양측은 충돌하였다. 북연왕의 처리를 둘러싸고 고구려와 송은 무력충돌이라는 극단적인 관계로까지 나아갔던 것이다. 양국의 대결이 벌어진 뒤의 사정은 A-e)의 기록을 통해 자세히 살펴볼 수 있다. 이에 따르면 사태를 수습한 쪽은 고구려였다. 장수왕은 고구려 장수를 죽인 송의 사자를 처벌하지 않았다. 고구려는 사로잡은 송의 사자를 송으로 보냈다. 양국의 분쟁은,

---

13) 고구려는 북연왕 뿐만 아니라 그 자손 10여 명도 아울러 제거하였다("殺弘于北豊 幷其子孫十餘人" 『三國史記』卷18, 高句麗本紀6 長壽王 26年條).

장수왕의 이러한 처리에 힘입어, 더 이상 확대되지 않고 마무리되었다.

그런데 이 사건에서 주목해야 하는 것은 북연왕을 영입하려는 송의 의도와는 달리 고구려가 그것을 원하지 않았다는 점에 있다. 고구려는 왜 이처럼 송의 북연왕 영입에 대해 부정적이었는지 궁금해진다. A-a)의 기록은 고구려의 입장을 이해하는데 도움이 된다. 이에 따르면, 북연왕은 고구려의 영내에 머물고 있었다. 북연왕은 고구려의 보호 아래 있었던 것이다. 그러므로 고구려가 송의 북연왕 영입에 대해 부정적이었던 것은 그를 장악해 두어야 할 필요가 있었기 때문이었다고 할 수 있다.

그러면 고구려는 어째서 북연왕을 통제아래 두려고 하였을까. 고구려는 영내로 들어온 북연왕을 平郭에서 北豊城으로 옮겨가며 머물도록 하면서 그의 侍人을 빼앗고 太子를 인질로 취하였다.[14] 이러한 조치들에서 고구려

---

14) "二十六年春三月初 燕王弘至遼東. 王遣使勞之曰 龍城王馮君 爰適野次 士馬勞乎. 弘慙怒 稱制讓之. 王處之平郭 尋徙北豊. 弘素侮我 政刑賞罰 猶如其國. 王乃奪其侍人 取其太子王仁爲質. 弘怨之 遣使如宋 上表求迎."『三國史記』卷18, 高句麗本紀6 長壽王

이러한 북연왕에 대한 고구려의 처우을 들어, 이는 고구려가 북위와 충돌을 야기하거나 망명집단을 내세워 북위 방면으로 진출할 의도가 없음을 표명한 것이라는 견해가 제시된 바 있다(池培善, 앞의 글, pp.42~44 및 노태돈, 앞의 책, pp.301~302). 고구려가 북연왕의 복국을 지원하지 않고 통제하였던 것은 북위가 침공계획을 철회하였고, 적극적인 동진 움직임을 보이지 않았기 때문이라는 것이다. 그러나 고구려가 북연왕을 영입한 것은 그에게 북위의 세력확대를 막는 억제력의 역할을 기대하였기 때문이었다. 북위의 움직임이 어떻게 전개되는가에 따라 고구려는 그에 대응하여 북연왕이라는 억제력을 다양하게 활용할 수 있었다. 이런 점에서 북연왕을 영입한 당초부터 고구려가 그를 지원하지 않았다고는 여길 수 없다. 그럴 경우 고구려가 북연왕을 확보한 의미는 사라지게 될 것이기 때문이다. 처음 북연왕과 그의 세력집단을 머물게 한 곳이 平郭이었다는 점에서 그러하다. 평곽은 요하선 가까이(평곽이 요하 이서에 위치한 것으로 이해한 바 있었으나, 이를 수정한다)에 자리잡고 있었고 4세기 후반 後燕이 요동을 차지하기 위해 고구려와 대결할 때 근거지로 삼았던 곳이다("慕容農至龍城 …… 進擊高句麗 復遼東玄免二郡. …… 燕王垂以農

가 북연왕의 독자적 행동을 허용하지 않고 통제하고 있었음을 알 수 있다.
고구려는 북연왕의 독자적 행동을 바라지 않았던 것이다. 고구려를 피신처
로 선택한 북연왕의 의도는 일단 북위의 공격에서 벗어나 장래를 기약하겠
다는 것이었다.15) 그러므로 고구려가 통제하지 않는다면 북연왕의 復國
활동이 진행될 가능성이 농후하였다. 이러한 북연왕의 움직임은 북위를
자극할 것 또한 분명하였다. 이러한 사정에서 고구려는 북연왕의 독자적
행동을 통제하였던 것이다. 이 점에서 고구려는 북연왕을 확보하고서도
그를 내세워 북위에 직접적인 위협을 가하는 행동을 하지 않았다. 즉 고구려
는 대결을 위해서가 아니라 북위를 견제하려는 의도에서 북연왕을 세력아
래 두었던 것이다.16) 이것은 고구려가 북연왕을 영입하는 과정에서 북위와
의 대결은 애써 피하였던 사실로써도 분명하다. 따라서 고구려는 북위의
위협이 여전한 상황과 관련하여 북연왕이 필요하였다.

그런데 이처럼 필요한 존재였음에도 불구하고, 고구려는 송의 영입 시도
를 계기로 북연왕과 그의 일가를 제거하였다. 송의 북연왕 영입 시도와

…… 鎭龍城. 徒平州刺史帶方王佐鎭平郭"『資治通鑑』卷106, p.3356). 이 점에서 반
대로 고구려가 요서방면에 대해 공세를 취할 때 평곽은 和龍(龍城)을 겨냥한 위협의
거점이 될 수 있었다. 한편 고구려가 북연왕에 대한 통제를 강화하는데 그치지 않고
그를 제거하기에 이른 것은 북위가 이에 아랑곳하지 않고 오히려 동방정책을 추진
하기 시작하면서 그만큼 북연왕의 존재가치를 떨어뜨렸던 데도 관련이 있을 것으로
본다. 이 점에 대해서는 다음 절에서 다루어질 것이다.

15)『資治通鑑』卷122, p.3859.
16) 高句麗軍의 和龍城 入城과 北燕王 迎入 과정에 대해서는 李成制의 글을 참조하기
바란다(李成制, 앞의 글; 본서 제Ⅰ장). 高句麗軍의 和龍城(북연 수도) 진출은 당시
이 곳을 공격하고 있던 北魏軍을 당황하게 하였다. 고구려가 북위와 대결하려 했다
면 놓치지 말아야 했던 기회였던 셈이다. 이러한 점에서 고구려의 군사행동은 북위
와 교전하여 대결하겠다는 것이 아니라, 북위에게 무력을 과시하고 경고를 하기
위한 것이었다.

고구려의 북연왕 제거로 이어지는 일련의 사건에는 좀더 복잡한 사정이 있었음을 짐작할 수 있는 대목이다. 이 점을 알아보기 위해 고구려와 송, 북연왕 사이의 관계를 좀더 살펴보자.

먼저 北燕王은 高句麗의 통제아래에서 벗어나지 않는 한 復國을 바랄 수 없었다. 北燕王 馮弘은 宋에 사람을 보내 영입을 요청하였다. 그의 의도가 송의 지원으로 고구려의 통제에서 벗어나 자신의 왕국을 회복하려는 것이었음은 짐작하기 어렵지 않다. 이 점에서 북연왕의 입장은 분명하였다. 그의 왕국을 차지한 북위에 적대하는 입장이었던 것이다. 그리고 이러한 입장에 서있는 북연왕이 송에게 도움을 바랐을 뿐만 아니라, 송 또한 그의 영입에 나섰다는 점에서 송과 북위의 관계는 첨예한 대결관계에 있었음에 틀림없다. 사정이 이러하다면 북연왕의 거취는 고구려와 송 두 나라 사이의 문제만이 아니라, 북위에게도 매우 중요한 사안이 되었을 것임을 짐작하기 어렵지 않다. 이런 점에서 고구려가 송의 요청을 어떻게 처리할 것인가의 문제는 송과의 관계 뿐 아니라 북위와의 관계에서도 중요한 의미를 갖는 것이었다. 즉, 북연왕을 송에 넘겨준다는 것은 송과 북위의 대결 관계에서 고구려가 송측에 선다는 것을 뜻하였다. 이러한 사정을 염두에 두면 북연왕의 향배를 둘러싸고 송과 대립한 고구려의 입장은 분명하였다. 고구려는 송측에 서지 않으려 했던 것이다.

그렇지만 對宋關係도 송이 북위와 대결하고 있다는 점에서 중요해지고 있었다. 고구려에게 있어서 송은 북위를 배후에서 위협해 줄 수 있는 세력이었고, 대북위 포위진영의 한 축이었기 때문이었다. 북연이라는 완충지대가 사라진 뒤, 고구려는 북위의 직접적인 위협에 직면해 있었고, 실제로 북위 조정에서 고구려를 공격하자는 논의조차 있었다는 점에서 그러하다. 이런 점에서 고구려는 대송관계를 보다 긴밀하게 만들어야 할 필요가 있었다.

그럼에도 불구하고 고구려는 북연왕을 송에 인도하지 않았을 뿐만 아니라 북연왕 일가를 제거하였다. 송군과의 무력충돌도 이 때문에 빚어졌다. 사정이 이러하다면 이같은 고구려의 행동은 선택적인 것이었고 불가피하게 이루어진 것이었음을 짐작할 수 있다. 이것이 고구려와 송의 관계에 악영향을 줄 것임을 예상하기 어렵지 않았기 때문이다. 송이 적극적으로 북연왕을 영입하기 위해 나섰다는 점에서 그러하다.

이렇게 놓고 보면 고구려가 북연왕을 제거한 의도가 무엇이었을까 궁금해진다. 즉 북연왕을 제거함으로써 고구려가 기대한 바는 무엇이었을까. 이와 관련하여 송과 북연왕의 관계를 먼저 살펴볼 필요가 있을 듯하다. 고구려의 북연왕 제거가 송이 북연왕을 영입하려 한 의도와 무관하지 않을 것이기 때문이다. 북연왕은 그의 왕국이 붕괴하기 이전에도 여러 차례 송에게 도움을 요청한 바 있었다.[17] 북위의 공격을 막기 위해, 북연은 송의 도움을 절실하게 필요했던 것이다. 이런 점에서 송의 지원은 당사국 북연은 물론이고 고구려에게도 기대되는 바였을 것이다. 그러나 양국의 冊封朝貢關係에도 불구하고 송은 위급한 북연의 상황에 개입하지 않았다. 이로 보아 적어도 북연왕 영입에 나서기 전까지 송의 입장은 북위를 자극하지 않겠다는 것이었다고 볼 수 있겠다. 그러나 이제 송은 북연왕의 요청을 받아들이는 것에 그치지 않고 사절을 고구려의 경내에까지 보내었다. 이러한 사실은 북위에 대한 송의 입장에 변화가 있었음을 뜻한다. 북위를 자극할 행동도 적극적으로 해야만 할 정도로 송도 북위의 위협을 느끼게 되었던 것이다. 그리고 북연왕의 영입에 적극적으로 나섰다는 점에서 이제부터 송은 그를 각별하게 여기게 되었음을 알 수 있다.

---

17) 『資治通鑑』卷122, p.3840, 3855, 3857.

　그러면 북연왕을 영입하려한 송의 전략은 무엇이었을까. 앞에서 보았듯이 북연이 붕괴하기 전까지 송은 북연왕을 중요하게 여기지 않았다. 이 점에서 북연왕에 대한 송의 태도가 변하였던 것은 북연이 붕괴한 상황과 밀접한 관련이 있을 것이다. 북연의 붕괴로 북위가 곧 화북의 전 지역을 통일하게 되리라는 것은 의심할 수 없게 되었다.[18] 북연 공략에 몰두해 왔던 북위가 조만간 세력확대의 방향을 남으로 돌리게 될 것이라는 것도 예상하기 어렵지 않았다.

　이제 송은 종전의 방관적 입장에서 벗어나 국제정세의 변화에 대응하여야만 하였다. 송은 王白驅 · 趙次興 등의 사신과 7,000여 명의 병력을 파견하였다. 이들 사절과 군대는 점차 커져가는 북위의 위협에 대처하려는 의도에서 보내졌을 것임에 틀림없다. 그리하여 송의 북연왕 영입시도로 고구려는 송과 북위의 대결관계에 휘말리게 되었던 것이다. 이와 관련하여 송에게 있어서 북연왕의 전략적 가치는 어디에 있었을까[19]

　앞에서 보았듯이 북연왕의 復國 활동은 거의 이루어지지 못하고 있었다. 그것은 고구려의 지원이 없었기 때문이지만 동시에 풍홍의 망명세력만으로는 북위에 대해 어떤 위협도 될 수 없었음을 뜻한다. 이 점에서 북연왕을 영입하더라도 송이 북위의 위협에 맞서는데 얼마나 도움이 되었을까 의문이 든다. 송이 북연왕을 세력 아래 둔다고 하여 국제정세를 유리하게 이끌어

---

18) 430년대의 시기는 五胡諸國 가운데 北燕과 北涼만이 남게 되어 북위의 화북통일이 임박하였던 때였다(金鍾完, 앞의 책, p.17). 그러한 상황에서 북연이 망하자, 북위의 화북통일은 주변국가들에게 현실로서 다가왔을 것이다. 이 점에서 북연의 붕괴는 북위의 위협을 확실히 인식하는 계기가 되었다고 여겨진다.

19) 노태돈은 송이 북연왕을 영입하려 한 것은 그와 연결하여 북위의 측면에 세력 근거를 구축하려는 의도였다(노태돈, 앞의 책, p.302)고 보았다. 그러나 송의 전략이 궁극적으로 의도한 것이 여기에 머문다고는 생각되지 않는다. 이미 망한 국가의 군주에게서 끌어낼 수 있는 세력에는 한계가 있었을 것이기 때문이다.

갈 수 있었던 것은 아니었기 때문이다. 그러므로 송의 의도는 북연왕을 영입하는데 그치는 것이 아니었다고 할 수 있다. 즉 북연왕을 영입하겠다는 것은 표면적인 이유였고, 실제의 의도는 다른 곳에 있었던 것이 아닐까 하는 것이다. 이것은 북연왕의 거취를 둘러싸고 송이 교섭한 상대가 고구려 였다는 점에서 그러하다.[20] 송은 북연왕의 영입조차 고구려의 이해를 얻지 않고서는 이룰 수 없었다. 그것이 당시의 현실이었다. 이 점에서 요서 일대 에 대한 송의 영향력은 전무하였다고 보아도 좋을 것이다. 나아가 북위의 동방, 즉 요서 일대에서 가장 강력한 세력은 고구려였다. 따라서 송이 요서 일대에서 어떤 행동을 하기 위해서는 무엇보다도 고구려의 협력과 지지가 절실하였다. 그리고 이 행동은 아마도 북위를 견제하려는 전략의 일환이었 다고 믿어진다. 즉 송은 북연왕의 영입을 내세워 고구려를 송측으로 끌어들 이려 하였던 것이다. 그렇지만 이것으로 모든 의문이 해결된 것은 아니다. 그것은 다음과 같은 이유에서이다.

송의 태도는 고구려의 수중에 놓여 있던 북연왕을 인도해 달라는 것이나 제반 준비를 요구했다("迎之 幷令高驪料理資遣")는 점에서 일방적이었다. 더욱이 송은 고구려의 의사와는 관계없이 행동하였다. 송이 북연왕을 영입 하겠다는 것이나, 7,000명에 달하는 병력("(宋使 王)白駒等率所領七千餘人") 을 고구려 영내에 보낸 것 모두 고구려가 그것을 허용하고 돕는다는 것을 전제로 했어야 온당하다. 고구려의 의사를 확인하고 나서야 송은 북연왕 영입 사절과 군대를 보냈어야 마땅한 것이다. 그러나 송은 그렇게 하지 않았다. 그러면 송의 사절 파견과 출병이 의미하는 바는 구체적으로 어떤 것이었을까.

---

20) 이와 관련하여 노태돈은 송이 7,000명에 달하는 군대를 사신과 함께 보낸 것은 고구 려를 위압하기 위해서였다(노태돈, 앞의 책, p.302)고 보았다.

송의 군대와 북연왕 영입 사절이 고구려로 보내졌다는 것은 누구에게나 양측의 연결로 의심받을 행동이었다. 특히 북위에게는 그렇게 보여질 수 있었다. 요서 일대의 전략적 중요성을 인식한 송이 이 점을 몰랐을 리 없다. 오히려 이것이 송의 표적이었다고 보아야 할 것이다. 송의 출병은 북위에게 위협이 될 만한 일이었다. 그것도 7,000명의 병력이 양국의 접전지역과 무관한 요서 근방에 나타났다는 점에서 더욱 그러하다. 이러한 행위들이 고구려의 영내에서 벌어지고 있었다는 점에서 북위측이 고구려와 송의 연결을 의심할 것은 당연하였다. 또한 북위가 이러한 상황을 우려하게 되리라는 것도 예상하기 어려운 일이 아니었다. 고구려가 송과 연결된다는 것은 다른 무엇보다 북위의 동방이 위협에 노출된다는 것을 의미하기 때문이었다.

이러한 점에서 송의 북연왕 영입 시도와 출병은 고구려와 북위의 불안한 관계에 영향을 주려는 의도에서 추진되었다고 보인다. 설령 고구려의 협력을 얻지 못하더라도 이것으로 송은 전략적 목표를 이룰 수 있었다. 북위에게 있어 이것은 두 세력의 연결을 의미하는 것이고, 이에 따라서 동방에 대해 위협을 느끼게 될 것이기 때문이다. 즉 북위로서는 감당해야 할 戰線이 확대됨을 의미하였다. 이로써 북위와 고구려의 관계가 긴장의 국면으로 나아가게 된다면 송은 북위의 위협에 대한 부담을 덜어낼 수 있었다.

반면 고구려는 송의 북연왕 영입 시도로 매우 곤란한 상황에 놓이게 되었다. 이미 불안한 상태에 놓여 있던 대북위관계가 이로 인해 긴박한 적대관계로 나아갈 가능성이 커졌던 것이다. 그러므로 북연왕 제거는 고구려가 송의 출병으로 빚어진 위기에서 벗어나기 위한 조치였던 셈이다. 고구려는 문제의 발단인 북연왕을 제거하여 사태가 더 이상 확대되는 것을 차단하였던 것이다. 또한 고구려는 송의 북연왕 영입 시도로 빚어진 일련의 사태에서 송측과 대립하였다. 이 점에서 이들 조치는 북위를 겨냥한 것이었다고 여겨진다. 송의 요청을 거부하고 북연왕을 제거함으로써 고구려는 송과의 연결 가능성을 애써 부정하였다. 아울러 이것은 북위와의 분쟁 원인을 제거한 것이기도 하였다. 풍홍 한 사람에 그치지 않고 그의 자손도 함께 제거함으로 써 고구려는 이들을 이용할 뜻이 없음을 보였다. 결국 고구려는 대북위 관계에서의 견제수단을 상당 부분 포기하는 조치들을 취하였다. 고구려는 북위에 대해 유화적인 입장을 보였던 것이다. 따라서 이 사건의 수습 과정에 서 보이는 고구려의 입장은 분명하였다. 고구려는 북위와 적대하기 보다는 송의 북연왕 영입 시도를 역으로 활용하여 양국의 불안한 관계를 개선하려 고 하였던 것이다.

한편 이 사건을 계기로 고구려는 對宋關係에서 주도권을 쥐게 되었다. 고구려는 송에 사절을 돌려보내면서 그 처벌을 요구하였다. 양국 분쟁의 책임을 宋使에게 돌렸던 것이다. 이에 대해 귀국한 王白駒 등을 처벌함으로 써 송은 고구려의 일방적인 요구를 인정하였다. 고구려는 송이 고구려를 필요로 한다는 점을 이용하여 송에게 사죄를 강요할 수 있었던 것이다. 이러한 점에서 북연왕 사건은 북위와 송의 대결관계에 있어서 고구려의 전략적 중요성을 부각시키는 계기였다. 북위에 위협을 가할 수 있는 제2전 선으로서의 가치가 구체적으로 평가되었던 것이다. 특히 송측이 고구려를 이렇게 평가했다는 점에서 더욱 그러하다.

그런데 고구려가 송과의 관계에서 무력충돌이라는 이해의 극단적 대립을 뒤로 하고 새로운 관계를 만들어가기 위해서는 우선 우호적인 관계에 놓일 필요가 있었다. 고구려가 송의 사절을 처벌하지 않고 돌려보낸 것이나 송이 요구한 軍馬를 보내주었던 것은 송과의 관계를 우호적으로 이끌어 가려는 의도에서 취해진 조치였다고 여겨지는 것이다. 고구려는 송과 입장을 달리하 면서도 송과의 관계를 형성 · 유지해 나가려 했던 것이다. 이러한 점들에서 보여지는 고구려의 입장은 '親宋外交'와는 어울리지 않는다. 즉 고구려는 송에 기우는 외교를 전개했지만, 어디까지나 분명한 선을 그은 것이었다.[21] 고구려의 송에 대한 외교를 '親宋外交'로 바라볼 수 없는 까닭이 여기에 있다.

이와 관련하여 양국관계를 이해하는데 또 하나 염두에 두어야 할 것은 양국의 우호적 관계의 형성과 유지가 전적으로 고구려의 일방적인 사절 파견에 의지했다는 점일 것이다.[22] 북연왕 사건으로부터 머지않아 고구려는 대송외교에 나서기 시작하였다. 이후 20여 년간 고구려가 송에 보낸 사절의 회수는 모두 9회에 달한다. 이러한 사실은 북위에 대한 사절의 파견이 중단되었던 것과 비교하면 대조적이었다. 이것으로 이후 고구려의 외교가 송 위주로 전개되었음은 분명하다. 적어도 겉으로 드러나는 외교관계에 있어서 고구려는 송측에 서게 되었던 것이다.

그러면 북위에 대한 입장의 차이에도 불구하고, 고구려는 송과의 연결을 긴밀하게 해야만 할 어떤 사정이 있었다고 보아야 할 것이다. 이것은 북위의 동향과 무관한 것일 수 없다. 더욱이 북연왕 제거에서 본 바와 같이 고구려가 대북위 관계를 개선하려는 노력을 보였다는 점에서 그러하다. 그러면 고구려로 하여금 對宋外交를 전개하도록 몰고 간 북위의 움직임은 무엇이었을까. 우선 고구려와 관련하여 북위의 對東方政策이 어떤 것이었는지 알아보아야 할 것이다. 이를 통해 고구려가 추진한 對宋外交의 의미를 이해할 수 있을 것이다.

---

21) <표 1>에서 본 바와 같이 북위와의 대결이 격화됨에 따라 후원세력이 필요하였을 송이 고구려에 대해서는 도움을 요청하는 사절을 단 한차례도 보내오지 않았다는 점으로써도 분명하다.

22) 고구려는 심지어 宋 文帝의 3週忌를 조문한다는 명분을 내세워 사절을 보내기까지 하였다(『宋書』卷97, p.2393). 週忌에 위무사절을 보낸 이러한 예는 한중관계사와 관련하여 유일한 것이었다(全海宗, 『韓中關係史研究』, 1970, p.41).

3. 北魏의 和龍 鎭守와 東方政策

앞 절에서 高句麗가 對北魏戰略에서 宋과 입장을 달리하고 있었으면서
도 宋에 기우는 외교를 추진해 나갔음을 알게 되었다. 고구려가 대송외교를
추진하기에 앞서 북위에 대해 宥和的인 조치를 취한 점이 이와 관련하여
주목되었다. 고구려는 송에 협력하여 북위를 적대하기보다는, 대북위 관계
를 개선해 나가려 하였다. 그러나 고구려는 장수왕 26년(438) 이후 점차
대북위 외교를 중단하고 송 일변도의 외교를 전개해 나갔다.[23] 고구려가
북위에 대해 더 이상 사절을 보내지 않았다는 사실은 고구려의 대북위 정책
에 어떠한 변화가 나타났음을 뜻한다. 고구려는 유화책을 통한 대북위 관계
의 개선을 단념하였던 것이다. 고구려의 대송외교가 지니는 의미를 밝혀
보기 위해서 먼저 대송외교가 추진되는 배경을 북위의 움직임과 관련하여
검토해 보아야 하는 이유가 여기에 있다.

그러면 북위의 움직임은 어떤 것이었는지 궁금해진다.[24] 북연 공략의

---

23) 고구려는 장수왕 27년에도 한차례 사절을 보낸 바 있다("(延和 5년; 439년 11월)
是月 高麗及粟特渴盤陁破洛那悉居半諸國各遣使朝獻"『魏書』卷4上, p.90). 이때의
사절은 풍홍의 주살을 통보하기 위해 파견되었다고 이해되고 있다(江畑武, 앞의
글, p.33 및 노태돈, 앞의 책, p.303). 특히 江畑武는 이를 알림으로써 고구려는 양국
간의 긴장을 완화하려 했지만, 국교 회복까지 바란 것은 아니었다고 하였다. 그러나
북연왕 풍홍이 제거된 것은 전해 3월의 일이었다("(延和 4년; 438년 3월) 是月 高麗殺
馮文通"『魏書』卷4上, p.88). 양국 관계를 위협하는 요소였다는 점에서 이러한 사실
은 곧바로 북위측에 알려졌다고 보아야 할 것이다. 그것이 양국 관계의 개선을 바란
고구려의 의도와도 부합되기 때문이다. 이렇게 놓고보면 장수왕 27년의 사절은 다
른 임무를 띠고 북위에 보내졌다고 생각된다. 이 점에 대해서는 뒤에서 언급하게
될 것이다.

24) 고구려의 대송외교와 관련하여 가장 중요한 변수는 무엇보다도 북위의 입장일 것이
다. 그것이 적대적일 것은 분명하지만, 그 적대적인 입장이 구체적인 행동으로 어떻

결과 북위는 장수왕 24년(436) 北燕의 수도 和龍城을 차지하는 성과를 거두었다. 그렇지만 더 이상의 동방 진출은 고구려에 의해 가로막혔다. 또한 고구려가 영입해 간 北燕王과 和龍城民을 인도해 달라는 북위의 요구는 거부되었다.[25] 이에 북위 조정에서는 고구려 공격을 논의할 정도로 고구려에 대한 불만이 컸다. 북위가 西方 일대에 주둔한 병력을 돌려서라도 東方에서의 군사행동을 재개하려고 했다는 점에서 그러하다.[26] 북위는 고구려를 동방에서의 새로운 적대국으로 간주하였던 것이다. 그러므로 북위가 고구려 공격에 나서지 않음으로써 전쟁 발발의 고비를 넘겼다고 하더라도 양국의 긴장관계마저 사라진 것은 아니었다. 이런 점에서 북위의 동향에는 고구려의 각별한 주의가 기울여졌을 것임에 틀림없다. 그런 가운데에서도 북위는 북연 일대와 관련하여 몇 가지 조치들을 취하기 시작하였다. 그것은 북위 조정에서 고구려 공격을 논의한 뒤의 조치들이었다는 점에서 주목된다. 관련 기록부터 자세하게 검토하여 보기로 하자.

B-1) (太延 3年; 437年)二月 乙卯 行幸幽州 存恤孤老 問民疾苦 還幸上
　　　谷 遂至代. 所過復田租之半 (『魏書』卷4上, p.87)
　-2) (同年)三月 丁丑 以南平王渾 爲鎭東大將軍 儀同三司 鎭和龍 (『魏書』
　　　卷4上, pp.87~88)

게 전개되었는가에 대해서는 종래의 연구에서 다루어지지 않았다. 다만 노태돈이 북위의 입장과 관련하여, 북위가 시급한 현안, 즉 柔然과의 전쟁, 北涼 공격, 새 정복지의 안정 등으로 고구려 공격을 뒤로 미루었지만, 고구려를 당면한 주요 적으로 계속 간주했음을 지적하였다(노태돈, 앞의 책, pp.299~309). 이러한 지적과 관련하여 시시각각 변화하였을 북위의 동향을 면밀히 검토해 볼 필요가 있다.
25) 『三國史記』卷18, 高句麗本紀6, 長壽王 24年條.
26) "魏主以高麗違詔 議擊之 將發隴右騎卒 劉絜曰秦隴新民 且當優復 俟其饒實 然後用之. …… 魏主乃止". 『資治通鑑』卷123, p.3863.

B-1)의 부분은 北魏 太武帝가 幽州 일대를 巡行한 내용을 전한다. 북연을 멸하고 난 이듬해(장수왕 25년) 북위 태무제는 유주 일대를 돌아 보았다. 태무제의 순행이 우리의 눈길을 끄는 것은 다름아니라 유주에는 많은 북연인이 사민되어 거주하고 있었기 때문이다.27) 태무제는 순행하면서 의지할 데 없는 이들을 구휼하였으며, 백성들의 고단함을 위문하였다. 또한 B-1)에 따르면 황제의 순행에 뒤이어 구 북연지역을 다스리기 위한 북위의 통치기구가 설치되었다. 南平王 拓拔渾이 和龍을 鎭守하기 시작했던 것이다. 그리고 "탁발혼은 按撫와 懷柔의 재간으로 현지의 백성과 오랑캐들에게 환영을 받았다(在州綏導有方 民夷悅之)"는 기록28)에서 북위의 구 북연지역에 대한 지배는 안무와 회유를 위주로 한 것이었음을 알 수 있다. 이러한 점들로 미루어 북위는 북연 공략이 끝난 뒤 구 북연 지역을 비교적 온건한 방식으로, 회유와 무마를 위주로 하여 통치해 나갔다고 보아도 크게 무리는 아닐 것이다. 이처럼 북위가 북연지역에 대해 온건한 통치방식을 적용한 것은 그것이 북연 통치에 도움을 주기 때문이었을 것이다. 이 점에서 점령지와 정복민을 지배체제 아래 편성하기 위해서 거쳐야 했던 당연한 조치라고 볼 수도 있다.

그러나 이것만으로 北魏가 온건한 방식으로 舊 北燕지역과 征服民을 통치해갔던 이유를 설명할 수는 없다. 북위는 정복지를 지배체제로 끌어들이기 위해 망국의 지배층을 흡수해가는 방식을 취했는데29) 정복지의 하나인

---

27) 북위는 북연 공략 과정에서 많은 북연인을 영토 내로 사민하였다. 이들 사민 사례 가운데, 그 수효를 알 수 있는 것만도 3萬家 · 3千餘家 · 6千口에 달한다(『資治通鑑』卷122, p.3840, 3849, 3858). 또한 북연인들이 사민된 지역은 대체로 幽州((432년) 九月 乙卯 魏主引兵西還 徙營丘·成周·遼東·樂浪·帶方·玄菟六郡民三萬家於幽州『資治通鑑』卷122, p.3840)였다고 보인다. 이렇게 놓고보면 이 무렵 유주에는 상당히 많은 북연인들이 거주하고 있었다고 보아도 무방할 것이다.

28) 『魏書』卷16, p.400.

북연에 대해서는 이같은 조치를 취하지 않았던 것으로 보이기 때문이다. 이 점에서 북위의 북연지역에 대한 온건한 통치는 북위의 북연 정복이 그만큼 불안정하였음을 뜻하는 것은 아닐까 한다. 이것은 북위의 북연 통치가 북연을 무너뜨린 이듬해에 가서야 착수되었다는 점에서 그러하다.30)

　이와 관련하여 北燕王이 고구려의 보호를 받고 있었다는 점이 흥미를 끈다. 북위는 북연을 차지했지만 북연왕 등 북연의 지배층 상당수를 장악하는데 실패하였다. 고구려가 이들을 대거 영입하여 통제아래 두고 있었기 때문이었다. 그러므로 북위로선 정복지를 통치해 나가는데 필요한 助力을 얻기 힘들었다. 도리어 북위의 북연 통치는 고구려의 통제아래 있는 구 북연의 지배층들로 인해 불안정한 상태에 놓여 있었다고 보아도 좋을 것이다. 북위에 대항하여 자신의 왕국을 되찾을 의도를 가진 북연왕이 고구려의 보호를 받고 있다는 점에서 그러하다. 북연왕 세력의 복국 활동이 구 북연지역에 미칠 것을 북위는 염두에 두어야만 하였다. 그리고 이것은 고구려를 염두에 둔 것이기도 하였다. 북위의 온건한 통치방식은 바로 이러한 상황과 관련하여 취해진 조치였다고 믿어지는 것이다. 북위는 북연인을 회유하여 그들이 북위의 통치에 순응하기를 바랐다. 이로써 북위는 고구려의 북연 지배층

---

29) 북위의 정복지 지배방식이 대규모 사민정책이었다는 것은 谷川道雄의 글(「第Ⅱ篇 北魏統一帝國の支配構造と貴族制社會」, 『隋唐帝國形成史論』, 筑摩書房, 1971, pp.130～131 및 203～208)을 참조하라. 이에 따르면 대부분의 경우에서 사민된 정복민들은 주로 북위의 수도 平城과 그 일대에 거주하게 되었다. 이들을 이주시킴으로써 북위는 반항세력을 제거하는 한편, 이들이 가진 정치적·경제적·문화적 능력을 활용하였다고 한다. 그렇지만 북연인에 대해선 이러한 실상이 잘 드러나지 않는다고 지적하였다.

30) 池培善은 북위의 和龍 鎭守가 이듬해 2월에 가서야 이루어진 까닭을 고구려의 영향력이 화룡성까지 미치고 있었기 때문이라고 보았다(池培善, 앞의 글, pp.34～35). 그의 이해는 북위의 북연 통치를 고구려와 연관지웠다는 점에서 의의가 있다. 그러나 북위의 화룡진수가 늦어진 것으로써 고구려가 화룡성 부근까지 확보하고 있었다는 해석을 이끌어 낼 수는 없다고 본다.

영입에 따른 불안을 최소화하면서 북연지역을 안정시키려 하였던 것이다.[31]

　이러한 구 북연지역의 특수한 상황을 염두에 두고 보면, 북위가 이 지역의 통치를 비롯한 동방문제를 어떻게 풀어가려고 했는지 궁금해진다. 여기에서 고구려에 대한 북위의 입장도 드러날 것이기 때문이다. 이와 관련하여 주목이 가는 사실이 북위의 和龍 鎭守이다.

> C-1) (太延 3年; 437年)三月 丁丑 以南平王渾 爲鎭東大將軍 儀同三司
>　　　鎭和龍 (『魏書』卷4上, pp.87~88)
> -2) (南平王 拓拔)渾好弓馬 射鳥 輒歷飛而殺之 時皆歎異焉. …… (世
>　　　祖)器其藝能 常引侍左右 賜馬百匹 僮僕數十人. 後拜假節 都督
>　　　平州諸軍事 領護東夷校尉 鎭東大將軍 儀同三司 平州刺史 鎭和
>　　　龍. 在州綏導有方 民夷悅之 (『魏書』卷16, p.400)

　C-1(B-1과 동일)에 따르면 북위는 和龍 일대를 鎭하기 시작하였다. 또한 南平王 拓拔渾을 鎭東大將軍에 임명하여 그 임무를 맡겼다. 和龍城은 과거 북연의 수도였다는 점에서 그 일대의 중심지였다. 그러므로 북위가 화룡성에 진을 두고 군대를 배치한 것은 북연 지역에 대한 통치의 일환[32]이었다고 여길 수 있다.

---

31) 당시 북위의 동방정책이 안정적 통치에 주안점을 둔 것이었음은 북위 조정의 논의에서도 엿보인다("魏主以高麗違詔 議擊之 …… 樂平王丕曰 和龍新定 宜廣脩農桑以豊軍實 然後進取 則高麗一擧可滅也. 魏主乃止." 『資治通鑑』卷123, p.3863).

32) 북위는 화룡성 함락 후 일단 和龍鎭을 두고, 얼마 뒤인 太平眞君 5(444)년 營州로 개편하였고, 太和(477~499) 초기 무렵까지 州에 鎭을 竝置하였다. 이처럼 과거 적국의 요지에 鎭을 두었다가, 진을 없애지 않고 일정기간 주와 병치하는 방식은 과거 北涼의 涼州鎭(涼州) 등을 비롯하여 북위의 점령지역에서 보편적으로 보이는 방식이었다(濱口重國, 「東魏の兵制」『東洋學報』24-1, 1936;『秦漢隋唐史の硏究』上, 東京大 出版部, 1966, pp.142~145).

　그런데 여기에서 주목되는 점은 고구려 사절이 다녀간 직후에 북위가 화룡 일대를 진수하였다는 점이다.33) 고구려의 사절이 다녀간 다음달 북위는 과거 북연의 수도였던 화룡성을 동방의 가장 주요한 거점으로 삼고, 이곳에 군대를 배치하였던 것이다. 이러한 사실은 북위가 그 동방 일대에 군사적 조치들을 강구하였다는 점을 알려준다. 북위는 고구려의 조공을 받고서도 고구려를 적대국으로 간주하는 입장에는 변함이 없었던 것이다.

　그러면 북위의 화룡 진수가 구체적으로 의미하는 바는 무엇이었을까. 이와 관련하여 보다 자세한 내용이 C-2)에 전한다. 拓拔渾은 "假節 都督平州諸軍事 領護東夷校尉 鎭東大將軍 儀同三司 平州刺史"로서 화룡을 진수하였다. 이들 "假節 都督平州諸軍事 領護東夷校尉 鎭東大將軍 儀同三司 平州刺史"는 탁발혼이 북위 조정으로부터 부여받은 권한과 임무가 무엇이었는가를 알려준다. 우선 "假節"과 "都督平州諸軍事"의 권한으로 탁발혼은 평주 일대의 군대를 자율적으로 운용할 수 있었다. 아울러 탁발혼은 平州刺史로서 평주의 民政에 대한 권한까지 확보하고 있었다. 즉 화룡을 진수한 탁발혼은 평주 일대의 정치·군사에 대한 모든 권한도 함께 가지고 있었

---

33) 장수왕 25년 2월의 조공 사절이 어떤 목적으로 보내어졌는지 자세히 알 수는 없다. 그러나 고구려는 이때의 사절에 앞서 불과 5개월 전에도 사절을 보낸 바 있었다. 고구려가 북위에 대해 거듭 사절을 보내야만 할 사정이 있었음을 짐작할 수 있는 대목이다.

　고구려가 북위의 세력확대를 가로막았다는 점에서 북위의 불만은 컸다. 북위 조정에서 있었던 고구려 침공의 논의는 이것을 말해준다. 고구려는 긴장의 확대를 방지하기 위해서라도 북위의 불만을 무시할 수만은 없었다고 보인다. 이 점에서 장수왕은 바로 전해의 사절 파견에 뒤이어 조공 사절을 보내었다고 보인다. 고구려는 북위의 불만을 무마해야 하였던 것이다. 조공의 사절은 여기에 도움을 줄 수 있었다. 조공함으로써 장수왕은 고구려가 북위 중심의 국제질서 아래 놓여 있다는 점을 거듭 강조하였다. 양국의 책봉조공관계를 재차 강조함으로써 고구려는 북위의 불만을 달래려고 하였던 것이다.

던 것이다. 달리 말하면 탁발혼의 권한은 당시 북위가 동방에 설치한 州와 鎭의 군사와 민정을 모두 아우른 것이었다. 적어도 북위의 동방에서 그의 권한에 버금갈 지방관은 없었다.

또한 그는 북위 황제의 宗親일 뿐만 아니라 능력을 인정받아 황제의 측근에 머물던 이였다. 즉 황제의 신임이 그만큼 두터웠던 인물이었다. 이런 점에서 탁발혼을 화룡에 보낸 것은 太武帝의 각별한 의도에서였다고 보아도 좋을 것이다. 그에게 거는 기대 역시 각별하였을 것임에 틀림없다. 북위의 東方政策은 탁발혼을 통해 실행에 옮겨졌던 것이다.

이런 점에서 볼 때, 탁발혼이 진수한 곳이 和龍城이었다는 점은 특별한 의미를 갖는다. 화룡성은 과거 북연의 수도였던 곳으로 북연지역의 중심지였다. 이 곳을 중심으로 하여 탁발혼은 정복한 지역의 통치를 다져갈 것이었다. 그런데 북위가 구 북연지역을 안정적으로 확보하는 것은 주변의 동이 諸勢力을 통제 아래 두어야만 이루어질 수 있는 일이었다. 화룡성은 북위 동방의 여러 세력들이 교통과 교역을 위해 넘나들던 東北아시아 세계의 요지34)였기 때문이었다. 교통의 요지를 차지함으로써 북위는 동방의 여러 세력, 즉 東夷에 대해 영향력을 행사할 수 있는 거점을 확보하게 되었다. 이것은 북위 조정이 탁발혼에게 "護東夷校尉"의 직을 겸하게 했던 점에서도 알 수 있다.

그러면 拓拔渾이 護東夷校尉를 겸직하였던 것은 구체적으로 어떤 의미를 가지는 것이었을까.35) 그것은 종전의 동이교위와 비교해보면 분명하게

---

34) 노태돈, 앞의 책, 1999, p.427. 아울러 훗날 영주가 설치되고 난 뒤의 일이지만, '東夷·北狄'에 대한 통제는 영주의 주요한 기능 가운데 하나였다(日野開三郎, 「粟末靺鞨の對外關係」『史淵』41(1949. 10)·42·43·44(1950. 8);『東洋史學論集』第15卷, 三一書房, 1991, pp.216~217).

35) 앞에서 보았던 濱口重國의 연구는 북위의 지방지배를 이해하는데 크게 도움을 준다.

드러난다. 북위가 종래 설치한 동이교위 관부는 북연 붕괴의 상황에 따라 가까운 장래에 동이세력을 監護하게 될 것을 염두에 둔 것이었다.[36] 이 점에서 통령할 대상이나 실제에서의 감호권 행사는 제한적일 수밖에 없었다. 그러나 이제 북위가 북연 영토를 차지하게 되면서, 북위의 세력권은 동이세력들과 경계를 마주하게 되었다. 호동이교위가 통령할 대상을 확보하고, 실제에서의 감호권을 행사할 수 있는 계기가 마련되었던 것이다. 이런 점에서 볼 때, 북연의 붕괴 이후 북위가 契丹의 조공을 받은 사실은 매우 중요하다.

    D) (太延 3: 長壽王 25(437)年 2月) 高麗契丹國並遣使朝獻 (『魏書』
        卷4上, p.87)

위의 기록은 北燕을 정복한 이듬해(장수왕 25) 2월 北魏가 契丹의 朝貢을 받았음을 전한다. 그런데 契丹의 朝貢이 중요한 까닭은 이것이 동방 일대에 대한 북위의 세력범위를 알려주기 때문이다. 북위가 거란 등 주변의 東夷 세력들과 처음으로 접촉한 것은 북연 공격을 앞두고 있던 太延 2年(436; 장수왕 24) 2월의 일이었다. 북연 공격을 앞두고 북위가 東夷諸國에 사절을 보내었던 것이다.[37] 그러나 이때의 접촉이 북위와 동이세력의 관계에 구체

그러나 여기에서는 북위와 주변 국가의 관계라는 측면에서 鎭과 해당 방면의 관계를 다루고 있지는 않다. 화룡진의 설치와 개편은 북위의 지방지배 뿐만 아니라 동방 일대에 대한 정책이 실행에 옮겨진 결과로도 보아야 할 것이다. 고구려와의 관계를 고려하여 북위가 가장 동방에 둔 기구였다는 점에서나 護東夷校尉職을 兼領하였다는 점에서 그러하다.

36) 북위시대 탁발혼 이전의 동이교위에 대해서는 拓拔嬰文과 馮崇의 활동이 있었다. 당시의 동이교위는 가까운 장래에 동이세력을 감호하게 될 것을 염두에 두고 마련된 것이었다(李成制, 앞의 글, pp.34~38; 본서 제 I 장).

적으로 어떤 영향을 끼쳤는지 자세히 알 수는 없다. 이로부터 1년 뒤인 太延 3년(437), 북위는 거란과 직접적으로 접촉하게 되었다. 북연의 붕괴로 북위가 거란의 영토와 접하게 되면서부터였다. 거란의 조공으로 양국은 공식적인 외교관계를 열었다. 북위는 거란을 세력 아래 포함시킬 수 있었다. 북위의 위세가 주변의 동이세력들에게 영향을 주기 시작하였던 것이다. 이제 북위는 요하 일대의 국제질서에 있어서 새로운 구심점으로 떠오르기 시작하였다. 태무제가 탁발혼에게 "護東夷校尉"의 직을 겸하게 한 것은 이러한 사정에서였다고 믿어진다. 북위는 새로이 형성되기 시작한 국제질서를 운영하기 위해 "호동이교위"의 역할을 필요로 하였던 것이다. 이 점에서 和龍城은 북연지역을 통치하는 중심지이면서 동시에 동이세력을 감호하는 거점이기도 하였다.

탁발혼의 재임기간동안 북위의 호동이교위가 감호한 대상은 우선 거란이었을 것이다. 여기에 몇몇 세력을 추가할 수 있다고 하더라도 그 대상이 全 동이세력일 수는 없을 것이다. 그러나 호동이교위의 역량에 비추어볼 때, 본래의 역할이 거란 감호에만 두어졌을 리는 없다. 和龍鎭 일대의 통치체제는 동방 일대의 모든 역량을 탁발혼에게 집중해 주었기 때문이다. 이러한 사실은 호동이교위의 활동이 북위 동방의 모든 인적 · 물적 자원으로 뒷받침될 수 있었음을 의미한다. 따라서 호동이교위의 활동이 앞으로 어떻게 전개되는가에 따라 북위의 세력권은 확대될 여지가 있었다.

이와 같이 탁발혼이 "護東夷校尉" 직을 겸한 것은 그 설치의도에서나 동원할 수 있는 역량의 정도에 비추어 매우 각별한 의미를 갖는다. 즉 북위는 고구려의 실력저지로 입은 충격에서 벗어나, 和龍의 鎭守와 東夷勢力에 대한

---

37) "(436년 2월) 壬辰 (北魏)遣使者十餘輩 詣東方高麗等諸國 告諭之"『資治通鑑』卷123, p.3861.

監護로 대표되는 東方정책을 추진하였다고 믿어진다. 동방에 총력을 기울일 수 없는 형편에서 북위의 동방정책이 우선한 것은 점령지에 대한 안정적 확보였을 것이다. 그러나 북위는 현실에 만족할 수 없었다고 여겨진다. 더욱이 북연왕이 고구려의 보호 아래 놓여있다는 점을 염두에 두어야만 하였다. 점령한 북연지역은 고구려의 움직임에 따라 언제든지 불안해질 수 있었다. 북위의 태무제가 측근인 탁발혼을 파견하고 아울러 동방 일대의 정치·군사와 관련된 諸權限을 그에게 집중시킨 것은 이 때문이었다고 보인다.

또한 東夷校尉를 두어 契丹을 監護하였다는 점에서 북위는 동방 일대의 국제질서를 주관하려 하였다고 보인다. 이 점에서 앞으로 여건이 허락한다면 언제라도 북위는 동방 진출을 재개하려는 입장을 가지고 있었다. 즉 북위의 동방정책은 우선 불안한 현상황에 대한 안정을 위주로 시행되고 있었지만, 고구려의 개입으로 저지된 동방 진출을 이어가기 위한 방안들도 가지고 있었다.

한편 북위의 동방정책이 의도한 계획들은 모두 고구려와 밀접한 관련이 있었다. 북위가 북연지역의 불안한 상황을 종식하고 동방 진출을 계속해 나가기 위해서는 고구려를 굴복시켜야 할 필요가 있었다. 이러한 점에서 북위의 동방정책에는 고구려를 도모하기 위한 계획도 세워져 있었을 것으로 보아도 좋을 것이다.

한편 北燕王이라는 억제력을 내세웠음에도, 이에 아랑곳하지 않는 北魏에 대해 高句麗는 긴장감을 늦출 수 없었다. 이 점에서 고구려는 북위에 등을 돌릴 수 없는 입장에 있었다. 長壽王 26년 宋의 北燕王 迎入 시도는 바로 이러한 긴장 국면의 한 가운데에서 벌어진 사건이었다. 이에 장수왕은 북연왕을 제거하고 송과의 연결을 거부함으로써 대북위 관계를 개선하고자 하는 뜻을 보였다.

그러나 고구려가 유화적인 조치를 거듭 보였음에도 불구하고 양국 관계의 긴장은 여전하였다. 북위의 東方政策은 변하지 않았다. 유화책만 가지고서는 더 이상 고구려가 대북위 관계에서 타협을 이끌어 낼 수 없었던 것이다. 이에 고구려는 점차 송측에 기우는 관계를 전개해 나아갔다. 고구려가 장수왕 27년의 사절 파견을 끝으로 이후 22년간 북위와의 외교관계를 단절한 것은 이러한 상황에서 비롯되었다. 한편으로 송의 전략을 무산시켰던 고구려가 이때부터 송으로 다가서는 입장을 보이기 시작한 사정도 여기에 있었다. 고구려는 교섭을 중단함으로써 북위에 대해 강경한 입장을 드러내었다. 이와 함께 對宋外交로서 고구려는 북위의 東方政策에 대응하였다. 북위에 대한 새로운 억제력으로 대송외교를 내세웠던 것이다. 이는 북연왕을 내세운 종전의 조치보다 한층 강도를 높인 것이었다. 따라서 다음 장에서는 고구려의 대송외교 추진과 관련하여 고구려와 북위의 관계가 어떻게 전개되어 나갔는가에 대해 살펴보려고 한다.

4. 對宋外交 中心의 西方政策 추진과 그 意義

앞에서는 高句麗가 宋의 北燕王 迎入 시도를 무산시켰던 점에 주목하여 高句麗와 宋의 관계, 高句麗와 北魏의 관계에 대해 살펴보았다. 즉, 북연왕 문제의 처리 과정에서 보인 바와 같이 고구려는 북위와의 관계가 개선되기를 바라고 있었다. 그리고 이러한 종전의 입장과 달리하여 고구려가 對宋外交를 추진하게 된 것은 북위의 적대적인 東方政策에 따른 것이었음을 알았다.

그런데 당시 東아시아 세계의 국제정세를 보면, 北魏는 북과 남으로 柔然
· 宋과의 전쟁을, 그리고 서쪽으로는 현재의 靑海省 일대에 자리잡고 있
었던 吐谷渾과 甘肅 일대의 仇池氏, 그리고 河西의 武都國 등에 대한 군사행
동을 쉴새없이 전개하고 있었다.[38] 하지만 북위의 동방, 즉 북위와 고구려
의 관계에서는 별다른 분쟁이 없었다. 그것도 고구려의 對宋外交가 추진되
고 있던 22년간이라는 장기간에 걸친 현상이었다. 그러므로 이제는 고구려
가 어떻게 북위와 대결하지 않을 수 있었는지, 그 이유는 무엇일까 하는
점이 따져 보아야 할 중요한 문제로 제기된다. 먼저 아래의 기록에 눈을
돌려 보자.

---

38) 436년부터 북변을 다시 괴롭히기 시작한 柔然에 대해, 北魏는 438년부터 449(2회)
· 450 · 454 · 458년에 이르기까지 북벌을 거듭하여, 그 세력을 크게 약화시켰다.
특히 450년에 벌어진 北魏의 宋 침공도 이러한 柔然의 세력 약화로 가능하였다.
유연과 송, 그리고 북위 사이의 관계에 대해서는 朴漢濟의 글(朴漢濟, 앞의 책,
pp.196~ 201)을 참조하기 바란다.
　이외에도 고구려의 對宋外交가 전개되던 시기에 일어났던 주요한 격전에는 다음
을 들 수 있다. 靑海省 일대를 차지한 吐谷渾은 북위의 西方에서 고구려에 비견될
정도였다(三崎良章a, 앞의 글, pp.159~162). 그러나 강국이었던 토욕혼도 북위의 침
공(442년에서 이듬해까지)을 막아내지 못하고 국왕이 西域으로 달아날 정도로 커다
란 피해를 입었다(『宋書』卷96, p.2372). 또한 河西 지방의 武都國은 宋측에서 北魏로,
다시 북위측에서 송으로 북위와 송의 대결관계에 대한 입장을 수시로 바꾸었다.
그러나 親北魏 혹은 親宋 정권이 들어설 때마다 자국에 반하는 정권을 무너뜨리기
위한 북위와 송의 군사행동이 예외없이 이어지곤 하였다. 이에 대해서는 金鍾完의
글(金鍾完, 앞의 책, pp.139~147)을 참조하라.
　이러한 국제정세에 대해, 노태돈은 상대적으로 안정된 세력균형 상태를 유지하고
있었다(노태돈, 앞의 책, p.332)고 보았다. 주변의 강대국 간의 力關係의 균형을 이용
하여 小國들은 自存을 모색할 수 있었다는 것이다. 그러나 위의 吐谷渾과 武都國의
경우만 보아도 강대국 간의 역관계를 이용한다는 것이 얼마나 위험하고 쉽지 않은
일이었다는 점은 입증된다. 또한 北魏와 反北魏 진영 사이의 대결관계가 지속되면
서, 잦은 분쟁들도 끊이지 않았다. 이러한 점들로 미루어 당시의 국제정세를 상대적
인 안정상태로 바라보는 그의 이해에는 동의하기 어렵다.

E) 彼往日北通芮芮 西結赫連·蒙遜·吐谷渾 東連馮弘·高麗. 凡此數國 我
　 皆滅之 以此而觀 彼豈能獨立. 芮芮吳提已死 其子菟害眞襲其凶迹
　 以今年二月復死. 我今北征 先除有足之寇. 彼若不從命 來秋當復往
　 取. 以彼無足 故不先致討. 諸方已定 不復相釋 (『宋書』卷95,
　 p.2346)

北凉마저 멸하여 華北 일대를 모두 차지한 北魏는 442년 무렵부터 宋과
의 대결에 본격적으로 나섰다. 이러한 북위와 송의 대결로 전개된 국제정세
는 북위 太武帝가 송 文帝에게 보낸 國書의 내용에서 잘 드러난다. 장수왕
38년(450) 2월 북위 太武帝는 송 文帝에게 북위에 대한 적대행위를 중지하
고 순종하라는 국서를 보내었다. 이 국서의 내용에 주목이 가는 이유는
여기에서 그 동안 송이 추진해온 對北魏 包圍戰略이 언급되었고, 고구려에
대한 북위의 입장도 보이기 때문이다. 국서에서 태무제는 송의 대북위 포위
전략이 북위를 위협하였음은 인정하였다.[39] 또한 송을 위시하여 북위를
둘러싸고 있던 주변 국가 모두가 북위에 적대하였음도 부정하지 않았다.
　그렇지만 태무제가 강조하려 한 것은 송의 대북위 포위전략이 수포로
돌아갔다는 점이었다. 말하자면 대북위 포위전략으로 북위의 송에 대한
공격이 여의치 않았지만, 이제는 그 장애가 사라졌다는 것이다. 북위가 서방
의 夏(赫連定)·北凉(沮渠蒙遜)을 비롯한 북방과 동방의 여러 국가들을 멸
하였다고 전제했다는 점에서 알 수 있다.[40] 북위가 이들 국가들을 멸하게

---

39) 북연·북량·토욕혼 등이 송과 연결하였음으로 이들 국가를 멸하게 되었다고
　　한 점은 일단 송 중심의 대북위 포위전선이 북위에게 위협을 주었다는 사실을 인정
　　한 뒤에 나올 수 있는 이야기라고 보여지는 것이다.

40) 실제에 있어서 태무제의 호언장담처럼 열거된 적대세력 모두가 사라졌다고는 볼
　　수 없을 것이다. 도리어 태무제의 국서는 당시 북위에 맞서려는 芮芮(柔然) 등이
　　송과 연결하여 대북위 포위전선을 구축하고 있었음을 전해준다. 유연 정벌에 곧

된 사정이 구체적으로 어떤 것이었는지에 대해서는 이 기록에서 확실하지 않다. 그런데 북위는 이들 국가를 송과의 관계 속에서 언급하였다. 전후의 문맥으로 보아서 북위가 이들 국가를 정벌한 이유는 이들이 북위를 저버리고 송과 연결하였기 때문이라는 것을 알 수 있다. 말하자면 북위는 송과 연결한 국가들을 공략함으로써 송을 고립시키려는 계획을 가지고 있었다는 것이다.41) 예컨대 芮芮(柔然)을 먼저 공략한 뒤에 다시 오겠다고 한 점이나, 모든 방면이 평정되고 나서는 송으로서도 북위의 정벌을 피할 수 없을 것이라고 한 점은 일단 북위의 전략이 송측에 선 국가들을 먼저 제압한다는 데에 있고 나서야 나올 수 있는 말이라고 보여지는 것이다.

또한 태무제는 유연 공격에 나서는 이유에 대하여 달리 설명하고 있지는 않지만 대략 다음과 같은 요지를 짐작하여 볼 수 있다. 즉, 송과 연결을 꾀하던 국가들이 모두 사라진 지금에 있어서는 유연과 송의 연결이 북위를 가장 위협하고 있고, 그렇기 때문에 북위는 유연을 먼저 공격한 다음 송을 치러 오겠다는 것이다. 요컨대 송과 연결하여 북위를 위협할 유일한 세력으로서 유연이 지목되었다는 말이다. 이 말은 북위에 대해 고구려가 취했던 행동이 어떠하였는가를 가늠케 해준다. 그리고 이것은 고구려가 송과 유연 간의 交通을 연결해 주는 등 북위에 대한 적대행동을 하였을 것이라는 가능성에 대하여서 회의적인 생각을 들게 한다.42) 따라서 북위가 고구려 공격에

___

나서게 됨을 과시하면서 홀로 남게될 송은 다음 기회로 미루어 두었다고 한 점에서 그러하다.

41) 三軍大學編, 앞의 책, pp.136~142 및 pp.152~182.

42) 노태돈은 고구려가 북위와 대립상태를 지속하면서 송 및 유연과 각각 연결하였을 뿐 아니라, 송과 유연의 연결도 중계해 주었다고 보았다(노태돈, 앞의 책, pp.307~308). 혹은 유연과의 연결을 강조한 이해도 있다(孔錫龜, 앞의 책, p.280). 고구려는 북위와 적대적 관계에 있던 나라들과 연결을 도모해 북위를 포위·견제하였다는 것이다. 이와 관련하여 다음의 기록은 고구려와 송, 그리고 유연의 연결을

보여주는 증거라고 여겨져 왔다.

"(大明) 七年(463; 장수왕 51) (宋 孝武帝)詔曰 使持節 散騎常侍 督平營二州諸軍事 征東大將軍 高句驪王 樂浪公璉 世事忠義 作藩海外 誠係本朝 志剪殘險 通譯沙表 克宣王猷. 宣加褒進 以旌純節 可車騎大將軍 開府儀同三司 持節 · 常侍 · 都督 · 王 · 公如故." 『宋書』卷97, p.2393.

위의 463년 宋의 高句麗 長壽王 册封文에서 '沙表'란, 柔然을 가리킨다고 한다. 그 이유로 유연이 宋을 이은 齊와의 관계에서 스스로를 (沙)漠으로 지칭하였고, 472년 百濟가 북위에 보낸 表文에도 고구려와 유연의 연계가 언급되었기 때문이라는 것이다. 그리고 '王猷'는 북위를 共伐하자는 송의 뜻이라고 한다. 송과 유연의 교섭이 주로 북위에 대한 공동전선의 구축이었기 때문이다(金鍾完b, 앞의 글, pp.210~211). '沙表'와 '王猷'에 대해서는 그렇게 볼 수 있다고 생각된다.

그런데 이 기록은 고구려가 송과 유연 사이에서 양측, 특히 송의 뜻을 유연에 전달해 주었음을 알려준다. 이 점만 놓고 보면 고구려와 송, 그리고 유연은 군사적 동맹까지는 아니더라도 긴밀한 유대 정도의 관계를 맺고 있었던 것으로 보인다. 그러나 사실에 있어서, 위의 기록에서 언급된 對宋外交期 동안 송은 對高句麗 관계에 열의를 보이지 않았다. 이것은 앞의 <표 1>에서 살펴본 바 있었다. 여기에서 송과 고구려의 관계는 고구려의 일방적인 외교에 의해 유지되었음도 알 수 있었다. 사정이 이러하다면 고구려의 간접적인 중개가 사실상 얼마나 송의 대북위 전략에 도움이 되었는가를 짐작할 수 있을 것이다. 즉 이 기록은 고구려가 對宋外交를 전개하였지만, 대북위 전선에서 맡은 역할이라고는 송과 유연의 의사를 간접적으로 중개해 주는 것에 그쳤다는 사실을 알려준다. 그러므로 이 자료는 고구려의 對柔然 · 對宋 연결이란 것이 어떤 수준에 머물렀는가를 드러내준다. 그렇다면 이러한 제한적인 연결로서 고구려가 어떻게 북위를 포위하고 견제할 수 있었을까 의심스럽지 않을 수 없다. 고구려의 대북위 전략을 고구려의 전략적 중요성에서 찾아보려는 까닭이 여기에 있다.

덧붙여 長壽王은 이미 420년에 송으로부터 책봉을 받은 바 있었다. 이는 위의 기록에서 장수왕이 征東大將軍에서 車騎大將軍으로 進號되었고, 開府儀同三司를 더하여 받았다는 점으로써도 알 수 있다. 金鍾完의 지적대로 송이 책봉사절을 파견한 것은 고구려가 대북위 관계를 재개했기 때문이었다(金鍾完b, 앞의 글, p.211). 대고구려 관계에서 그 동안 보였던 송의 냉담함을 염두에 두면, 송의 사절 파견과 進封은 꽤나 각별한 의도를 가진 것이라 여겨진다. 고구려의 대북위 관계 재개로 송은 잠재적 우군이었던 고구려를 잃을 상황에 놓이게 되었다. 이에 송은 종전까지 대수롭게 여기지도 않았던 간접적인 중개의 역할을 높이 평가하면서 양국의 우호를 강조했다고 보인다.

나서지 않은 것은 송과 유연 등의 견제를 받아서라기보다는 고구려와 다른 국가들의 전략이 달랐기 때문이었다고 보는 것이 오히려 합당할 것이다. 애당초 북위가 적대세력의 범주 안에 고구려를 포함시켰다는 점에서 더욱 그러하다.

북위는 고구려를 송측에 선 국가로 파악하고 있었다. 그러므로 북위의 전략에 따르면, 고구려도 제압되어야 마땅한 세력이었다. 이런 점에서 북위가 고구려를 침공할 가능성은 언제라도 열려있었다고 보아도 좋을 것이다. 어느 모로 보나 북위가 적대의 대상에서 고구려를 제외한 적이 없었다고 보여지는 것이다.[43] 그럼에도 불구하고 실제에 있어서 북위는 고구려를 침공하지 않았다. 이 사실은 고구려에 대해 적대적 입장을 가지고 있었으면서도, 북위가 실제의 행동에 있어서는 적대적 행동을 삼가했다는 의미를 함축하고 있다.

그러면 이러한 결과는 어떻게 나타나게 되었을까. 사실 고구려가 풍홍을 둘러싼 군사적 충돌에도 불구하고 송과의 관계를 유지하려 하였고, 나아가 송 위주의 외교관계를 전개하였다는 점을 지적하는 것만으로도 고구려가 송으로 기우는 외교를 추진한 사실을 어느 정도 인정할 수 있을 것이다. 이 점에서 고구려의 전략은 송과 연결하였던 柔然 · 夏 · 北燕 · 北涼 · 武都 · 吐谷渾 등과 다를 바가 없어 보인다.

그러나 북위의 세력확대를 막고 자국의 안전을 도모하기 위한 대책이었다고 하더라도 고구려의 전략은 앞에서 열거한 국가들의 그것과 구별된다.

---

43) 심지어 고구려가 대북위외교를 재개한 이후에도 북위 조정은 고구려를 적대적 세력으로 바라보고 있었다. 이러한 사정은 494년 북위 孝文帝가 洛陽 遷都에 대해 중신들의 의견을 물었을 때, 燕州刺史 穆羆가 진언한 다음의 말에서도 잘 알 수 있다. "燕州刺史 穆羆進曰 移都事大 如臣愚見 謂爲未可. …… 北有獫狁之寇 南有荊揚未賓 西有吐谷渾之阻 東有高句麗之難. 四方未平 九區未定." 『魏書』卷14, p.359.

기본적으로 송측에 서서 북위에 대항한 다른 국가들의 전철을 고구려는
따르지 않았다. 이것이 의미하는 바는 북위의 입장을 고려하면 드러난다.
북위로서는 이들 국가들이 송과 연결하게 될 때 그 위협은 심각해질 우려가
있었다. 이에 북위는 동방과 서방, 그리고 북방을 번갈아가며 군사작전을
전개하여 이들을 제압해 나갔다. 북위의 공세로 이들 국가들은 심각한 타격
을 입었다. 심지어 일부 국가는 敗亡하기조차 하였다. 그러나 당시의 국제관
계가 북위를 적대하는 정세였음을 염두에 두고 보면, 북위가 사방을 적대국
으로 돌려놓고서는 국가를 유지할 수 없다는 것도 명백하였다. 북위에게
위협을 느낀 국가들이 송측에 섰던 점이나, 이를 이용한 송의 대북위 전략이
수립되었던 점에서, 북위가 사방을 적대국으로 돌려놓아도 될만큼 강대하
지는 못하였던 것이 사실이었다. 이것이 당시 국제질서에서 보이는 북위의
한계였다. 그러므로 북위는 힘의 우위를 내세우면서도 일방적으로 국제관
계를 이끌어 갈 수만은 없었던 것이다.

　이러한 북위의 한계를 고구려는 이용하였던 것이다. 당시의 양 진영 사이
의 격전은 北魏 · 宋 · 柔然 사이의 국경 일대에서 뿐만 아니라 '河南路'[44)

---

44) 유연과 송의 교통로에 대해서는 "(柔然)自西路通京師三千餘里 歲時遣使詣京師 如中
　　國亢禮" (『宋書』卷95, p.2357)의 기록에서 살펴볼 수 있다. 여기에서의 西路는 송을
　　이은 南齊가 河南道를 경유하여 유연과 교통하였기("芮芮常由河南道而抵益州"『南
　　齊書』卷59, p.1025) 때문에 하남도를 의미한다. 하남도에 대해서는 金鍾完의 설명(金
　　鍾完a, 앞의 책, pp.139~150)이 자세하다. 이러한 지정학적 특성을 坂元義種은 結節
　　點이라고 표현하였다(坂元義種, 앞의 글, p.253).
　　　당시 河南道에는 吐谷渾과 武都國이 있었는데, 이들의 협력을 얻기 위해 송은
　　이들을 세력 아래 두려 애썼고, 반대로 북위는 송과 하남 제국 사이에 긴밀한 관계가
　　형성되는 것을 막으려 하였다. 그 결과 송과 북위는 이들 국가에 대해 무력을 사용하
　　거나 외교적인 방법으로 회유하는 것을 반복하였다. 이러한 양국의 외교와 군사적
　　인 대응에 대해서는 金鍾完의 글(金鍾完a, 앞의 책, pp.139~150) 및 三崎良章의「南
　　北朝の對外政策についての一考察-氏族楊氏集團への册封を通して-」(『史觀』114,

에서도 벌어지고 있었다. 자연히 북위는 북과 남, 그리고 서쪽방면이라는
세 개의 戰線에서 벌어지는 전쟁을 감당해나가야만 하였다. 이것은 북위로
서도 벅찬 일이었음에 틀림없다. 이와 관련하여 장수왕 26년(438)의 풍홍사
건에는 각별한 의미가 있었다. 이 사건을 통해 북위와 송의 대결관계에서
고구려의 戰略的 重要性이 드러났기 때문이었다. 고구려가 북위의 동방에
서 새로운 전장이 될 수 있음을 북위에게 인식시키는 계기였던 것이다.
북위와의 대결관계에 고구려를 끌어들이려던 송의 시도는 실패로 끝났지
만, 이것은 고구려의 의지에 따라 언제든지 바뀌어질 수 있는 문제였다.
풍홍사건을 수습하는 과정에서 고구려는 그러한 가능성을 강하게 비추었
다. 고구려는 송의 사절을 돌려보내 사태를 마무리짓고 양국관계를 이어나
가려 하였다. 그리고 장수왕 27년(439) 고구려는 송에 軍馬 800匹을 보냄으
로써 직접적인 군사적 제휴관계로 나갈 수도 있음을 보여주었던 것이다.[45]
이와 함께 고구려는 대송외교를 추진함으로써 행동의 여지를 남겨두었다.

　　고구려의 대송외교는 우선 송에게 제휴의 가능성을 내비치는 것이었지
만, 고구려의 이러한 태도에 더욱 주의를 기울여야만 했던 쪽은 다름아닌
북위였을 것이다. 고구려의 군사행동은 북위에게 감당해야 할 전선을 확대
시키는 것으로 끝나는 문제가 아니었다. 양국이 교전하기 시작한다면, 고구
려는 곧바로 柔然과 군사적으로 연결하여 북위의 북방과 동방을 함께 위협
할 가능성이 농후하였다.[46] 또한 이러한 위협은 국경 일대만의 문제가 아니

---

pp.11~24)를 살펴보라.

45) 같은 해 11월 고구려 장수왕은 북위에 사절을 보내었다. 고구려는 대북위 관계를
　　단절하기에 앞서 마지막으로 북위에 사절을 보냈던 것이다. 송에 대한 군마의 수송
　　도 이 해의 일이었다. 만일 대북위 사절에 앞서 군마 수송이 있었다면, 장수왕 27년
　　11월에 고구려는 북위에게 고구려의 전략적 중요성을 내세우며 강경한 입장을 통보
　　하기 위해 사절을 보냈다고 여길 수 있다.

라 북위의 수도 平城에까지 영향을 줄 수 있었다. 柔然軍이 439년 平城 인근까지 진출하여 북위 중심부를 노렸던 사실은 이러한 가능성을 말해주고 있다.[47)

사정이 이러하다면 고구려는 입장을 분명히 드러내지 않음으로써, 적대적 입장에 선 것이 분명한 국가들보다는, 북위에게 고구려의 향배를 더욱 의식하도록 만들 수 있었다. 북위에게 더 중요하기는 적대적 입장에 선 것이 분명한 국가들보다는, 입장을 분명히 드러내지 않고 있는 고구려의 움직임이었다고 보아야 할 것이다. 고구려는 대송외교를 추진하면서도 북위의 동방을 위협하려 하지 않았다. 고구려는 북위의 위협에 맞서 송측에 기우는 경향을 보였지만 어디까지나 견제의 선을 넘어서지 않았던 것이다.[48) 달리말해 북위와 송의 대결관계에서 고구려는 中立에 가까운 태도를 표방하였다.[49) 이 점에서 대송외교를 내세운 고구려의 전략은 다른 국가들

---

46) 柔然의 군사적 역량은 북위가 적대세력을 공격하거나 對宋戰을 수행하는데 커다란 장애요인이 될만큼 위협적이었다. 이에 대한 상세한 설명은 金鍾完a, 앞의 책, p.83 및 朴漢濟, 앞의 책, pp.183~203을 참조하라.
　　이와 관련하여 북위의 대대적 공격으로 큰 피해를 입은 유연은 442년이래 송에 접근하고 있었다(『宋書』卷5, p.89) 및 "(柔然)常南擊索虜(;北魏) 世爲仇讐 故朝廷每羈縻之"『宋書』卷95, p.2357).

47) 439년 유연군은 북위의 수도 인근까지 진출하여 북위를 크게 위협한 적이 있었다(『魏書』卷4上, pp.89~90). 당시 유연군의 침공은 북위의 공격을 받고 있던 北涼과의 密計에 따른 것이었지만, 이것은 북위의 수도가 북방으로부터의 공격에 쉽게 노출될 수 있었음을 보여주는 예였다.

48) 송과 연결하여 북위에 적대하게 되었던 국가들의 전략 역시, 본래의 취지는 북위를 견제하기 위해 송과 연결하겠다는 것이었음은 쉽게 짐작할 수 있다. 그러나 고구려를 제외한 그 어떤 국가도 그 바람을 이루지는 못하였다. 이들은 견제의 선을 넘어서 송과 북위의 대결에 빠져들어갔던 것이다.

49) 지금까지의 연구에서는 책봉과 조공의 여부에 따라 외교관계를 파악하여 왔다. 이러한 기준에 따르면 송과의 외교관계를 유지하면서, 대북위 외교를 재개한 462년 이후부터 고구려는 양면외교를 전개한 것으로 이해된다(金鍾完b, 앞의 글, pp.210~211).

의 그것과 달랐다. 특히 이것은 북위의 입장에서 절실하였던 만큼 더욱 각별한 의미가 있었다. 나아가 고구려가 중립적 입장을 취한 것은 북위 동방 일대 세력들에게도 영향을 주었다. 북위에 대한 고구려의 태도는 遼河 일대의 여러 세력들의 향배를 좌우할 수 있었기 때문이다. 사정이 이렇고 보면, 북위로서는 고구려를 상대로 한 행동에 주의하지 않을 수 없었다. 고구려가 중립적인 입장에 선다는 것은 북위의 적대적 움직임이 없다는 것을 전제로 하고서야 유지될 수 있는 것이었기 때문이다. 여기에서 고구려 의 대송외교는 만일에 있을 지 모를 북위의 적대행동을 견제하는 안전판의 구실을 하였던 것이다.

이러한 측면에서 북위와 송의 대결이 본격화되어, 양 진영의 군사적 동맹 을 이루기 위한 노력과 그를 막으려는 군사행동이 거듭될수록, 고구려의 중립적 입장은 더욱 부각되었다고 이해하여도 무방하다고 본다. 달리 말하 면 이러한 고구려의 중립적 입장이 유지되지 않고서는 송과 유연의 결합을 기반으로 한 대북위포위망의 타도가 어려울 것이고 나아가 對宋・對柔然 戰의 승리는 보장될 수 없다는 것이 북위 조정의 판단이었고 또 그렇기 때문에 북위로서는 고구려를 적대국으로 간주하면서도 군사행동에 나설 수 없었던 것이다.

한편 고구려가 중립적 입장을 보이고 있다하더라도 그것은 어디까지나 송과 북위의 대결관계에 대해 한하는 것이다. 장수왕이 요하 일대의 주변세 력들을 대상으로 한 북위의 세력확대마저 묵인한 것은 아니었음이 분명하 다. 이러한 사정을 북위 태무제도 알고 있었을 것이다. 태무제로서는 북위의

이러한 입장에서 보면 대송외교기의 고구려는 송측에 선 것이 된다. 그러나 실제에 있어서 대송외교기나 이후의 시기를 막론하고 고구려는 양측의 대결관계에 대해 중립적인 입장을 고수하였다고 보인다.

동방 일대에 대한 고구려의 영향력을 억누르고 동방정책을 적극적으로 추진하고 싶었겠지만, 이것은 송과 유연이라는 강적이 사라진 뒤라야 이루어질 수 있는 꿈이었다. 송과 유연이라는 적대국이 건재하는 한, 태무제도 고구려 장수왕과 일정한 선에서 타협하지 않으면 안되었다. 和龍鎭의 설치 이후 營州를 新設하는 등의 기반을 마련하고서도 북위가 적극적인 행동에 나서지 못한 것[50]도 북위와 고구려 사이에 이루어진 타협의 산물이라고 볼 수 있다.

고구려의 대송외교 추진으로 북위가 타협하지 않을 수 없었다는 점에 대하여 혹시 양국 사이의 교류가 없었다는 점을 지적하여 의문을 제기할지도 모르겠다. 사실에 있어서 이 기간동안 고구려는 단 한차례의 사절도 보내지 않았고, 북위측에서도 그러하였기 때문에 교섭을 통한 타협으로 볼 수 없기는 하다. 그러나 고구려가 대송외교를 추진하기에 앞서 타협을 바라는 입장을 거듭 보였고, 송으로 기우는 외교마저도 북위의 적대적 행동을 견제하는 선에 그치는 것이었다는 점도 잊어서는 안 될 것이다. 이것은 오히려 고구려의 장수왕 23년(435) 무렵의 대북위 교섭과 밀접한 관련성을 말해 주는 것이다. 대송외교가 전개되던 시기에 고구려는 북위의 위협을 차단하고 요하 이동의 세계에 대한 고구려의 독점적 지위를 유지해 나갈 수 있었다. 장수왕이 대북위 교섭으로 이루었던 모습과 매우 흡사하다. 암묵적이긴 하지만, 서로가 인정한 경계의 범위를 넘어서지 않았다는 점에서 차이가 없다.

그러나 장수왕 23년(435) 무렵 고구려가 추진한 양국의 타협은, 불가침

---

50) 앞에서 보았듯이 북위의 동방정책은 鎭將 1인의 개인적 역량과 동방 일대의 한정된 자원에 의지하여 추진되었다. 이러한 사실들에서 과도기의 잠정적인 조치였음을 엿볼 수 있다. 즉 북위는 본격적인 동방정책 추진에 대비하여 기반을 우선 마련해 두었던 것이다. 그러나 이후로도 북위는 본격적인 동방경영에 나서지 못하였다.

조약의 성격을 짙게 띠고 있는 것이기는 하지만, 엄밀히는 册封과 朝貢의 형식을 취하였다. 이러한 면모는 대송외교 추진시기에서는 전혀 찾아볼 수가 없다. 앞서의 교섭에서 특징적으로 나타나는 책봉과 조공의 名分은 더 이상 소생되지 않고 있다. 그리고 요하 일대에 대한 위협도 아주 사라진 것이 아니라는 점에서 양국 군대의 대치가 계속되는 상태에서의 불안한 평화였다고 보아야 할 것이다. 북위가 여전히 和龍城에 東夷校尉를 보내고 있었다는 사실을 들추지 않는다 하더라도, 고구려가 북위와의 경계에 배치한 군사력을 이전보다 약화시켰을 리 만무하다는 점에서 그러하다.

5. 맺음말

이상에서 北燕이라는 완충지대가 사라진 상황에서 高句麗는 對北魏 관계를 어떻게 전개해 나갔는가에 대해 살펴보았다. 北燕과 그 일대의 東夷 제세력을 장악하려던 북위의 전략은 고구려의 군사적 개입으로 좌절되었다. 또한 고구려는 和龍城에 진출하여 북연의 지배층을 영입함으로써 북위의 북연 정복을 불완전하게 만들었을 뿐만 아니라 북연지역 통치에도 불안감을 주었다. 이에 북위는 고구려를 적대국가로 간주하였고, 우선 북연지역을 안정시킨 후 東方政策을 적극적으로 추진해 나가려 하였다. 북위가 북연지역과 정복민을 유화적인 통치방식으로 다루고, 和龍鎭을 두고 要人을 파견하였던 것은 이러한 사정을 보여주고 있었다. 이에 대해 고구려가 강국이라고는 하지만, 그것이 북위에 비해선 열세였음에 틀림없다. 그리고 북위의 동방정책으로 고구려가 무력시위로써 얻은 억제력도 상당부분 상쇄되기에 이르렀다.

　그런데 長壽王 26年(438) 宋이 北燕王 馮弘을 영입하려 시도하자, 고구려
는 대북위 관계에서 송의 존재를 내세울 수 있었다. 송의 전략은 북위의
동방에 새로운 戰線을 만들어 북위의 군사적 역량을 분산시키려는 데 있었
다. 대송외교를 전개함으로써, 장수왕은 고구려가 북위와 송의 대결관계에
서 양측 모두에게 전략적으로 중요한 상대라는 점을 새롭게 인식시킬 수
있었다. 또한 장수왕은 대북위 관계를 단절하고 대송외교를 추진함으로써
北魏와 反北魏戰線의 대결관계에서 고구려의 전략적 가치를 한껏 끌어올
릴 수 있었다. 물론 고구려의 전략은 북위와 송으로부터 쉽사리 인정받을
수는 없었다. 그러나 풍홍사건의 수습과정에서도 알 수 있듯이, 고구려는
송에게 사태의 잘못을 인정하도록 강요할 수 있었다. 뿐만 아니라 고구려는
어느 쪽에도 쏠리지 않는 입장을 견지함으로써, 북위로 하여금 고구려를
목표로 한 군사행동을 삼가하도록 만들 수 있었다. 나아가 고구려는 송과의
관계를 우호적으로 이끌어 갈 수 있었음은 물론이고, 동아시아세계 대부분
의 국가들이 빠져나오지 못했던 송·유연과 북위의 대결에 휘말리지 않을
수 있었다. 이러한 고구려의 전략은 대립적인 관계에 있던 북위를 상대로
한 것이었다는 점에서 각별한 의의가 있다.

제Ⅲ장 高句麗의 西方政策과 對北魏關係의 定立
-高句麗의 '專制海外'를 둘러싼 北魏의 認識 변화를 중심으로-

1. 머리말

이 글의 목적은 長壽王 50年(462) 高句麗가 對北魏外交를 再開한 이후, 사절의 파견이 빈번하게 이루어졌다는 사실에 주목하여, 이것이 어떤 과정에서 나타나게 되었으며, 그 의미는 무엇이었는가에 대해 살펴보려는 것이다. 대북위 외교를 재개한 고구려는 이후 10여 년에 걸쳐 거의 매년 사절을 북위에 보내었다. 장수왕 50년 이후 고구려의 외교는 북위에 다가가는 방향으로 나아갔으며, 사절 파견의 노력을 지속적으로 전개해 나갔던 것이다. 이러한 사실은 고구려와 북위의 관계에 변화가 있었음을 말해준다. 그러므로 이에 대한 구체적인 검토는 당시의 고구려와 북위의 관계, 나아가 동북아시아세계의 정세 변화를 이해하는 중요한 단서가 된다.

그런데 지금까지의 연구에서는 고구려의 대북위 외교 재개가 고구려를 둘러싼 주변 국가들의 도전에서 비롯되었던 것[1]으로 이해되어 왔다. 이에 따라

---

1) 고구려의 대북위 관계를 다룬 연구들은 여럿이 있다.
  江畑武,「四-六世紀の朝鮮三國と日本-中國との册封をめぐって-」『朝鮮史研究會論文集』4 (極東書店, 1968); 上田正昭・井上秀雄編『古代の日本と朝鮮』(學生社, 1974).
  鬼頭淸明,『日本古代國家の形成と東アジア』(校倉書房, 1976).
  古川政司,「6世紀前半の日朝關係」『立命館史學』1(1980).
  武田幸男,「長壽王の東アジア認識」『高句麗史と東アジア』(岩波書店, 1989).

고구려와 적대적 관계에 놓여 있던 상대국의 위협이 강조되었고, 정작 중요한 고구려와 북위의 관계는 부수적으로 다루어지게 되었다. 하지만 고구려가 대북위 외교에 노력을 기울였다는 사실은 당시 직면한 문제의 소재가 어디에 있었는가를 보여준다. 그러므로 대북위 외교의 재개가 필요하였던 양국 간의 문제와 그것이 어떠한 과정을 거쳐 타개되었는가를 살펴보는 것은 기존의 연구에서 소홀하였던 몇 가지 측면을 이해하는데 도움을 준다고 생각한다.

徐榮洙a, 「三國과 南北朝 交涉의 性格」『東洋學』 11(1981).
徐榮洙b, 「三國時代 韓·中外交의 展開와 性格」『古代韓中關係史의 研究』(1987).
三崎良章a, 「北魏の對外政策と高句麗」『朝鮮學報』 102(1982).
三崎良章b, 「高句麗の對北魏外交」『早稻田大學大學院文化研究科紀要別冊』 9(1982).
金秉柱, 「羅濟同盟에 관한 研究」『韓國史研究』 46(1984).
노태돈, 「5-6世紀 東아시아의 國際情勢와 高句麗의 對外關係」『東方學志』 44(1984);
　　　　『고구려사 연구』(사계절, 1999).
盧重國, 「高句麗對外關係史研究의 現況과 課題」『東方學志』 49(1985).
朴漢濟, 『中國中世胡漢體制研究』(一潮閣, 1988).
孔錫龜, 「5-6세기 高句麗의 對外關係」『高句麗 領域擴張史 研究』(서경문화사, 1998).
金鍾完, 『中國南北朝史研究-朝貢·交聘關係를 중심으로-』(一潮閣, 1995).
金翰奎, 『한중관계사』 Ⅰ(아르케, 1999).
井上直樹, 「高句麗の對北魏外交と朝鮮半島政勢」『朝鮮史研究會論文集』 38(2000).
李 凭, 「高句麗와 北朝의 關係」『高句麗研究 14-高句麗의 國際關係-』(2002).

이 가운데 장수왕 50년 고구려가 대북위 외교를 재개한 이유에 대해서는 여러 연구에서 살펴볼 수 있었다. 먼저 江畑武는 남조의 宋이 쇠퇴하고 있었던 중국 남북조의 정세 변화와 함께 百濟의 고구려 정벌 요청에 기인한 것으로 이해하였다(위의 글, pp.34~38). 이와는 달리 고구려의 주요 적대국이었던 백제가 倭 혹은 新羅와 동맹을 맺게 되었던 것이 고구려에게 위협을 주었다고 보는 견해들이 있다. 古川政司는 백제와 왜의 군사동맹(井上直樹, 위의 글, pp.181~182 재인용)을 지적한 반면, 孔錫龜는 백제와 신라의 연합이 고구려에게 위협을 주었다(孔錫龜, 위의 책, p.280)고 보았다. 또한 노태돈은 대북위관계의 안정은 고구려가 남부와 서북부 방면의 영토를 확장해 나가는데 필요한 선행 조건이었다(노태돈, 위의 책, p.310)고 이해하였다. 한편 최근의 연구에서는 영향력 아래 놓여있던 신라의 脫高句麗 움직임으로 고구려가 북위 방면과 신라·백제 방면으로부터 협격당할 형세였다(井上直樹, 위의 글)고 지적하였다.

첫째, 長壽王 50年(462)의 대북위 외교 재개 이후 양국 관계에 대한 문제이다.[2] 장수왕 50년 재개된 고구려의 대북위 외교는 많은 주목을 받아왔다. 그런데 지금까지의 연구에서 당시 고구려의 대북위 외교는 '親北魏'의 성격을 띠는 것으로 이해되어왔다. 사실 사절 파견의 횟수에서나 외교의 지속성으로 보아 고구려가 북위에 다가가는 외교를 전개한 것은 분명하다고 여겨진다. 이렇게 고구려가 각별한 관심과 노력을 기울여 대북위 외교를 전개했다는 것은 그만큼 당시 대북위 관계에 있어서 고구려가 불안정한 상태에 놓여 있었음을 뜻한다. 그렇다면 장수왕 50년부터 드러난 고구려의 위기감은 어떠한 대외정세에서 비롯된 것인지, 그것을 장기간 지속해야 했던 원인은 무엇이었는지 다시 한번 생각해 볼 필요가 있다.

둘째, 지금까지의 연구에서는 고구려가 독자의 세력권을 형성하여 이를 북위와의 관계에서도 인정받고 있었다고 이해[3]하여 왔는데, 이러한 평가는 "(고구려는) …… 강성하여 (북위의) 통제를 받지 않았다"[4]는 기록과도 맥을 같이한다. 그런데 문제는 이러한 당대의 평가가 어디에서 기인한 것인가의

---

2) 지금까지의 연구에서는 장수왕대 후반기 고구려의 대북위 관계를 개략적으로 서술하는데 그치고 있다. 동아시아의 국제정세와 관련하여 고구려의 대북위 관계에서 나타난 몇 차례의 갈등국면이 노태돈(「영역국가체제의 형성과 대외관계」, 앞의 책)과 三崎良章(앞의 글a)의 연구에서 비교적 자세하게 다루어지고 있을 뿐이다. 그러나 이두 연구 역시 양국의 갈등관계를 언급하면서도 기본적으로 양국은 우호적인 관계에 놓여 있었다고 바라보고 있다.

3) 이와 관련있는 본격적 연구로는 노태돈의 연구(앞의 책)와 張國慶의 「西晉至北魏時期 '護東夷校尉'初探」(『中央民族學院學報』 1989-3, 1989) 그리고 三崎良章c의 「東夷校尉考-その設置と「東夷」への授與-」(『東アジア史の展開と日本』, 山川出版社, 2000) 등이 있다. 이 연구들에 따르면 대북위 관계에 있어서 고구려는 동북아 지역의 覇者로 인식되었다.

4) "(建元) 三年(481, 장수왕 69; 필자 주, 이하 생략) (高句麗)遣使貢獻 乘舶汎海 使驛常通 亦使魏虜 然彊盛不受制" 『南齊書』卷58, 中華書局, p.1009(이하 中華書局 생략).

문제이다. 과거 北燕을 둘러싸고 양국이 대결 직전의 위기까지 나아갔음을
염두에 두면 북위가 고구려를 적대시하였을 것은 짐작하기 어렵지 않다.
이 점에서 양국이 대립의 관계를 뒤로 하고 새로운 관계를 모색하기 위해서
는 우선 고구려를 끝내 도모할 수 없겠다는 북위의 인식 변화가 필요하였다
고 여겨진다. 그러므로 북위로 하여금 고구려에 대한 인식을 바꾸도록 만든
정세는 어떤 것이었는가에 대해 생각해 보아야 하겠다. 즉 고구려를 도모해
보려던 북위의 전략은 어떤 것이었고, 그것이 어떻게 좌절되었는지 구체적
으로 살펴볼 필요가 있는 것이다.

　　이러한 문제의식을 바탕으로 이 글에서 검토할 내용은 다음과 같다. 먼저
고구려의 대북위 외교 재개와 관련하여 양국 관계가 어떻게 전개되었는가
를 살펴볼 것이다. 다음으로는 고구려와 북위의 관계가 불안정한 상태에
머물렀던 요인과 관련하여 북위측의 입장을 살펴볼 것이다. 이로써 고구려
를 둘러싼 당시의 국제관계에서 가장 중요한 변수가 무엇이었는지 드러날
것이다. 마지막으로 고구려가 북위측의 인식을 바꾸게 했던 계기를 살펴봄
으로써, 북위의 인식 변화가 양국의 관계에 어떠한 영향을 끼쳤는지에 대해
검토할 것이다.

2. 對北魏外交의 再開와 그 意味

　　오랫동안 관계를 단절하고 있던 高句麗와 北魏가 새로이 접촉하였던 것
은 長壽王 50年(462) 3월의 일이었다.[5] 고구려 장수왕이 사절을 북위에 보내

---

5) "(和平3年; 462) …… 三月甲申 …… 高麗・葓王・契噛・思厭於師・疏勒・石那
　　・悉居半・渴般陁諸國 各遺使朝獻"『魏書』卷5, p.120.

朝貢하였던 것이다. 사절 파견은 장수왕 27년(439) 이후 23년만의 일이었다. 이 사실은 대북위 외교[6]를 중단하고 있던 고구려가 태도를 바꾸었음을 뜻한다. 장수왕은 그 동안의 대립 관계에서 벗어나 양국의 관계를 새롭게 만들어 가고자 하였던 것이다.[7]

20년이 넘는 기간동안 고구려는 대북위 외교를 중단한 채 宋에 기우는 외교를 전개하여 왔다.[8] 고구려는 北魏와 宋 간의 대결관계에서 中立에 가까운 태도를 보이는 한편 송과의 제휴 가능성을 내비쳐왔던 것이다.[9] 이것이 북위를 상대로 한 직접적인 적대행동은 아니었지만, 북위로서는 고구려의 향배에 주의를 기울일 수밖에 없었던 것도 사실이었다. 그러던 고구려가 조공 사절을 보내 대북위 외교를 재개하였던 것이다. 고구려 사절의 방문은 북위 조정의 관심을 끌기에 충분한 사건이었다. 그러면 대북위 외교를 재개한 고구려의 움직임에 대해 북위측의 반응은 어떠하였을까. 다음은 장수왕 50년(462)을 기점으로 장수왕 67년(479)[10] 무렵까지 고구려

---

6) 고구려는 長壽王 23年(435) 무렵 조공 사절의 파견과 무력시위로 대북위 관계를 전개해 나갔다. 이에 대해서는 李成制a, 「長壽王의 對北魏交涉과 그 政治的 意味-北燕을 둘러싸고 이루어진 對北魏關係의 전개」(『歷史學報』 181, 2004. 3; 본서 제Ⅰ장)의 내용을 참조하기 바란다.

7) 노태돈, 앞의 책, p.309.

8) 이에 대해서는 李成制b, 「長壽王代 對宋外交와 그 意義」(『白山學報』 67, 2003. 12; 본서 제Ⅱ장)의 내용을 참고하기 바란다.

9) 李成制b, 본서의 제Ⅱ장, pp.99~103.

10) 양국 간의 관계표는 장수왕 67년(479)까지 작성하였다. 그것은 이 무렵에 이르면 양국 관계가 상당부분 개선된 흔적을 보이기 때문이다. 이러한 생각을 뒷받침해주는 것은 장수왕 68년 南齊로 향하던 고구려 사절이 북위측에게 사로잡힌 사건이다. 당시 북위는 이 사절을 고구려로 돌려보내면서 고구려의 외교를 비난하는 조서를 보내는 것으로 사건을 수습하였다. 적대국가인 남제에 고구려가 사절을 보낸 사실에도 불구하고 북위는 이를 크게 문제삼지 않겠다는 반응을 보인 것이다.

와 북위 간의 관계에서 보이는 기록들을 정리한 것이다.

<표 1> 고구려와 북위 사이의 관계표

年代	高句麗	北魏	비 고
長壽王 50年(462)	3월 遣使入魏朝貢		
長壽王 53	2월 遣使入魏朝貢		
長壽王 54	3월 遣使入魏朝貢		
長壽王 55年(467)	2월 遣使入魏朝貢(9월)		
長壽王 56	4월 遣使入魏朝貢		
長壽王 57	2월 遣使入魏朝貢		
長壽王 58	2월 遣使入魏朝貢		
長壽王 60年(472)	2월과 7월 遣使入魏朝貢	使高句麗 使高句麗	百濟의 고구려 정벌 요청, 사유 조사 百濟使 대동, 고구려 경유, 백제입국 시도
長壽王 61	2월과 8월 遣使入魏朝貢		
長壽王 62	3월과 7월 遣使入魏朝貢	通婚使 責問使	양국 通婚 約定, 北魏使 빙물 전달 고구려 王女 사망 통보, 北魏使 納妃 요구
長壽王 63	2월과 8월 遣使入魏朝貢		
長壽王 64	2월과 7월, 9월 遣使入魏朝貢		北魏 獻文帝 사망, 책문사 귀환 *自此以後 貢獻倍前 其報賜亦 稍加焉
長壽王 65년(477)	2월과 9월 遣使入魏朝貢		
長壽王 67	3월과 9월 遣使入魏朝貢		宋 亡, 齊 建國 *68년 對南齊使, 북위에게 포획, 송환

고구려는 장수왕 53 · 54 · 55 · 56 · 57 · 58년에 연이어 해마다 사절을 북위에 보내었다. 더욱이 장수왕 55년에는 2월과 9월 두 차례에 걸쳐 북위에 사절을 보내기도 하였다.[11] 이들 사절의 파견은 한결같이 '遣使入魏朝貢'으로 기록되고 있어, 고구려가 매년 정기적으로 북위에 사절을 보내고 방물을 바쳤음을 알려준다. 그런데 고구려가 각별한 성의를 보이며 외교를 전개했음에도 불구하고, 고구려 사절을 맞이한 북위측의 반응을 알려주는 기록은 전혀 찾아볼 수 없다. 고구려의 대북위 외교에 대해 북위는 차라리 무시하고 있었다고 할 수 있을 정도로 차가운 반응을 보였던 것이다. 북위의 사절이 장수왕 60년 무렵에 가서야 고구려에 이른 것도 이러한 이해를 뒷받침한다.

또한 사절을 보내고 방물을 바치는 일을 거르지 않았다는 점에서 고구려는 북위에 다가서는 외교를 전개했다고 보인다. 장수왕은 종래의 대립관계를 개선하고자 하였던 것이다. 고구려와의 관계 개선은 북위측으로서도 바람직스러운 일이었다. 고구려가 북위의 東方을 위협할 수 있다는 점에서나 宋 · 柔然과 같은 적대세력에 연결될 가능성이 있는 세력이라는 점에서 그러하다. 더욱이 송에 기우는 입장을 보여왔던 고구려가 태도를 바꾸었다는 사실만으로도 북위에게는 환영할 만한 일이었음에 틀림없다. 그럼에도 불구하고 실제에 있어서 북위가 보인 반응은 냉담한 것이었다. 그러므로 적어도 장수왕 50년을 기점으로 한 초반기의 양국 관계는 대립의 관계라고는 할 수 없겠지만, 그렇다고 하여 양국 간의 갈등이 해소되어 원만한 우호의 관계로 나아가고 있었다고도 볼 수 없다. 그 보다는 북위측이 미온적인

---

11) 60 · 61 · 62 · 63 · 64 · 65년에는 한 해에 2 내지 3회의 사절을 보내기도 하였다. 고구려의 대북위 외교가 어느 한두 해의 특정한 사안에 따라 전개되지 않았음을 알 수 있는 대목이다.

입장을 보임으로써, 양국 관계는 순탄하게 전개되지 못하고 있었다고 보아야 할 것이다.

그러던 북위가 양국 관계에 대해 반응을 보인 것은 장수왕 60년 무렵부터의 일이었다. 이로부터 북위 사절이 고구려에 이르기 시작함으로써 고구려의 일방적인 사절 파견은 끝을 맺었다. 그러나 북위 사절의 왕래가 곧바로 양국 관계의 우호를 뜻하는 것은 아니었다.[12] 이러한 사정을 극명하게 보여주는 사건이 바로 장수왕 62년의 納妃 문제였다. 북위 文明太后가 장수왕에게 納妃를 요청한 것을 계기로, 양국은 실무를 처리하기 위해 사절을 교환하였다. 이때, 고구려는 왕녀를 북위로 보내려 하였다가 성사를 앞두고 주저하였고, 북위가 通婚 約定의 이행을 요구함으로써 양국 사이에서 마찰이 일어났다. 그런데 이 문제가 양국 간의 현안으로 등장한 것은 북위의 납비 요청을 고구려가 받아들인 것에서 비롯되었다는 점에서 우리의 관심을 끈다. 특히 고구려의 외교가 별다른 성과를 거두지 못하고 있던 와중에 벌어진 사건이었다는 점에서 그러하다. 다음의 기록을 통해, 고구려 왕녀의 납비 문제를 둘러싼 자세한 사정을 알아보자.

A-a) 後文明太后以顯祖六宮未備 勅璉令遷其女. 璉奉表 云女已出嫁
　　　求以弟女應旨　b) 朝廷許焉　乃遣安樂王眞·尙書李敷等至境送
　　　幣. c) 璉惑其左右之說云朝廷昔與馮氏婚姻 未幾而滅其國 殷鑒
　　　不遠 宜以方便辭之. 璉遂上書妄稱女死. d) 朝廷疑其矯詐 又遣
　　　仮散騎常侍程駿切責之 若女審死者 聽更選宗淑. e) 璉云 若天子
　　　恕其前愆 謹當奉詔. 會顯祖崩 乃止 (『魏書』卷100, p.2215).

---

12) 양국 관계의 재개 이후 북위가 고구려에 사절을 보내오기 시작한 것은 장수왕 60년 무렵의 일이었다. 백제의 고구려 정벌 요청을 받은 북위가 진상을 조사한다는 명목으로 사신을 보내왔던 것이다. 백제의 請兵外交를 둘러싸고 벌어진 사태의 전말에 대해서는 다음 절에서 자세하게 논의하게 될 것이다.

먼저 a)의 기록에 따르면, 고구려 왕녀의 납비를 제의한 쪽은 북위[13]였다. 당시 북위 조정의 실권을 장악하고 있던 文明太后가 獻文帝의 六宮이 갖추어지지 못함을 내세워 고구려 공주의 출가를 요청해 왔던 것이다. 이에 장수왕은 왕녀가 이미 출가하였으니, 王弟의 여식으로서 북위의 요청에 응하겠다고 답하였다. 이로써, 고구려는 북위와 혼인관계를 맺으려 하였다. b)는 북위가 고구려의 제안을 받아들였고, 곧바로 安樂王 (拓拔)眞 · 尚書 李敷로 하여금 幣帛을 전달토록 하였음을 알려준다. 양국이 고구려 왕녀의 납비를 약정하고 북위에서 보낸 패물도 이르게 됨으로써 고구려와 북위 왕실 간의 혼인은 성사를 눈 앞에 두게 되었다.

하지만 고구려는 정작 북위의 폐백이 도착하자, 왕녀가 죽었다고 둘러대었다. 고구려는 실제로 혼인하는 것에 대해 주저하였던 것이다. 주저하는 고구려와는 달리, 북위는 납비 약정의 이행을 강하게 요구해 왔다. 이러한 사정에 대해서는 c)와 d)의 기록에서 살펴볼 수 있다. 북위 사절이 와서 다른 왕족의 여식이라도 무방하다고 통보하는 한편, 고구려에 머물면서 납비의 이행을 독촉하였던 것이다. 나아가 A-e)는 난색을 표하던 고구려가 입장을 바꿔 납비하기로 하였지만, 헌문제의 돌연한 죽음으로 납비를 둘러싼 교섭이 종지부를 찍었음을 전한다.

그런데 이 사건에서 주목해야 하는 것은 고구려가 북위에 납비하려 했다

---

13) 납비의 제안이 어느 쪽에서 나온 것인가에 대해서는 위의 高句麗傳 기록과 달리 程駿傳에서는 고구려가 먼저 제안하였다고 기재하고 있다("(程駿) 延興末 高麗王璉 求納女於掖庭 顯祖許之 ……" 『魏書』卷60, p.1346). 『魏書』 안에서도 혼동을 일으키고 있는 것이다. 이에 대해서는 정준전의 기록에도 나름의 근거가 있을 것으로 여겨지지만, 일단 고구려전의 기록을 따랐다. 또한 이 사건이 일어난 연대에 대해서는 『三國史記』가 장수왕 54년의 일로 기록하고 있지만, 『魏書』의 기록을 따라 장수왕 62년으로 보았다. 그것은 바로 앞서 있었던 백제의 고구려 정벌 요청에 연이은 사건으로 이해되기 때문이다. 북위의 고구려에 대한 압박이라는 측면에서 그러하다.

는 점에 있다. A-a)의 '六宮未備' 기록만으로는 북위 황제의 皇后를 의미하는 것인지 아니면 後宮인지 분명하지 않다.14) 만일 후궁의 신분에 불과하였다면 고구려 왕실의 입장에서 볼 때 결코 반길 만한 조건이라고 할 수 없었다. 더욱이 고구려 국왕의 왕녀를 지목한 데에서 느껴지는 북위의 태도는 상당히 고압적인 것이었다. 그러므로 고구려가 납비를 거절할 이유는 충분하였다.

또한 고구려 왕녀의 납비를 요청한 북위의 의도도 의심스러운 것이었다. 과거 북위가 北燕과 혼인관계를 맺었지만, 얼마 지나지 않아 그 나라를 무너뜨렸던 전력으로 보아, 이번에도 혼인관계를 이용하여 고구려를 기만하려는 것일 가능성이 있었기 때문이다. 또한 납비 과정에서 드나들게 될 북위 사절을 통해 고구려의 허실이 알려진다는 것15)도 고구려가 북위에의 납비를 주저할만한 충분한 이유가 되었다. 실제로 고구려가 납비하겠다고 약정해놓고서도 실행에 옮기기를 꺼려했던 것은 이러한 연유에서 비롯되었다고 보인다.

그러면 어째서 고구려는 북위의 납비 요청에 응하려 하였을까 궁금해진

---

14) 『魏書』卷13, 皇后列傳의 기록에 따르면 獻文帝의 황후는 李氏 한 명이었고, 그녀는 皇興 3年(469)에 사망하였다.

15) 북위가 국가 간의 혼인관계를 이용하여 상대국을 기만한 전력은 북연의 예에 그치지 않았다. 북연의 사례말고도 北涼과의 관계에서 그러한 흔적을 엿볼 수 있다. 중국의 河南지역에 자리잡았던 북량은 북위와의 관계에서 여러 차례 사절을 교환하였다. 특히 冊封이나 通婚을 빌미로 하여 북량에는 북위 사절이 자주 드나들었다. 이를 통해 북위 조정은 북량에 대해 소상하게 파악할 수 있었고, 결과적으로 북량 공략에 적지 않은 도움을 얻을 수 있었다. 북위의 對北涼 관계에 대해서는 塙博의 「北涼の 對外關係について」(『早稻田大學大學院文學硏究科紀要別册』 9, 1982)가 자세하게 정리하고 있다.
『三國史記』는 위의 기록에 더하여 "魏昔與燕婚姻 旣而伐之 由行人具知 其夷險故也"(『三國史記』卷18, 長壽王 54年 春三月條)라고 좀더 자세한 내용을 전하고 있다.

다. 애당초 북위에 납비한다는 것은 격에 맞지 않음은 물론, 북위의 고압적
요구에 순응하는 저자세를 보이는 것이었다. 더욱이 고구려는 납비의 실행
단계에서 무산시키려다가 또 다시 입장을 바꿔 납비하겠다고 하였다. 특히
이것은 고구려가 북위의 불순한 의도를 염두에 두면서도 취한 입장이었다.
이 점에서 고구려가 보인 처음의 입장이나 그 뒤의 입장 변화에는 분명한
이유가 있을 것이다.

북위의 세력 팽창에 맞서 대결과 타협이 빈번하게 이루어지고 있던 이
시대의 국제관계에 있어서 국가 간의 혼인은 그 어느 때보다 각별한 의미를
지니고 있었다.[16) 北涼과 北燕은 물론이고 柔然마저도 북위와 혼인관계를
맺은 적이 있었던 것이다. 延和 3年(434)의 혼인으로 북위와 유연은 상대국
의 위협에 대한 걱정을 덜어낼 수 있었다. 당시 북위에게 있어서 북연 공략
의 성패는 유연의 향배에 따라 좌우될 수 있는 사안이었다.[17) 반면 유연으
로서는 한창 세력 팽창에 나서고 있던 북위에 대해 위협을 느끼고 있던
처지였다. 이에 양국은 화친할 필요가 있었고, 혼인관계의 성립은 양국 모두
에게 화친의 이행을 보증하여 줄 수 있었다. 납비를 포함한 국가 간의 혼인
은 서로 우호하겠다는 정치적 결합을 뜻하였던 것이다. 북위의 납비 요청에

---

16) 중국 왕조와 주변 국가의 혼인이 和親의 관계를 맺기 위한 동아시아세계의 외교방식
   이었음을 지적한 이는 坂元義種이었다. 그에 따르면 당시 국제사회에서의 지위가
   그만큼 높아야만 통혼할 수 있었다(坂元義種, 「古代東アジアの國際關係-和親 · 册
   封 · 使節よりみたる-」, 『古代東アジア日本と朝鮮』, 吉川弘文館, 1978, pp.11~12).
   또한 이 시기 북위를 둘러싼 국제관계에서 혼인이 성사되었던 것은, 북위 뿐만 아니
   라 상대국도 북위와의 혼인관계를 통해 얻고자 한 바가 있었기 때문에 가능하였다
   (朴漢濟, 앞의 책, p.198). 이러한 단서들을 염두에 두고, 고구려가 북위의 제안에
   대해 응하려 했던 점을 이해하고자 하였다.
17) 북위는 유연과의 화친으로 당시의 당면 과제였던 북연 공략을 적극적으로 전개해
   나갈 수 있었다(朴漢濟, 앞의 책, p.198).

대해 고구려가 응하려 했던 이유를 짐작하여 볼 수 있는 대목이다. 즉 고구려는 북위에의 납비를 통해 화친관계를 이루고자 하였던 것이다.

이와 관련하여 염두에 두어져야 할 것은 고구려의 대북위 외교에도 불구하고 양국 관계의 개선이 좀처럼 진전을 보이지 않고 있었다는 사실이다. 그러던 북위가 납비를 요청하고 그 성사에 관심을 기울이고 있었다. 이 점에서 고구려의 납비는 지지부진한 양국 관계를 타개하는데 도움을 줄 수 있었다. 북위의 의도가 의심스러운 것이었음에도 불구하고 고구려가 납비하려고 했던 것은 이러한 사정에서 비롯되었다고 보인다. 따라서 일련의 대북위 외교에서 보이는 고구려의 입장은 분명하였다. 내정의 허실이 알려질 여지가 있었음에도 고구려는 양국 관계를 우호적으로 돌려 놓기 위해 적극적이었다. 고구려가 대북위 외교를 전개하면서 다소간의 경제적 부담을 감수하였던 것[18]도 이와 무관하지 않을 것이다.

한편 북위에게 있어서 양국 관계의 개선은 그리 시급한 과제라고 할 수 없었다. 고구려가 양국 관계의 개선을 서둘수록 북위의 운신 폭은 넓어져 갔다. 고구려의 일방적 외교에 대해 미온적인 반응을 보임으로써 북위는 양국 관계에서의 주도권을 차지할 수 있었다. 고구려 왕녀의 납비를 둘러싸고 보인 북위의 입장이 이를 말하여 준다. 나아가 북위는 守勢에 몰린 고구려의 입장을 이용하여 압력을 행사하려고 하였다. 이 점에서 북위의 입장이

---

18) 고구려가 북위에 조공한 품목에는 黃金과 白銀, 그리고 珂 등이 들어가 있었다. "後貢使相尋 歲致黃金二百斤 白銀四百斤" (『北史』卷94, p.3113)과 "高麗係誠天極 累葉純誠 地產土毛 無愆王貢 但黃金出夫餘 珂則涉羅所產 …… 二品所以不登王府 …… "(『魏書』卷100, p.2216)의 기록이 이를 전한다. 뿐만 아니라 고구려 장수왕은 조공물의 양을 늘리기도 하였다("至高祖時 (高句麗 長壽王)璉貢獻倍前 其報賜亦稍加焉." 『魏書』卷100, p.2216). 고구려로서는 대북위 외교를 전개해 나가는데 경제적 부담도 적지 않았던 것이다.

결코 양국의 우호에 있었다고 보기는 힘들 것이다.

그런데 양국 관계에 대한 입장의 차이에도 불구하고 고구려는 사절의 파견을 중단하지 않고 대북위 외교를 계속 추진해 나갔다. 사정이 이러하다면 고구려에게는 북위와의 관계를 개선해야만 할 각별한 이유가 있었다고 보아야 할 것이다. 그리고 이것은 그만큼 고구려에게 양국 관계의 개선이 절실하였다는 사실을 알려준다. 또한 대북위 외교에서 보이는 고구려의 부단한 노력으로 보아, 이것은 단기간의 외교로써 해결을 볼 수 없는 성격의 문제이기도 하였다. 그리고 이 문제를 해결하는데 있어서 북위의 협조는 절실한 것이었다. 그러면 양국 관계에서 고구려를 수세로 몰아간 긴요한 문제는 무엇이었을까. 이를 통해 고구려가 재개한 대북위 외교의 의미를 이해할 수 있을 것이다.

3. 高句麗의 勢力圈과 北魏의 干涉

앞 절에서 고구려가 장수왕 50년 무렵부터 대북위 관계에서 守勢에 놓이게 되었음을 알게 되었다. 대북위 외교를 재개한 것이나 사절의 일방적 파견을 통해 드러나는 고구려의 입장이 이와 관련하여 주목되었다. 고구려는 양국의 우호적 관계를 절실히 필요로 하였다. 이것은 고구려가 당시 직면하고 있던 현안이 북위에 의해 좌우될 성질의 것이었음을 뜻하였다. 그러면 고구려가 북위와의 관계를 우호적으로 돌려놓아야만 했던 문제는 무엇이었을까. 이 문제와 관련하여 고구려에 적대하고 있던 세력들의 움직임이 눈길을 끈다. 먼저 廣開土王 이래 고구려에 항거하고 있던 百濟가

장수왕 60년(472) 북위에 사신을 보내 대북위 외교를 개시하였다. 그 동안
宋 위주의 외교를 전개해 왔던 백제가 북위에 연결을 꾀하였던 것이다.[19]
더욱이 외교의 목적이 通交에 있었던 것이 아니라 고구려 공격을 요청하는
것이었다는 점에서 주목이 간다.

> B) (百濟) 延興二年 其王餘慶始遣使上表曰 …… 自馮氏數終 餘燼奔竄
> 醜類漸盛 遂見陵逼 構怨連禍 三十餘載 財殫力竭 轉自屠跋. 若天子
> 曲矜 遠及無外 速遣一將 來救臣國 …… 今璉有罪 國自魚肉 大臣强
> 族 戮殺無已 罪盈惡積 民庶崩離. 是滅亡之期 仮手之秋也. 且馮族
> 士馬 有鳥畜之戀 樂浪諸郡 懷首丘之心. 天威一擧 有征無戰. 臣雖
> 不敏 志效畢力 當率所統 承風響應. 且高麗不義 逆詐非一 外慕隗囂
> 藩卑之辭 內懷兇禍豕突之行. 或南通劉氏 或北約蠕蠕 共相脣齒 謀
> 陵王略. …… 去庚辰年後 臣西界小石山北國海中見屍十餘 并得衣
> 器鞍勒 視之非高麗之物 後聞乃是王人 來降臣國 長蛇隔路 以沈于
> 海 (『魏書』卷100, pp.2217~2218)

위의 기록은 延興 2年(472) 백제 蓋鹵王이 북위에 올린 表文의 일부이다.
이 표문에서 개로왕은 북위에 백제의 위기를 구원하여 줄 것을 요청하였다.
그러면서 고구려 內政이 혼란하고 민심이 이반하고 있어 북위가 나서기만
한다면 큰 힘을 들이지 않고서도 제압할 수 있다고 말하였다. 또한 고구려가

---

19) 백제는 久爾辛王代부터 송과 밀접한 관계를 유지하고 있었다. 이런 점에서 개로왕의
대북위외교는 기존의 대송외교를 포기하고 새롭게 추진된 것이었다(金壽泰, 「百濟 蓋鹵王
代의 對高句麗戰」『百濟史上의 戰爭』, 충남대 百濟研究所編, 2000, pp.227~228). 한편 백제
의 대북위외교를 전방위 외교로 이해하는 연구들도 있다(盧重國,『百濟政治史研究』, 一潮
閣, 1988, p.145; 梁起錫,『百濟專制王權成立過程研究』, 단국대 박사학위논문, 1990, p.125;
李道學, 「漢城後期의 百濟王權과 支配體制의 整備」『百濟論叢』 2, 百濟文化開發研究院,
1990, p.301). 외교의 전환으로 보는 전자의 이해에 따른다.

겉으로는 대북위 외교를 전개하고 있지만 은밀히 柔然·宋과 연결을 꾀하여 북위에 적대하고 있음을 알렸다. 백제 개로왕은 북위로 하여금 고구려 공격에 나서도록 부추겼던 것이다. 그러면 백제가 북위에 고구려 공격을 청원한 배경은 어디에 있을까.

개로왕은 위의 글 서두에서 '지난 30여 년간 고구려에 대항해 왔으나, 맞서 싸울 힘이 더 이상 남지 않았다'고 하였다. 오랜 전란으로 인해 백제가 곤궁한 처지에 빠져 있었음을 알려주는 대목이다. 하지만 백제가 고구려의 군사적 압박에 시달려 온 것은 어제오늘의 일이 아니었다. 그리고 그 동안 백제는 북위에 도움을 바란 적이 없었다. 백제의 대북위 외교가 갑작스러운 일로써 여겨지는 까닭이 여기에 있다.

양국 사이에 왕래가 없었다는 점에서 백제는 북위에 낯선 존재였다. 더욱이 백제는 通交조차 없다가 사절을 처음 보내면서 당장 군대를 일으켜 줄 것을 요청하였다. 그러므로 백제의 곤궁한 사정과 고구려의 이중적 외교를 북위에 알린다고 하여 개로왕이 기대한 바를 얻기란 힘들었다. 도리어 백제의 청병외교와 긴박한 사정이 밖에 알려짐으로써 고구려의 거센 반격이 이어질 것도 예상하기 어렵지 않았다. 이 점에서 백제가 북위의 지원을 기대할 수 있었던 배경에는 나름의 이유가 있었다고 보아야 할 것이다.

이와 관련하여 북위와 고구려의 관계가 고려되었을 법하다. 그 동안 북위가 고구려를 적대세력의 하나로 간주해 왔다는 점에서 그러하다.[20] 이 때문에 개로왕은 표문에서 지금이 고구려 공격의 適期임을 알리고 고구려의

---

20) 북위의 고구려에 대한 입장을 잘 보여주는 것은 장수왕 38년(450) 北魏 太武帝가 宋 文帝에게 보낸 국서이다. 여기에서 당시 북위가 고구려를 송과 연결을 꾀한 적대 국가의 일원으로 간주하였음을 알 수 있다.
　"彼(宋 文帝)往日北通芮芮 西結赫連·蒙遜·吐谷渾 東連馮弘·高麗. 凡此數國 我(北魏 太武帝)皆滅之" 『宋書』卷96, p.2346.

북위에 대한 적대적 행위 등을 열거하였던 것이다. 그렇지만 백제는 고구려의 대북위 외교로 인해 양국 관계가 과거와 같은 긴장상태의 대치국면은 아니라는 점도 염두에 두어야만 하였다. 그러므로 백제가 북위를 지목하여 도움을 바랄 수 있었던 것은 그렇게 여겨질 만한 이유가 북위에게 있었다고 보아야 할 것이다.

이러한 관점을 뒷받침하여 주는 것이 백제 개로왕이 서해 바다에서 북위 사절로 보이는 시신과 유품을 건졌다고 언급한 부분이다. B)의 후반부 기록에 따르면 백제는 庚辰年(440) 이후 서해 바다에서 10여 구의 시신과 儀器 · 鞍裝 등을 건져올렸는데, 북위가 백제에 보낸 사신 일행과 그들의 물건임을 나중에야 알게 되었다고 한다. 그런데 여기에서 중요한 것은 북위가 서해 바다를 통해 사절을 파견한 적이 있었다는 점이다. 이어지는 기록에서 북위 헌문제는 바다를 통해 '荒外之國'에 사신을 보낸 적이 있었다[21]고 인정하였다. '荒外之國'을 백제라고 단정할 수는 없더라도 적어도 북위가 고구려 주변의 국가에 사절을 보낸 적이 있었음은 이를 통해 알 수 있다. 그리고 북위가 고구려와 대치하고 있던 상황에서 '荒外'라는 낯선 곳에 일부러 사자를 보냈던 것은 그 곳이 고구려의 배후라는 점을 고려한 것이라고 보아도 크게 잘못은 아닐 것이다. 장수왕 26년(436) 북연을 둘러싼 대립 이래 고구려는 북위에 굴하지 않고 맞서고 있었지만, 북위로서는 고구려에 위협을 가할 수 있는 마땅한 위협수단이 없었다는 점에서 그러하다. 이 점에서 북위는 위험부담이 큰 직접적인 행동 보다는 고구려 배후의 세력을 이용하여 고구려를 압박하려 하였고, 이를 위해 사절을 보내 연결을 도모하였다고 믿어지는 것이다. 그리고 북위의 이러한 행동이 고구려 배후의 세력

---

21) "詔曰 …… 前所遣使 浮海以撫荒外之國 從來積年 往而不返 存亡達否 未能審悉" 『魏書』卷100, p.2218.

들에게 어떠한 영향을 미쳤을까 하는 점은 물길의 사례로서도 확인된다.

   C) 勿吉國 在高句麗北 舊肅愼國也. …… 去延興中 遣使乙力支朝獻.
      太和初 又貢馬五百匹. 乙力支稱. 初發其國 乘船泝難河西上 ……
      沉船於水南出陸行 渡洛孤水 從契丹西界達和龍. 自云 其國先破高
      句麗十落 密共百濟謀從水道并力取高句麗 遣乙力支奉使大國 請其
      可否. 詔勅三國同是藩附 宜共和順 勿相侵擾. 乙力支乃還. 從其來
      道 取得本船 汎達其國. 復遣使侯尼支朝獻. 明年復入貢 (『魏書』卷
      100, pp.2219~2220)

  『魏書』勿吉傳의 기록에 따르면 고구려의 북쪽, 지금의 吉林省 阿城 일대
에서 일어난 물길은 延興 5年(475; 장수왕 63) 북위에 사절을 보내었다.[22]
물길의 사자 乙力支는 대략 다음과 같은 요지의 말을 전하였다. '자신들이
고구려의 북쪽을 위협하고 있는 세력이라는 점[23], 지금까지는 홀로 고구려
에 대항하였지만 앞으로는 백제[24] 그리고 북위와 연결하여 대고구려전을

---

22) "(延興)五年 …… 勿吉國遣使朝獻" 『册府元龜』卷969, 外臣部 朝貢2.

23) 물길이 격파했다고 하는 '高句麗十落'에 대해, 池內宏은 고구려의 10개 部落(池內宏,
「勿吉考」『滿鮮地理歷史硏究報告』 15, 1934; 『滿鮮史硏究』(上世-第1册), 吉川弘文館,
1979, p.472)이라고 보았다. 이에 대해 고구려의 속국으로 전락하여 명맥만 유지하고
있던 부여의 10개 부락(日野開三郎, 「夫餘國考-特にその中心地の位置について-」
및 「勿吉考」『東洋史學論集-東北アジア民族史-』第14卷, 三一書房, 1991, pp.59~60
및 pp.485~489)이라는 견해도 있다.

24) 물길이 백제와 연계하였다는 언급("(勿吉)密共百濟謀 從水道并力取高句麗")에 대해,
日野開三郎이 그 가능성을 지적한 바 있다(「粟末靺鞨の對外關係」『史淵』41(1949)
· 42 · 43 · 44(1950); 앞의 책, p.61). 이러한 이해는 梁起錫, 「5-6世紀 前半 新羅와
百濟의 關係」『新羅의 對外關係史硏究』, 1994, pp.78~79)과 金壽泰의 연구에서도
보인다(金壽泰, 앞의 글, p.233). 그러나 물길의 역량으로 보아 양국의 연계는 사실로
보기 힘들다.

전개하고 싶다'는 것이었다. 물길의 이 같은 제안은 백제의 그것과 마찬가
지로 고구려를 상대하기 위해 북위와의 군사적 연계를 도모하려는 것이었
다. 이 점에서 물길이 북위와의 연결을 꾀하게 된 배경이 궁금하다.

고구려의 북쪽에 있다는 언급에서 알 수 있듯이 물길은 고구려와 접하고
있었다. 지리적으로 보아 물길은 고구려의 영향을 받지 않을 수가 없는
위치에 있었던 것이다. 그러므로 물길로서는 이를 거부함으로써 스스로의
독립성을 유지하고자 하였을 것이 분명하다. 물길이 고구려에 적대하였던
것은 이와 관련이 있었다고 보인다. 나아가 위의 기록에서 드러나고 있듯이
고구려에 복속되지 않기 위해 아예 그 세력을 타도할 생각을 가지게 되었다
고 믿어진다. 백제 역시 이러한 점에서 물길과 동일한 입장에 놓여 있었다고
생각된다.

그러나 물길과 백제가 이러한 목표를 이룬다는 것은 쉬운 일이 아니었다.
백제나 물길이라는 한 국가의 힘만으로는 고구려를 상대하기에 벅찼던 것
이다. 백제가 고구려의 남하를 막아내느라 국력을 소진하고 곤궁해져 있었
던 사실은 이를 말해준다. 이에 백제나 물길이 고구려의 영향력 아래에서
완전히 벗어나기 위해서는, 각 방면의 적대세력들과 힘을 합하여 공동으로
고구려에 맞서는데 그치지 않고[25], 고구려와 상대할 수 있을 만한 역량을
가진 강국을 후원세력으로 끌어들여야만 하였다.

이런 점에서 북위의 동향은 고구려 주변 국가들에게 주의를 요하는 것이
었다. 북위가 고구려를 압도할 만한 국력을 보유하고 있으며, 遼西를 사이에
두고 대치하고 있다는 점에서 그러하다. 그렇지만 고구려를 상대로 한 북위
의 구체적인 행동이 없었다는 점에서 북위의 입장은 알 수 없는 것이었고,

---

25) 사실 여부에 상관없이 勿吉이 百濟와의 공동 전선을 언급하였던 점에서 그러하다.
　　실제로 百濟와 新羅, 百濟와 倭의 연결은 이러한 경향을 보여주는 것이었다.

백제와 물길이 북위와 제휴한다는 것도 무망한 일이었다. 북위의 사절이 고구려의 배후로 파견되기 전까지는, 고구려와 주변 국가들 사이의 관계에 대해 북위가 '간섭'하고자 한다는 사실을 인식시켜 줄만한 직접적인 계기가 없었던 것이다.

그러던 북위가 간섭의 입장을 가지고 있다는 사실은 점점 확실해졌다. 그리고 이 사실이 주변 국가들에게 얼마나 커다란 영향을 주었는지에 대해서는 백제와 물길의 갑작스러운 대북위 외교로써 분명하다. 특히 물길의 사례가 주의를 끈다. 물길 사자의 말을 참고하면, 물길은 고구려 북변을 어지럽히고 있던 세력이지만, 피해를 입힐 수 있는 범위는 고작 10落에 불과하였다.26) 이로 미루어 물길의 등장 자체는 고구려에게 지엽적인 문제로 간주될 만하였다. 그렇지만 물길이 북위에 편승하여 고구려에 적대하려 했다는 점에서 문제의 심각성이 있었다. 힘의 열세가 분명한 세력조차 북위를 배경으로 고구려에 대항하기 시작하였던 것이다.

이른바 東夷世界에 있어서 고구려는, 마치 동아시아세계에서의 북위가 국제질서를 일방적으로 주도하지 못하고 있던 것과 별반 사정이 다르지 않았다. 고구려의 일방적 우위가 굳어져 갈수록 그 세력 아래 놓이게 된 주변세력들의 반발도 커져갔다. 장수왕 50년 무렵부터 新羅가 백제와의 연결을 꾀하기 시작한 것은 그 대표적 예라고 할 수 있다. 남쪽 방면에서 그 동안 적대해 왔던 백제에 더하여 新羅마저 등을 돌리려 하고 있었던 것이다.27) 이것은 이 무렵 고구려의 일방적 우위가 주변과 예하의 세력들로

---

26) 이제까지의 연구에서는 물길이 북위에 사절을 보내기 시작한 것을 중시하여 왔다. 이러한 이해는 최근의 연구에서도 보인다(李在成, 「4-5世紀 高句麗와 契丹」『高句麗 硏究 14-高句麗의 國際關係-』, 2002, pp.36~38). 물길이 북위의 지원을 받아 고구려 의 북방을 위협하게 된다는 것은 고구려의 국가 운명에도 영향을 줄 수 있는 중대한 문제였다고 파악하였던 것이다.

부터 도전받고 있었음을 상징적으로 보여준다. 그러나 정작 고구려가 상황을 심각하다고 판단했던 것은 이들이 보인 적대적 움직임 그 자체였다고 보기는 힘들다.

그러면 고구려로 하여금 대북위 외교를 재개토록 하고, 적극적으로 교섭에 나서도록 하였던 위기감은 어디에서 비롯되었을까. 신라가 남쪽 방면의 적대세력 백제와 보조를 맞추려 한다는 것이나 북쪽에서도 물길이 등장하여 북변을 소란케 한다는 것은 고구려가 군사적으로 대응해야 할 상대가 늘고 있었음을 의미한다. 그러나 문제는 일부 방면에 한하고 있던 도전의 움직임이 북위의 간섭에 따라 전 방면에 걸친 것으로 확산될 수도 있다는 점에 있었다고 보인다. 북위가 간섭할 것이라는 예상은 고구려 주변세력들에게 고구려를 상대로 한 도전에 나설 수 있는 촉매가 될 수 있었기 때문이었다. 물길이 고구려와 적대하고 있음을 강조하면서 북위의 지원을 바란다고 애써 알린 것도 이러한 사정 속에서 이루어졌다고 하겠다. 나아가 백제와 같은 적대국가와 북위 사이에 군사협력과 같은 동맹관계라도 맺어진다면 고구려는 어려운 처지에 놓일 수밖에 없었다. 따라서 고구려가 예상되는 위기[28]로부터 벗어나기 위해서는 각 방면에 대한 군사행동만으로 충분하

---

27) 신라의 탈고구려 움직임에 대해서는 井上直樹의 글에 자세하다(井上直樹, 앞의 글, pp.183~193).

28) B) 사료에 따르면 북위가 사절을 荒外 지역으로 보낸 것은 庚辰年(440; 장수왕 28) 이후였다고 한다. 이때의 사절 파견은 성과를 거두지 못하였고, 송과의 대결에 주력해야 하였던 북위로서는 중립적 입장을 내세우고 있던 고구려를 자극할 적대행동을 삼가야 하였다. 그러나 이러한 북위의 시도로 고구려는 불안감을 갖게 되었다고 보인다. 그러다가 장수왕 50년 무렵에 이르면 동아시아세계의 정세는 점차 북위에 유리해지고 있었다. 이에 북위의 관심이 동쪽 방면으로 돌려질 수 있는 가능성은 높아져 갔다. 더욱이 북위의 전략은 실제적인 군사행동을 않고서도 고구려를 위기로 몰아넣을 수 있는 것이었다. 따라서 고구려로서는 북위의 간섭 전략이 실제의 행동으로 구체화되기 전에 이를 저지할 필요가 있었다.

지 않다는 데 장수왕의 고민이 있었다. 북위의 간섭을 차단하고 또 다른 도전세력의 등장을 막기 위해서라도 고구려는 대북위 관계를 개선해 두어야만 하였던 것이다.

고구려는 이러한 이유 때문에 북위와의 관계 개선에 적극적으로 나섰던 것으로 여겨진다. 장수왕이 해를 거르지 않고 조공한 것은 물론이고 한 해에 몇 차례의 사절을 보낸 것도 이러한 사정에 따른 것이었다. 그러나 북위의 지원을 기대한 적대세력들이 실제로 나타나기 시작하면서 고구려의 대북위 교섭은 타결점을 찾기가 쉽지 않았다. 장수왕이, 북위의 책략을 염두에 두면서도, 왕녀를 납비하고자 했던 것도 북위와 주변 세력들의 관계를 고려한 결정이었다고 할 수 있겠다. 이제 고구려 주변의 적대세력을 둘러싸고 고구려와 북위의 관계가 어떻게 전개되었고, 그 결과는 어떠한 것이었는가에 대해 살펴보아야 하겠다.

4. 對北魏關係의 定立과 高句麗의 '專制海外'

앞에서는 高句麗가 對北魏外交를 재개한 점에 주목하여 北魏와 周邊 국가들의 관계를 살펴보았다. 이에 고구려가 북위와의 관계 개선에 나선 것은 북위와 주변 국가들의 연결 가능성에 따른 것이었음을 알게 되었다. 북위의 간섭은 일부 방면에 한하고 있던 도전의 움직임을 전 방면에 걸친 현상으로 확산시킬 것이었다. 나아가 적대세력과 북위 사이에 군사적 동맹관계가 결성될 여지도 있었다. 이처럼 당시 고구려가 직면한 현안들의 배후에는 예외없이 북위가 자리잡고 있었다. 이에 고구려는 북위와의 관계 개선을 통해 사태를 해결하려 하였다. 따라서 여기에서는 고구려의 대북위 외교에 대해 북위가 보인 입장을 알아보고, 이후의 양국 관계가 어떻게 전개되었는가를 살펴보고자 한다. 이와 관련하여 우리는 북위측의 아래와 같은 주장에 귀를 기울여 볼 필요가 있다.

D) 顯祖以其僻遠 冒險朝獻 禮遇優厚 遣使者邵安與其使俱還. a) 詔曰 …… 前所遣使 浮海以撫荒外之國 從來積年 往而不返 存亡達否 未能審悉. 卿所送鞍 比較舊乘 非中國之物. 不可以疑似之事 以生必然之過.…… b) 又詔曰 知高麗阻强 侵軼卿土 修先君之舊怨 棄息民之大德 兵交累載 難結荒邊. …… 但以高麗稱藩先朝 供職日久 於彼雖有自昔之釁 於國未有犯令之愆. 卿使命始通 便求致伐 尋討事會 理亦未周. c) 故往年遣禮等至平壤 欲驗其由狀. 然高麗奏請頻煩 辭理俱詣 行人不能抑其請 司法無以成其責 故聽其所啓 詔禮等還. d) 若今復違旨 則過咎益露 後雖自陳 無所逃罪 然後興師討之 於義爲得. …… 今若不從詔旨 則卿之來謀 載協朕意 元戎啓行 將不云遠. 便可豫率同興 具以待事 時遣報使 速究彼情. 師擧之日 卿爲鄕導之首 大捷之後 又受元功之賞 不亦善乎. …… e) 又詔璉護送安等. 安等至高句麗 璉稱昔與餘慶有讐 不令東過 安等於是皆還. 乃下詔切責之 (『魏書』卷100, pp.2218~2219)

위의 D) 사료는 앞서 살펴본 延興 2年(472) 百濟의 請兵外交(사료 B)에 이어지는 기록이다. 군사적 제휴를 요청한 백제에 대해, 북위가 보인 입장은 대략 다음과 같았다. 먼저 D-b)의 기록을 보면, 고구려를 함께 치자는 백제의 제안에 대해서, 북위는 고구려에게 정벌을 가할 죄상이 없다는 이유로 거부하였다. 그리하여 북위에게 고구려와 군사적으로 대결할 생각까지는 없다는 것이 드러났다.[29]

　그렇지만 북위가 백제와의 연결마저 거부한 것은 아니었다. 도리어 북위는 양국의 관계가 긴밀해지기를 원하였다. D-a)에서 이러한 북위의 기대를 엿볼 수 있다. 북위는 백제 사절에 대해 각별한 예우를 베풀었다. 아울러 북위는 백제사절에게 북위의 강성함을 과시하였다.[30] 또한 '고구려가 북위의 뜻을 따르지 않을 경우'란 단서를 달고 있지만, 북위는 앞으로 백제의 제안에 따를 수도 있다고 말하였다. 북위는 앞으로의 정세를 보아가며 고구려에 대한 대응을 함께 하자는 뜻을 보였던 것이다. D-d)의 기록은 이러한 사정을 전해준다. 뿐만 아니라 북위는 使者 邵安을 백제에 보내 이 같은 입장을 직접 백제왕에게 전하고자 하였다. 이로써 북위가 백제와의 연결은 물론이고, 양국관계를 보다 긴밀하게 맺어두려 했음이 분명해졌다. 북위는 백제와 군사적으로 제휴하지는 않았지만, 그렇다고 하여 백제가 고구려에 대한 도전을 단념하기를 바란 것은 아니었다. 도리어 제휴의 가능성을 보임으로써 백제의 도전을 부추겼던 것이다.

　한편 D-c)에 따르면, 북위는 백제의 表文 내용을 조사한다는 명목으로 사절을 고구려에 보내기도 하였다. 이것은 북위가 대고구려 관계와 관련하여 백제를 전략적으로 이용하였음을 보여준다. 북위는 군사동맹을 바란 백제의 요청은 거부하면서도, 백제의 사절이 북위에 다녀간다는 것을, 북위도 백제와 고구려의 관계에 대해 관심이 있다는 사실을 고구려에 의도적으로 보였던 것이다. 이러한 사실은 북위가 백제와의 연결 가능성을 내세워

---

29) 이로써 북위와 군사동맹을 맺으려던 백제의 전략은 수포로 돌아갔다. 결과적으로 실패하였지만 그렇다고 하여 백제의 전략이 절박한 상황에 쫓겨 취해진 것만은 아님도 여기에서 알 수 있다. 고구려 주변의 세력과 연결을 꾀하려는 북위의 전략이 실제로 있었다는 점에서 백제의 시도에는 나름의 충분한 이유가 있었다.

30) "(獻文帝 詔曰) …… 朕承萬世之業 君臨四海 統御羣生. 今宇內淸一 八表歸義 襁負而至者不可稱 數 風俗之和 士馬之盛 皆餘禮(백제사절)等親所聞見" 『魏書』卷100, p.2218.

고구려를 압박하려 했음을 확인시켜 준다. 앞서 B)의 기록에서 보았던 북위의 전략이 실제로 전개되고 있었던 것이다.

또한 북위는 백제 사절로 하여금 海路가 아니라 고구려를 경유하여 귀국하도록 하였다. 또한 북위는 고구려에게 이들의 안전한 호송을 요구해 왔다. 고구려의 거부로 백제사절의 고구려 경내 통과는 실행에 옮겨지지 못하였지만, 이 일로써 북위는 고구려와 주변국가 간의 관계에 간섭하겠다는 입장을 드러내었다. 이 보다 더 구체적으로 북위의 간섭 의지가 고구려 주변국가들에게 알려질 만한 행동은 없었다. 이러한 북위의 전략은 고구려의 일부 국경만이 아니라 세력권 전체의 안정을 위협하는 것이기도 하였다.

나아가 D-c)와 d)에서 헌문제는 고구려와 주변국의 분쟁을 해결해 주어야 하는 책임이 북위에게 있음을 강조하였다. 북위가 당시 동아시아세계의 국제질서에서 고구려를 어떻게 생각하고 있었는가를 알려주는 대목이다. 북위는 東夷세계에 있어서의 고구려의 우위를 인정하지 않으려 하였다.[31]

---

31) 그 동안의 이해에서는 고구려의 국제적 지위에 대해 동북아 지역 즉 遼海以東 지역의 霸者로 인식하고 있었고, 고구려 국왕의 책봉호 가운데에 보이는 "東夷中郞將"과 "東夷校尉"의 관이 그러한 북위측의 인식과 공인을 뜻하는 것(노태돈, 앞의 책, pp.349~350)으로 보아왔다. 張國慶과 三崎良章의 이해도 여기에서 크게 벗어나지 않고 있다.

　　그러나 백제왕에게 보낸 북위 황제의 조서는 고구려를 '霸者'로서 인정하지 않고 있었다. 이 점에서 위 기록의 시기인 장수왕 60년대는 물론이고 장수왕 23년 이래 북위가 고구려의 국제적 지위를 인정하였다는 이해에는 따를 수 없다. 도리어 고구려는 장수왕 60년대 무렵까지 이른바 '동이세계'에서의 독점적 지위를 인정받지 못하고 있었다고 보아야 할 것이다. 장수왕 23년 '東夷中郞將'과 '都督遼海諸軍事'의 책봉이 있었지만, 바로 이듬해 양국은 '北燕'을 둘러싸고 첨예한 대립을 보였고, 이후 오랫동안 긴장상태의 대치관계를 이어왔다. 이처럼 고구려를 적대국가로 간주하고 있던 마당에 북위가 고구려의 국제적 지위를 보장하고 있었다고는 믿기 어렵기 때문이다. 또한 이 기간동안 북위는 동방 경영의 거점인 營州 和龍城에 東夷校尉府를 두고 있었다. 이 점에서 고구려의 책봉호와 관련하여서도 동이중랑장과 동이 고구려도 북위의 뜻에 순종해야 하며 북위의 영향력이 미치는 세력권에 포함됨을 분명히 하고 있었던 것이다.

고구려가 대북위 외교를 전개하였지만, 그것이 북위의 입장을 변화시키는 데까지 이르지는 못하였다. 도리어 북위는 간섭 전략을 내세워 고구려에 압력을 행사하려 하였다. 또한 적대세력과의 연결을 유지하여 그들의 고구려에 대한 도전을 부추기고 있었다. 고구려가 바라던 양국 관계의 전환을 위해서는 다른 방도의 모색이 필요하다는 사실은 점차 분명해졌다. 이 점을 염두에 두면 다음의 기록에 관심이 간다.

> E-1) (庫莫奚) …… 及開遼海 置戍和龍 諸夷震懼 各獻方物. 高宗·顯祖世 庫莫奚歲致 名馬文皮. 高祖初 遣使朝貢. 太和四年 輒入塞內 辭以畏地豆于鈔掠 詔書切責之 (『魏書』卷100, pp.2222~2223)
>
> -2) (契丹) …… 太和三年 高句麗竊與蠕蠕謀 欲取地豆于以分之. 契丹懼其侵軼 其莫弗賀勿于率其部落車三千乘 衆萬餘口 驅徙雜畜 求入內附 止於白狼水東 自此歲常朝貢. 後告饑 高祖矜之 聽其入關市糴 (『魏書』卷100, pp.2223~2224)

위의 기록들은 북위 太和 3年(479; 장수왕 67) 무렵 북위의 동북변 일대에서 일대 혼란이 일어났음을 전하여 준다. 시라무렌(西剌木倫) 유역과 大興安嶺 산맥 일대에 자리잡은 庫莫奚, 그리고 契丹은 고구려와 북위의 접경 일대의 대표적 세력이었다. 뿐만 아니라 북위가 북연을 차지하자 뒤따라 북위의 영향력아래 들어갔던 세력들이기도 하였다.[32] 이들 세력들은 이후

교위를 같은 계열의 관으로 볼 수 없다고 생각한다. 이에 대해서는 다른 기회에 상술하고자 한다.

로도 북위에 조공함으로써 북위 우위의 세력관계를 인정하는 모습을 보였다. E-1)에서 庫莫奚가 文成帝·獻文帝代를 거쳐 孝文帝 초까지 북위에 대해 조공하였다는 기록에서 이를 엿볼 수 있다.

그러던 고막해가 지금의 시라무렌 북방에 있던 地豆于의 침략을 피하여 북위의 경내로 들어가려 하였고, 거란 역시 1만여의 무리가 지두우를 피해 북위 방면으로 밀려들어가 북위의 변경을 어지럽게 하였다. 북위가 이러한 변경의 혼란에 대해 어떠한 조치를 취하였는가에 대해서는 자세한 기록이 남아 있지 않다. 고막해에 대해 엄중히 문책하였다는 점에서 북위는 이러한 사태를 우려했다고 보아도 좋을 것이다. 북위가 수레와 잡축들을 몰고 밀려든 거란의 1만여 무리를 白狼水(현재의 大凌河)의 동쪽에 멈추게 했다는 E-2)의 기록도 같은 맥락으로 이해된다.

그런데 이들이 갑작스럽게 근거지를 떠나게 된 것은 예외없이 고구려에 의한 것이었다.33) 고구려가 柔然과 모의하여 지두우를 분할하려 한 것은

---

32) 거란이 북위에 처음 조공사절을 보낸 것은 북위가 북연을 정복한 이듬해(太延 3: 437 장수왕 25)의 일이었다(『魏書』卷4上, p.87). 거란의 대북위 조공은 북위의 호동이교위가 감호할 대상이 생겨났음을 뜻하였다. 즉 조공을 통해 거란이 북위 우위의 세력관계를 인정했다는 점에서 새로운 국제질서가 마련되었음을 알 수 있을 뿐만 아니라, 이러한 국제질서가 운영되기 위해서는 동이교위의 역할을 필요로 하였다는 것이다. 이에 대해 다른 글에서 자세하게 언급해 두었다(李成制b, 앞의 글).

33) 이와 관련하여 고구려와 유연의 지두우 분할 모의는 실제의 군사행동으로 이어졌다(李在成, 앞의 글, pp.37~39)고 보는 견해가 있다. 당시 고구려는 북위와 물길의 연결 통로인 시라무렌 유역에서 군사작전을 전개하였고, 일시적으로 이 지역을 점령하였다는 것이다. 이에 따르면 고구려가 유연과 함께 지두우의 분할을 모의한 것은 물길의 對北魏連結路 차단에 있었다. 그리고 이 일을 계기로 고구려와 북위의 관계는 파국에 이르렀고, 고구려와 남제의 관계가 긴밀해 졌다고 한다. 이와 함께 고구려와 북위 사이의 관계 악화를 보여주는 사례로써 장수왕 68년(480)의 '越境外交'를 예로 들고 있다.

그러나 '월경외교'에 대해 북위는 문책의 조서를 보내는데 그쳤다. 고구려 사절도

주변 세력들에게 근거지를 버려야만 할 정도로 심각한 위협이 되었던 것이다. 그러면 유연과 연결을 꾀하고 고막해와 거란을 집단적으로 탈주케 한 고구려의 의도는 무엇이었을까. 지두우 분할이 모의 수준에 머물렀다는 점과 추가의 군사행동이 이어지지 않았다는 점에서 고구려가 취한 일련의 조치들은 무력시위에 가까운 행동이었다고 보인다. 그리고 고구려에 의해 유발된 혼란의 피해는 고스란히 북위로 전가되었다.

이 일로 북위가 동방 일대에서 구축해온 안정은 크게 훼손되었고, 자연히 이 일대에 대한 북위의 영향력도 실추되었다.[34] 이 점에서 이 사건은 북위를 중심으로 전개되던 그 동안의 세력관계가 얼마나 허술한 것이었는가를 드러내었다. 즉 고구려가 묵인하지 않고서는 이 일대의 안정은 사실상 유지될 수 없었던 것이었다. 양국의 관계가 두절된 기간동안에는 고구려가 북위와 송·유연의 대결에서 중립적 입장을 유지하였기에, 그리고 양국의 관계가 재개된 뒤로는 고구려가 북위와의 우호적 관계를 바라고 있었기 때문에, 북위의 동방경영은 별다른 노력을 기울이지 않고서도 이루어질 수 있었다. 고구려는 지두우 분할 시도를 통해 이러한 사실을 북위에게 드러내 보였던 것이다. 나아가 고구려는 謀議를 통해 유연과의 연결 가능성을 보임으로써 고구려의 향배에 따라 언제라도 북위의 북방과 동방이 위협받을 수 있다는 현실을 북위인들에게 인식시켰다.[35] 뿐만 아니라 이 사건은 이

_____

억류하지 않고 돌려보내었다. 이 점에서 양국 간의 관계가 악화되었다고 보기는 힘들다. 또한 지리적으로 보아 고구려에 의해 물길과 북위의 연결로가 차단되었을 가능성도 있지만, 더 중요한 것은 이로써 북위 동방의 국제질서가 뒤흔들렸다는 점에 있다고 본다.

34) 노태돈은 이 사건으로 북위의 영향력과 위신이 실추되었다(앞의 책, p.314)고 하였다.

35) 북위의 燕州刺史 穆羆는 494년 천도하려는 孝文帝에게 반대 의견을 올리면서 그 이유의 하나로 고구려 문제를 언급하였다("燕州刺史 穆羆進曰 移都事大 如臣愚見 謂爲未可. …… 北有獫狁之寇 南有荊揚未賓 西有吐谷渾之阻 東有高句麗之難. 四方

일대의 세력들에게 고구려의 위세를 과시하고 경고하는 것이기도 하였다.

한편 이보다 앞서 고구려는 장수왕 63년(475) 백제를 공격하여 커다란 타격을 준 바 있었다. 고구려군의 漢城 공략은 고구려의 남방 진출이 그 정점에 이르렀음을 보여주는 사건이기도 하였지만 한편으로는 북위와도 관련이 있었다. 고구려는 백제 한성의 함락을 통해 북위의 간섭 전략을 원천적으로 봉쇄하였던 것이다. 이로써 백제와의 관계를 앞세워 고구려를 압박하려던 북위의 의도는 이루어질 수 없었다. 북위의 전략은 백제의 패배로 그 근거를 상실하게 되었다.[36] 이 점에서 고구려가 한성 공략에 뒤이어 지두우의 분할을 모의하였다는 사실은 북위의 전략을 차단하는데 그치지 않고 공세로 나아갔음을 보여준다. 이런 점에서 볼 때, 고구려는 이제까지의 수세적 입장으로는 북위와의 우호적 관계는 물론이고 고구려 세력권의 안전을 확보하는 것조차도 어렵다고 판단하였다고 믿어진다.

그렇기는 하지만, 고구려의 강경한 조치가 곧 북위와의 전면적 대립을 도모한 것이었다고 볼 수는 없다. 고구려는 북위를 직접 겨냥하지 않고 지두우 분할이라는 간접적인 방법으로 북위와의 대립을 최소화하였던 것이다. 이 점에서 고구려의 강경한 행동은 어디까지나 북위를, 타협의 장으로 이끌어내기 위한, 압력의 수준을 넘어서는 것이 아니었다. 이제 고구려의 의도와 관련하여 이후의 양국 관계는 어떤 내용으로 이루어졌는가를 알아

未平 九區未定. ……" (『魏書』卷14, p.359). 燕州가 營州 · 安州와 더불어 북위의 동방에 설치된 주였다는 점에서, 현지에서는 고구려의 위력을 실감하고 그 위험성을 인식하고 있었던 것이다.

36) "(고구려는) 북위에도 사자를 보내었으나, 강성하여 통제를 받지 않았다"("東夷高麗國, 西與魏虜接界. …… (太祖 建元) 三年 遣使貢獻 乘舶汎海 使驛常通 亦使魏虜 然彊盛不受制" 『南齊書』卷58, p.1009)라는 평가는 고구려를 통제하려던 북위의 시도가 있었고, 그것이 여의치 못하였던 사실이 있고서야 나올 수 있다고 본다. 고구려가 북위의 간섭 전략을 무위로 돌렸던 사실들은 그러한 평가의 근거가 되었을 것이다.

볼 차례이다.

고구려는 군사행동과 짝하여 그 동안 전개하였던 대북위 외교도 중단하였다.[37] 예상되는 북위의 반발에도 불구하고 고구려는 강경한 입장을 견지하였던 것이다. 이 와중에 고구려가 신생의 南齊에 보낸 사절이 중도에서 북위측에 사로잡힌 일이 일어났다. 이때 북위는 "국경을 넘나들며 纂賊과 교통하니, 이것이 어찌 藩臣으로서 志節을 지키는 의리라 하겠는가"[38]하고 고구려의 월경외교를 비난하였다. 사안의 중요성으로 보나 바로 전해의 일로 보아 양국 관계가 악화될 가능성은 충분하였다. 그러나 북위는 사건을 확대하지 않으려 하였다. 북위는 고구려를 적대세력으로 돌리려 하지 않았던 것이다. 고구려 사절의 放還은 이를 말하여 준다. 비로소 북위도 양국의 우호적 관계에 대해 관심을 두기 시작하였던 것이다. 북위가 고구려를 도모해 볼만한 상대로 여전히 여기고 있었다면 고구려 사신에 대한 처우가 이러하지는 않았을 것이라는 점에서 그러하다.

북위측의 인식 변화는 북위 太和 13년(489; 장수왕 77) 북위가 고구려 사신을 남제의 사자와 나란히 앉게 한 일[39]에서 한층 뚜렷하게 드러난다. 이때 남제 사절은 '南齊의 臣屬國'에 불과한 고구려와 어찌 동렬에 서게 하는가 라고 항의하였지만, 북위는 이에 아랑곳하지 않았다.[40] 북위는 외교

---

37) 고구려 사절이 다시 북위에 나아가기 시작한 것은 장수왕 72년(484) 10월의 일이었다 (『三國史記』卷18, 高句麗本紀 6, 長壽王 72年條).

38) "時光州于海中得(長壽王 高)璉所遺詣簫道成使余奴等送厥, 高祖詔責璉曰, …… 以卿越境外交 遠通纂賊 豈是藩臣守節之義. 今不以一過掩卿舊款 卽送還藩 其感怒思愆 祗承明憲 輯寧所部 動靜以聞"『魏書』卷100, p.2216.

39) "永明七年(487) 平南參軍顏幼明 冗從僕射劉思斅使虜. 虜元會 與高麗使相次"『南齊書』卷58, p.1009.

40) "(顏)幼明謂僞主客郞裵叔令曰 我等銜命上華 來造卿國. 所爲抗敵 在乎一魏. 自餘外夷 理不得望我鑣塵. 況東夷小貊 臣屬朝廷 今日乃敢與我蹕踵. …… 幼明又謂虜主曰

의전에서 고구려를 각별히 대우하였던 것이다. 고구려의 대북위 외교를 여전히 대수롭지 않은 것으로 여기고 있었다면 북위측의 대접도 한층 격이 낮았을 것임에 틀림없다. 북위의 고구려에 대한 인식은 달라지고 있었던 것이다.

이와 짝하여 고구려의 대북위 외교도 고구려의 국제적 위상에 걸맞는 대우를 받기에 이르렀다고 여겨진다. 북위는 고구려 사신이 머물 官邸를 두면서 제일 큰 남제의 것에 버금가도록 하였던 것이다[41]. 이로써 북위도 양국이 우호할 필요가 있다는 점에 이해를 함께 하기 시작하였음을 짐작할 수 있다.

고구려의 강경한 행동들은 북위로 하여금 간섭 전략이 결과적으로 북위를 위협할 것이며 고구려가 도모해 볼만한 상대가 아니라는 사실을 깨닫게 하였다. 이로부터 양국의 관계는 급속도로 개선되어 나갔다. 그렇지만 북위는 고구려가 북위와 더불어 遼西를 兩分하고 그 이동의 세계에 대해 독점적 지위를 확보하고 있다는 현실까지 인정한 것은 아니었다. 북위가 고구려의 독점적 지위를 인정하기까지에는 양국 간의 관계에 대한 상이한 입장을 조정하기 위한 시간이 좀더 필요하였다. 490년대 말에 가서야 '東夷校尉'의 官이 북위의 동방 官府에서 사라졌던 것이다. 결국 문자명왕의 뒤를 이어 즉위한 安藏王은 북위로부터 '護東夷校尉'를 포함한 책봉을 받았다. 이로써 고구려의 적대세력들은 더 이상 북위의 간섭을 바랄 수 없게 되었다. 또한 북위에게는 이를 간섭한 근거도 사라졌다. '동이교위'를 포함한 冊封을 통해 遼西 以東을 고구려의 세력권으로 인정하면서 고구려가 이 지역의 질서를 주관한다는 점을 제도적으로 공인하였기 때문이었다.

二國相亞 唯齊與魏. 邊境小狄 敢躪臣蹤" 『南齊書』卷58, p.1009.

41) "虜置諸國使邸 齊使第一 高麗次之" 『南齊書』卷58, p.1009.

5. 맺음말

이상에서 高句麗가 長壽王 50年부터 北魏에 사절 파견을 재개하고 각별한 외교적 노력을 기울였음에 주목하여 양국의 관계와 고구려가 직면하였던 위협의 내용에 대해 살펴 보았다. 고구려가 대북위 외교를 재개한 까닭은 북위가 百濟·勿吉 등 고구려의 적대세력과 연계하여 고구려를 위협하던 상황에서 비롯되었다. 고구려는 북위와의 우호적 관계로써 다가올 위협을 저지하려 하였다. 이와 더불어서 향배를 관망하고 있던 주변세력들이 북위의 전략에 편승하게 될 것을 막으려는 뜻도 있었다. 그렇지만 고구려의 일방적 외교로, 북위는 대고구려 관계에 있어서 우위를 점할 수 있게 되었다. 고구려 王女의 納妃를 둘러싼 입장의 대립이라든가, 북위가 고구려와 백제 간의 문제에 간섭하겠다고 고구려를 압박하였던 것 등은 양국 관계에서 고구려가 수세에 놓여 있었음을 알려주는 사례들이었다.

이에 장수왕 63년 고구려는 百濟 수도를 함락하여 백제에게 커다란 타격을 주는 한편, 이어진 군사행동으로 북위의 東方 일대를 뒤흔들었다. 고구려는 庫莫奚와 契丹 등으로 하여금 거주지를 버리고 북위의 경내로 몰려가도록 하였던 것이다. 고구려의 군사행동으로, 북위는 대고구려 관계가 얼마나 중요한 것인가를 새삼 깨닫게 되었다. 아울러 북위의 간섭 전략이 전개될 여지도 차단되었다. 뿐만 아니라 양국 사이에서 향배를 결정치 못하고 있던 세력들에게는 고구려의 위세를 확실히 인식하게 되는 계기가 되었다. 한편 고구려는 군사행동을 전개하면서도 북위에 대한 충격을 최소화하였다. 이 점에서 고구려의 강경한 행동들은 어디까지나 북위를 타협의 장으로 이끌어내기 위한 압력의 수준을 넘어서는 것이 아니었다.

이로부터 양국의 관계는 급속도로 개선되어 나갔다. 북위가 고구려를 도모할 수 없는 상대라고 간주하게 되면서 고구려의 대북위 외교는 그 국제적 위상에 걸맞는 대우를 받기에 이르렀다. 고구려 사절을 맞이한 북위가 각별한 예우를 베풀었던 것은 인식의 변화를 드러내는 것이었다.

그렇지만 양국이 遼西를 兩分하고 있으며 고구려가 그 以東의 세계에 대해 독점적 지위를 확보하고 있다는 현실을 북위가 인정하는 데에는 시간이 좀더 필요하였다.

이 점에서 대북위 외교의 재개와 일련의 군사행동으로 대표되는 장수왕 후반기의 西方政策은 북위의 고구려에 대한 인식을 재고케 하는데 기여하였다. 나아가 요서 이동 세계에 대한 고구려의 독점적 지위가 제도적으로 보장되는 데 필요한 기반을 마련하였다는 점에서 역사적 의의가 있다.

제Ⅳ장 "北魏末 流人" 문제를 통하여 본 高句麗의 西方政策
- 國際情勢의 變化에 따른 高句麗의 對應에 주목하여 -

1. 머리말

6세기 초반까지 高句麗는 北魏와의 우호적 관계를 안정적으로 유지해 나갔다. 이를 바탕으로 고구려는 西方의 안정을 확보하여, 新羅·百濟의 도전에 대응할 수 있었다. 그만큼 고구려의 대외관계에서 對北魏 관계는 그 자체뿐만 아니라 고구려와 다른 국가들 사이의 관계에서도 주요한 변수로 작용하였다.[1] 이러한 사정은 북위의 붕괴 이후 등장한 北齊와의 관계에서도 적용되었을 것이다. 그렇지만 고구려와 北齊의 관계에서는 종전의 관계에서 볼 수 없었던 양상이 나타난다. 즉 고구려와 북제가 流人[2]의 송환을 둘러싸고 대립하였던 것이다. 고구려는 처음 유인을 돌려보내라는 북제의 요구에 따르려 하지 않다가, 북제의 압력이 가해지고 나서야 유인을 돌려보냈다. 이러한 사실은 고구려와 북제의 관계에 변화가 있었음을 말해준다. 따라서 고구려의 유인 송환문제는 고구려와 북제의 관계 변화, 나아가

---

1) 高句麗와 北魏의 관계를 이해하는데 序論의 註 2)의 연구들이 참고가 된다.

2) 流人(流移民)에 대한 연구로는 李成市, 「東アジアの諸國と人口移動」,(『アジアからみた古代日本』, 角川書店, 1992, pp.365~391)이 특히 참고가 된다. 그렇지만 필자가 다룬 北魏末의 流人에 대해서는 언급하고 있지 않다.

동북아시아세계의 정세변화를 밝히는데 중요한 주제라고 여겨진다.

이에 北齊의 流人 送還 요구가 갖는 중요성에 주목하여 北齊의 流人 送還 요구는 高句麗가 漢江流域을 상실하게 된 요인의 하나로 설명되었다.[3] 그러나 그 동안의 연구가 유인 송환의 실제와 의미를 고구려와 북제의 관계와 관련지워 체계적으로 밝혔다고는 여겨지지 않는다.

그러므로 이 글에서는 고구려와 북제의 관계와 관련하여 유인 송환 문제를 보다 구체적으로 검토하려고 한다. 이를 위해, 먼저 고구려에 거주하고 있던 유인들이 어떠한 과정으로 송환되었는지 알아보려고 한다. 그리고 나서, 고구려가 유인의 송환을 둘러싸고 북제와 대립한 까닭은 무엇이었나 하는 점을 밝혀 보려고 한다. 마지막으로 고구려가 북제의 요구를 받아들여 유인을 돌려보냈던 것은 어떤 의미를 가지는 것인지 살펴 보려고 한다. 이러한 연구는 미흡한 채로 남아있는 6세기 전반 고구려의 대외정책 및 그것의 전개과정, 나아가 고구려와 북제가 대립할 수밖에 없었던 국제관계를 이해하는데 도움이 될 것이다.

2. 北齊 文宣帝의 營州 진출과 流人 送還 요구

高句麗 安原王 4년(534) 北魏가 東魏와 西魏로 분열되었고, 다시 東魏를 이어 陽原王 6년(550)년 5월에 北齊가 등장하였다.[4] 곧이어 같은 해 6월에

---

3) 노태돈, 「高句麗의 漢江流域 喪失의 原因에 대하여」『韓國史硏究』13(1976);『고구려사 연구』(1999), pp.401~408.

4) "及齊受東魏禪之歲 遣使朝貢于齊. 齊文宣加成(陽原王-필자 주, 이하 필자 주 생략) 使持節 · 侍中 · 驃騎大將軍 · 領東夷校尉 · 遼東郡公 · 高麗王如故."『北史』卷94, 中華書局, pp.3114~3115, 이하 中華書局 생략.

高句麗는 北齊에 사신을 보내어 조공하였는데, 이때의 사신 파견은 고구려가 북제의 건국을 축하함으로써 외교 관계를 맺어두려는 것이었다고 볼 수 있다.[5] 이는 고구려가 북제 이전의 東魏에도 사신을 거의 매년 보냈던 전례에 따른 것이기도 하였다. 이렇게 함으로써 고구려는 동위와도 冊封朝貢관계를 유지할 수 있었다. 그러므로 동위에서 북제로의 왕조교체에 때맞춰 사신을 보내었다는 점에서 고구려가 종전의 관계를 북제와의 관계에서도 유지하려고 하였음을 짐작할 수 있다. 그 결과 같은 해 9월 북제의 책봉을 받아 책봉조공관계를 이룰 수 있었다. 이것은 동위에서 북제로의 왕조 변화에도 불구하고 550년대 초반까지 고구려가 북중국 왕조와의 원만한 관계를 계속 이어나가고 있었음을 말해준다. 그러나 이 같은 양국의 관계는 오래 가지 못하였다. 유인 송환을 둘러싸고 양국이 대립하게 되었던 것이다. 관련 기록부터 자세하게 검토하여 보기로 하자.

> A a) 天保三年 文宣至營州 使博陵崔柳 使于高麗 b) 求魏末流人. 勅柳
> 日若不從者 以便宜從事 c) 及至 不見許. 柳張目叱之 拳擊成(陽
> 原王)墜於牀下 成左右雀息不敢動 乃謝服 柳以五千戶反命 (『北
> 史』卷94, p.3115)

위의 기록은 내용상 크게 세 부분으로 나누어진다. 먼저 A-a의 부분은 北齊의 文宣帝가 天保 3년(552; 陽原王8) 高句麗로 使臣을 파견하였다는 내용을 전한다. 북제의 문선제가 營州에서 崔柳를 사신으로 삼아 고구려로 보내었던 것이다. 그런데 營州는 다름아닌 고구려의 서쪽 경계와 인접한 곳이었다. A-b부분은 사신 파견에 부연하여 그 목적을 설명하고 있다. 즉

---

5) 물론 여기에는 왕조 교체와 관련한 정세 파악의 목적도 있었다고 여겨진다.

북제는 사신을 보내 北魏 末 고구려로 들어온 流人들을 돌려달라고 요구하였다. 한편 A-c는 북제의 사신이 도착하여 유인을 돌려보내라는 요구를 전하자, 그에 대해 고구려가 취한 조치를 보여준다. 북제 사신 최유가 流人 5,000戶를 데리고 돌아갔다고 했음으로 보아, 고구려는 북제의 요구를 받아들였던 것이다.

그런데 A-b에 따르면 북제 문선제는 사신 최유를 고구려로 보내면서 '便宜從事'하라고 하였다. 여기에서 주목해야 하는 것은 "형편에 따라 일을 처리할 수 있다"(便宜從事)[6]는 권한이 사신에게 흔히 주어지는 것이 아니라는 점이다. 사신 최유의 편의종사권은 처리할 임무가 중요하며 처리하기 또한 쉽지않다고 평가되었기 때문에 주어졌던 것으로 보인다. 이 점은 북제의 황제가 고구려와의 접경지역까지 와서 사신을 파견할 정도로 이 문제에 각별한 관심을 보이고 있었다는 점과 북제측의 요구가 처음에는 거부되었다는 사실로써도 분명하다.

북제 사신을 통해, 고구려는 북제측이 유인의 송환을 강력히 바라고 있다는 점을 알고 있었을 것이다. 북제의 황제가 국경 인근까지 와서 사신을 파견하였고, 사신에게는 편의종사권이 주어졌다는 점에서 그러하다. 그러므로 이러한 북제측의 요구를 거부한다면 양국의 관계가 악화될 것임은 예상하기 어렵지 않은 일이었을 것이다. 더욱이 고구려는 바로 전해인 陽原王 7년(551)에 羅濟同盟軍의 공격으로 漢江 유역을 상실[7]하였을 뿐만아니라 突厥의 침입을 받고 이를 물리쳐야 했다[8]. 그러므로 북제와의 관계마저

---

6) 편의종사란 국가권력의 일부를 잠정적으로 분할받는 과정(金翰奎, 『古代東亞細亞幕府體制研究』, 一潮閣, 1997, p.13)이다. 편의종사함으로써 장군은 자율권을 보장받을 수 있었다. 편의종사의 의미와 권한을 여기에서 엿볼 수 있다.

7) 『三國史記』卷4, 眞興王 12(551)年 및 44, 居柒夫傳.

8) 『三國史記』卷9, 陽原王 7(551)年 9月. 이에 대해서는 기사 자체를 인정하는 견해와

악화된다는 것은 북방과 남방의 위협에 더하여 서쪽 방면에서까지 고구려가 위기를 맞이하게 됨을 의미하였다. 그러므로 고구려의 입장에서 볼 때 서쪽 방면인 북제와의 관계마저 악화되는 것은 피하지 않으면 안되었다. 북제측에서도 고구려의 이러한 상황에 대해 어느 정도 알고 있었다고 짐작된다.[9] 상황이 이러함에도 불구하고 고구려는 북제의 요구에 따르려 하지 않았다.

c에 따르면 고구려는 처음에는 북제측의 요구를 받아들이려 하지 않았다. 그런데 북제 사신의 비상한 행동이 있고 나서야 고구려는 입장을 바꾸어 유인을 돌려보냈다. 기록에 보이는 사신 최유의 행동은 무모해 보이기까지 하다. 편의종사의 권한이 허락된 만큼 권한에 상응하는 의무가 사신에게 주어졌다고 보아야 마땅할 것이다. 이런 점에서 고구려의 거부로 임무를 달성하기 못할 상황이 되자 최유가 돌발적인 행동을 일으켰다고 볼 수도 있겠다. 그러나 고구려의 거부 입장은 양국의 관계 악화를 의식하면서도 내려진 결정이었다. 그만큼 고구려의 입장은 강경하였다. 이러한 점을 고려하면, 최유의 행동만으로 고구려가 입장을 바꾸었다고 보기 힘들다. 그러면 북제 사신이 비상한 행동을 할 수 있었고, 고구려가 입장을 바꾸어야만 했던 계기는 무엇이었을까. 즉 고구려가 강경한 거부의 입장을 바꾸지 않으

突厥이 아니라 柔然의 일파라는 설, 그리고 551년을 전후한 시기에 돌궐이 아닌 어떤 세력의 침입이 있었다고 보는 견해 등이 있다. 이들의 견해들에 대하여서는 노태돈의 글(앞의 책, pp.401~404)을 참고하기 바란다. 이러한 諸說의 갈림은 돌궐의 존재가 의심스럽다는 데에서 생겨났다고 해도 지나친 말이 아닐 것이다. 필자는 이 기록을 인정하는 견해를 좇는다. 돌궐의 존재가 의심스럽다는 점에는 동감이지만 그것이 곧 이 사건을 달리 설명해야 하는 이유가 될 수는 없다. 침입을 격퇴하기 위해 교전까지 하였다는 점에서 고구려가 상대방을 돌궐이라고 보았던 데에는 나름의 이유가 있었던 것은 아닐까 한다.

9) 노태돈, 앞의 책, p.405.

면 안될 새로운 상황이 발생한 것은 아닐까 하는 것이다. 이러한 생각을
하게 되는 것은 유인의 송환과 관련하여 북제가 보인 행동이 사신 파견에
그친 것이 아니었기 때문이다. 다음의 기록에서 유인의 송환을 전후하여
북제가 어떤 움직임을 보이고 있었는지 엿볼 수 있다.

> B) 天保三年 春正月 丙申 帝親討庫莫奚於代郡 大破之 獲雜畜十餘萬
>   分賚將士各有差. 以奚口付山東爲民 (『北齊書』卷 4, p.55)

위의 기록은 天保 3년(552) 정월 북제의 문선제가 庫莫奚를 친정하여 크
게 승리를 거두었다는 내용이다. 먼저 이 사건이 天保 3년 정월에 있었다는
점에서 북제가 고구려로 사신을 파견하기 전의 일임을 알 수 있다. 이 고막
해 공격에서 북제는 큰 승리를 거두었다. 契丹의 서쪽에 자리잡고 있던
고막해가 격파되었다는 사실에서 북제의 세력이 동북방 일대에 미치기 시
작하였다는 것을 알 수 있다. 이러한 북제군의 움직임은 고구려에게 적지
않은 경계를 불러일으키기에 충분하였다고 여겨진다.

더욱이 북제 문선제는 수도로 회군하지 않았다. 대신 고구려와의 경계에
위치한 영주에 이르렀다.[10) 회군하지 않고 영주에 모습을 드러냈다는 것에
서 문선제가 고막해 정벌에 동원하였던 북제군을 여전히 이끌고 있었다고
보아도 좋을 것이다. 그러므로 북제 문선제가 영주에 이르렀던 것은 고구려
의 국경 일대에 비상한 위기감을 일으킬 만한 행동이었음을 알 수 있다.
이러한 북제군의 행동이 의도적인 것이었음은 짐작하기 어렵지 않다. 북제

---

10) 노태돈, 앞의 책, p.404. 북제군이 고막해 공격을 마치고 營州로 이동하였다는 사실은
   기록에서 찾아볼 수 없다. 북제의 고막해 공격이 정월에 있었다는 점에서 문선제의
   영주 행차는 그 뒤의 일임을 알 수 있을 뿐이다. 그렇지만 문선제의 동북방 관련
   활동이 이 두 기사에 불과하다는 점에서 앞과 뒤로 연결된 일련의 사건들로 본다.

사신 최유는 이 과정에서 고구려로 보내졌던 것이다. 달리말해 북제는 군대를 국경 인근에 배치함으로써 위기감을 조성하면서 고구려에 사신을 파견하였던 것이다.

한편 고구려는 고막해에 대한 북제의 공격이 시작되었을 때부터 북제군의 동향에 주의를 기울이고 있었을 것임에 틀림없다. 특히 국경 부근에 북제의 황제가 군대를 이끌고 나타났다는 것만으로도 고구려는 이들의 움직임을 의식하지 않을 수 없었다. 이와 함께 북제측의 요구를 전해 받았고, 그것에 대해 거부의 입장을 보였기에 더욱 각별한 주의를 기울이지 않을 수 없던 상황이었던 것이다. 그런데 고구려는 유인 송환에 대한 입장을 갑자기 바꾸었다. 고구려가 강경한 입장을 바꾸지 않으면 안되었던 것은 양국 관계의 악화보다 더한 위기로 나아갈 것이라는 판단에서였을 것이다. 그러한 역할을 하였던 대상에서 북제군을 돌려놓고 생각할 수 없다.

고구려와의 국경 일대에 위기상황을 조성함으로써 북제는 고구려를 위협할 수 있었다. 그럼에도 불구하고 북제의 요구는 거부되었다. 이에 대해 북제가 취할 수 있는 방법은 무엇이었을까. 아마도 그것은 기왕의 군사적 긴장을 고조시키는 방법이 아니었을까. 즉 북제의 군사행동이 더 이상 고구려의 국경 바깥에만 머물지는 않을 것이라고 믿게끔 하는 것이다. 문선제가 북제군을 내세워 그러한 움직임을 보이는 것은 그리 어렵지 않은 일이었으리라 믿어진다.

陽原王 8년(552)의 유인 송환 문제에서 고구려는 대외적인 위기상황에 직면해 있었음에도 불구하고 북제의 요구를 받아들이려 하지 않았다. 이에 북제의 문선제는 영주에 있던 군대를 내세워 고구려에게 침공 가능성을 내보였던 것이다. 요구를 들어주지 않으면 고구려를 공격할 수도 있다는 의사표시였다. 고구려의 입장에서 그것이 양국의 관계 악화에 비해 훨씬 더 위협적인 것이었음은 짐작하기 어렵지 않다. 북제와의 관계가 악화되는 것으로 그치지 않고 서쪽 방면에서까지 전쟁을 벌여야 할 처지에 놓이게 되었던 것이다. 그러므로 사신 최유가 상식적으로 납득하지 못할 행동을 할 수 있었던 것도 고구려 국경 근처에서 무력시위를 벌이고 있던 북제군의 존재를 의식했던 것으로 이해할 수 있다. 고구려 국왕이 유인의 송환을 허락하는 것만으로 그치지 않고 사죄를 청해야만 했던 까닭도 여기에 있었던 것이다.

이처럼 북제는 유인 송환을 위해 황제가 직접 나섰을 뿐만아니라 군사적 위협까지 동원하였다. 반면에 고구려는 기왕의 대외적 위기상황이 더욱 확대될 가능성이 컸음에도 불구하고 유인을 돌려 보내려 하지 않았다. 양국이 보인 행동으로 미루어 볼 때, 고구려와 북제 모두에게 유인이 매우 중요하였다는 것을 알 수 있다. 따라서 양국이 유인을 중요하게 여겼던 까닭을 살펴보기 위해 전후의 사정을 검토해보자.

3. 北魏末의 混亂과 高句麗의 流人 包攝

陽原王 8년(552) 高句麗는 流人 문제를 두고 北齊와 대립하였다. 이제 고구려와 북제의 관계에서 문제가 되었던 유인에 대해 검토해 볼 차례이다. 먼저 문제가 되었던 유인들은 어떻게 고구려에 거주하게 되었을까. 고구려가 이들 유인들과 관련을 맺게 되었던 시기는 앞서 崔柳의 기록 A)에서 보았듯이 北魏 末이었다. 그러므로 북위 말이라는 시기를 이해할 필요가 있겠다. 이들 유인이 고구려로 들어오게 되었던 것은 북위 말의 시대상황과 관련이 깊었기 때문이다.

高句麗 安藏王 5년(523) 沃野鎭의 반란을 시작으로 北魏에서는 6鎭의 亂이라고 불리는 內亂이 전개되었다.[11] 6진의 난은 북위의 주요 군사력인 鎭兵들이 일으킨 것이었다. 이 난은 525년초 무렵까지 東으로는 遼西에서 西로는 甘肅 南北部에서 陝西에 걸친 일대까지 확산되었다.[12] 그리고 반란의 평정은 530년 7월 무렵에 가서야 이루어졌다.[13] 그렇지만 6진의 반란을 토벌한 것은 북위 정부가 아니라 私兵집단을 기반으로 한 尒朱氏 등의 세력이었다. 이에 반란 토벌로 등장한 尒朱氏 세력과 北魏 조정 사이의 대결이라는 또 다른 내란이 벌어지게 되었고,[14] 그 결과 북위는 534년(高句麗 安原王 4) 東魏와 西魏로 분열되었다.[15]

장기간의 내란으로 결국 북위는 붕괴하였다. 그런데 당시 동아시아세계에서 북위가 차지한 위상은 단지 북중국의 왕조에 불과한 것이 아니었다. 북위의 혼란과 붕괴는 곧바로 柔然 · 梁 · 吐谷渾 등 북위를 둘러싸고 있던 국가들에게 영향을 미쳤던 것이다.[16] 이러한 북위의 붕괴가 그 동북방 일대에도 영향을 미쳤을 것은 당연하다. 이와 관련하여 다음의 기록에 주목

---

11) "未幾 沃野鎭民破六韓拔陵聚衆反 殺鎭將 改元眞王 諸鎭華夷之民往往響應 拔陵引 兵南侵" 『資治通鑑』卷149, pp.4674~4675.

12) 谷川道雄, 『隋唐帝國形成史論』(筑摩書房, 1971), p.181. 또한 내란의 성격에 대해서는 이 책의 「北魏末の內亂と城民」에서 자세하게 언급하고 있다.

13) 『資治通鑑』卷154, pp.4775~4776.

14) 『北史』卷48.

15) "(永熙 3(534)년) 其冬十月 高歡推淸河王亶子善見爲主 徙都鄴 是爲東魏. 魏於此始分 爲二." 『北史』卷5, p.174. 高歡은 宇文泰와 함께 東 · 西魏의 분열을 주도하였고, 그의 아들 高洋(문선제)이 북제를 세웠다.

16) 약화되고 있던 柔然이 다시 강성해졌고, 南朝의 梁은 북벌을 실행에 옮겼다가 侯景 의 亂으로 크게 약화되었다. 또한 북위의 혼란에 편승해 吐谷渾은 스스로 可汗이라 는 칭호를 사용하였다(노태돈, 앞의 책, pp.347~348).

하여 보기로 하자.

C-1) 魏營州城民劉安定·就德興 執刺史李仲遵 據城反. 城民王惡兒斬
　　安定以降 德興東走 自稱燕王. …… 魏使黃門侍郎盧同持節詣營
　　州慰勞 就德興降而復反. 詔以同爲幽州刺史兼尙書行臺 同屢爲
　　德興所敗而還. (『資治通鑑』卷150, pp.4686 ~4687)

-2) (建義 元(528)年 7月 江文遙 死亡) 長史許思祖等以文遙遺愛在民
　　復推其子果行州事. 旣攝州任 乃遣使奉表. 莊帝嘉之 除果通直
　　散騎侍郎·假節·龍驤將軍·行安州事·當州都督. 旣而賊勢轉盛
　　臺援不接 果以阻隔强寇 內徙無由 乃攜諸弟率城民東奔高麗. 天平
　　中 詔高麗送果等. 元象中 乃得還朝. (『魏書』卷71, p.1590)

-3) (韓詳) 屬群飛海 天下亂離 戎狄窺疆 孝昌失馭 高麗爲寇 被擁遼東
　　雖卉服爲夷 大相引接 欽名仰德 禮異恒品 未履平壤之郊 遞拜太
　　奢之職 非其好也 出自本心 辭之以疾 竟無屈矣 執節無變 斯之謂
　　乎. 華夏人安 宗祧更立 率領同類五百餘戶歸朝奉國. 聖節可嘉
　　爵以酬功授龍城縣令. (『韓暨墓誌』17))

　북위의 동북방 일대에서도 반란이 일어났음을 C-1)과 2)에서 살펴볼 수
있다. 北魏 正光 5년(524; 고구려 安藏王 6) 營州에서 반란이 일어났지만,
북위 조정은 이를 진압하는데 실패하였다. 그 뒤 이 반란은 營州의 서남쪽에
있던 平州까지 확산되었다.18) 또한 영주의 서쪽인 安州의 사정도 이와 다르

---

17) 『한기묘지』와 관련하여서는 朱子方·孫國平의 「隋'韓暨墓誌'跋」(『北方文物』1986
　　년 1기)과 井上直樹의 「『韓暨墓誌』를 通해서 본 高句麗의 對北魏外交의 一側面-六
　　世紀前半을 中心에-」(『朝鮮學報』178, 2001)을 참고하였다. 특히 井上直樹의 글에는
　　『한기묘지』를 직접 살펴보고 『한기묘지』 관련 다른 글들과의 대조를 거친 全文이
　　수록되어 있다. 여기에서 소개된 전문을 바탕으로 종전까지의 『한기묘지』 자료에서
　　적지 않았던 誤字와 읽어내기 곤란한 부분들을 바로잡아 검토할 수 있었다.
18) "就德興陷魏平州 殺刺史王買奴." 『資治通鑑』卷151, p.4717.

지 않았다. 520년대 말(莊帝; 528~530)에 이르면 安州府城이 반란군에 둘러싸여 고립되어 있던 형편이었던 것이다. 이들 기록이 전하는 내용에서 볼 때, 북위는 524년 무렵부터 이미 그 동북방 일대에 대한 통치력을 상실하였다고 볼 수 있다.

그러면 북위의 내란이라는 정세 변동에 대해 고구려는 어떠한 태도를 보였을까. 이와 관련하여 주목해야 할 것이 C-3) 韓詳의 기록이다.[19] '高麗 爲寇 被擁遼東'이라는 표현에서 고구려가 영주 방면[20]으로 군사행동을 하였다는 것을 알 수 있다. 그 시기는 '孝昌(北魏 孝明帝)'에서 알 수 있듯이 525~528년 무렵이었다. 그러므로 고구려가 북위의 정세 변동에 대해 적극적으로 개입하려 했음을 엿볼 수 있다. 고구려군의 활동이 보인다는 점에서 그러하다.[21] 그리고 이러한 고구려의 군사행동이 '북위 말 유인'과 관련되

---

19) C-3)의 기록은 『韓暨墓誌』의 일부로 墓主인 韓暨의 父 韓詳과 관련된 내용이다. 이 가운데 고구려의 침공이 있었고, 그에 의해 한상이 고구려로 끌려갔다는 기록이 주목을 받아왔다(朱子方・孫國平, 앞의 글, p.40과 노태돈, 앞의 책, p.414 및 井上直樹, 앞의 글, pp.12~15). 특히 井上直樹는 晉 末과 北魏 末의 流人들은 중국의 혼란을 피해 고구려로 유입하였기에 스스로의 의지에 따른 亡命이지만, 한상의 경우는 망명이 아니라 고구려군에 의해 강제로 連行되었다는 점을 강조하고 있다. 자세한 언급은 없었지만 다른 두 글에서도 이 시기의 유인들을 '연행'과 '망명'으로 구분하여 이해하고 있다고 보인다.
　　그러나 적어도 이 시기의 유인을 이해하는데 있어서 무엇보다 중요한 것은 고구려가 이들을 적극적으로 끌어들이려 하였다는 점이다. 뒤에서 보겠지만 고구려가 유인의 유입과정에 개입한 경우는 한상의 예에만 국한된 것은 아니었다. C-2) 江果의 사례로써도 확인할 수 있는 것이다.

20) 노태돈, 앞의 책, p.414 및 p.461. 이와는 달리 한상의 역임관직이 平州와 관련되었다는 점에서 平州 일대까지 진출하였을 가능성이 높다는 견해(井上直樹, 앞의 글, pp.27~28)도 있다. 그러나 후자의 설은 平州司馬・諮議參軍의 직을 언제 맡았는지 확실치 않다는 점에서 따르지 않는다.

21) 앞의 주 20)에서도 보았듯이 지금까지의 연구에서는 고구려가 군사행동을 했다는 점에 주목하였다. 물론 고구려의 군사행동 자체에 대한 사서의 기록이 전혀 없었던

었을 것임은 짐작하기 어렵지 않다.

陽原王 8년(552) 고구려가 돌려보냈던 유인의 수는 5,000호에 이르렀다. 5,000호라는 표현에서는 많은 수의 유인들이 고구려에 거주하고 있었다는 것을 알 수 있을 뿐이다. 물론 유인의 수가 많았다는 점 때문에 고구려와 북제가 대립하였다고 볼 수도 있겠다. 그렇지만 앞 장에서 살펴본 바와 같이 고구려가 대외관계의 악화를 감수하면서까지 이들을 돌려보내려 하지 않으려 했던 것에 대한 적절한 이유는 될 수 없다. 또한 북제측에서 황제까지 나설 정도로 관심을 가졌다는 점도 설명되기에 부족하다.

그러면 '북위 말의 유인'이란 어떤 이들이었을까. C-2)의 江果가 고구려로 들어갔던 것은 建義 元年(528)의 기록으로 보아 528년 이후의 일로 보인다. 또한 C-3)의 韓詳은 520년대 중반부터 고구려에 거주하게 되었다.[22] 이들의 고구려 거주가 모두 북위 말의 내란에서 비롯되었다는 점에서 이들의 예를 중심으로 유인에 대해 자세하게 검토해 볼 수 있겠다.

먼저 C-2)의 江果는 父 江文遙를 대신하여 安州刺史와 都督의 직무를

만큼 이 사실에 대해 관심을 가져야 마땅하다. 고구려의 對北魏關係가 바뀌었음을 알려주는 사실이기 때문이다. 그렇지만 한걸음 더나아가 고구려가 군사행동을 통해 무엇을 기대하였는지에 대해서도 관심이 베풀어져야 마땅하다. 또한 '북위 말의 유인'과 고구려의 군사행동이 어떤 관련을 가지고 있었는지에 대해서도 검토되어야 한다고 본다.

22) C-3)의 기록에서는 한상의 귀환연대를 명확하게 언급하지 않고 있다. 이에 대해 朱子方・孫國平 등은 한상이 魏朝에 귀환하였다(앞의 글, p.40)고 하였다. 아마도 北魏를 염두에 둔 표현이라고 여겨진다. 이에 비해 井上直樹는 552년 북제의 유인 송환 요구로 한상 등이 귀환하였다고 보았다(앞의 글, p.12의 주 20). 그런데 이들의 연구에서는 江果가 東魏로 송환된 사실이 고려되지 않고 있다. 또한 묘지의 다른 부분에서는 '孝昌'・'開皇'과 같은 연호와 '齊'・'大隋' 등의 국명으로써 시기를 표시하고 있다. 그러므로 다소 불안한 대로나마 한상은 동위로 송환되었을 가능성 이 크다고 생각하여 둔다.

맡고 있었다. 그러다가 가족과 安州城民을 이끌고 고구려로 들어갔다. 여기에서 중요한 것은 그가 가족과 안주성민으로 구성된 집단을 이끌고 있었다는 점이다. 훗날 강과가 송환되었을 때 이들도 함께 귀국하였다고 보인다. 이 점은 "500여호를 이끌고 귀국하였다"(率領同類五百餘戶)는 C-3) 韓詳의 예로써도 분명하다. 영주의 豪族이었던[23] 한상 역시 일정한 세력집단을 거느리고 있었을 것임은 짐작하기 어렵지 않기 때문이다. 이러한 점들로 보아 한상과 강과는 본래의 세력집단을 거느리고 고구려로 들어갔으며, 이들을 이끌고 귀국하였다고 보아야 할 것이다. 이 두 사례를 통해 북위 말의 유인에는 일정한 세력집단을 이끈 이들, 즉 豪族들이 포함되어 있었음을 알 수 있다.

그러면, 이들의 출신지역은 어디였을까. 고구려와 접경한 지역이라는 점에서 營州가 먼저 떠오른다. 즉 북위의 가장 東北方에 위치한 營州人들이 혼란을 피해 고구려로 들어가는 것은 그리 어려운 일이 아니었을 것이다. 그런데 유인의 출신지역은 영주만이 아니었다. 강과와 그가 이끌었던 집단은 영주의 서쪽에 위치한 安州 출신이었던 것이다. 고구려와 지리적으로 떨어진 안주 출신도 있었다는 점에서 가까운 지역인 영주인이 고구려로 들어갈 가능성은 그만큼 많았다고 보아야 하지 않을까. 그것은 영주만이 고구려와 경계를 접한 지리적 조건을 가지고 있었다는 점에서 그러하다.[24]

---

23) 朱子方 · 孫國平은 龍城 지방의 封建世家라고 지적하였다(앞의 글, p.39). 특히 한상이 역임한 '諮議參軍'은 상급 막료에 해당한다(金翰奎, 앞의 책, pp.323~324). 또한 묘지에 따르면, 그는 文學的 能力과 고매한 人品을 소유하였다고 한다. 여기에 더하여 가문에 대한 나름의 자부심도 엿보인다. 이러한 조건들을 갖추고 있었다는 것은 당시 사회로부터 높은 명망을 얻을 수 있는 魏晉南北朝 시기의 전형적 名士(金翰奎, 앞의 책, p.294)임을 드러내는 것이라 할 수 있다. 그러므로 한상의 집안은 昌黎(郡) 龍城縣 출신의 호족으로서 적어도 영주지방에서의 영향력이 적지 않았음을 짐작할 수 있다. 귀환한 한상이 곧바로 용성현령을 맡았던 것으로써도 분명하다.

이렇게 놓고 본다면 유인들은 주로 영주를 중심으로 안주까지 포함된 북위의 동북방 일대 출신이었다는 것을 알 수 있다. 물론 고구려로 들어간 유인들 모두가 북위의 동북방 출신이었다고 볼 수는 없겠다. 마찬가지로 호족들과 그들의 세력집단만으로 유인이 구성되지도 않았을 것이다. 그렇지만 유인을 이해하는데 있어서 이들이 주로 북위의 동북방 일대 출신이었다는 점과 그 호족세력이 포함되어 있었다는 점은 매우 중요하다고 본다.

이제 이들 유인이 어떻게 고구려로 들어가게 되었는지 살펴볼 차례이다. 고구려는 곤궁한 처지25)에 놓인 江果의 집단을 받아들였다. 강과 등의 입국을 허용한 것이 단지 이들의 처지에 대한 동정에서 비롯된 것이 아님은 쉽게 짐작할 수 있다. 고구려가 강과 등을 귀환시켰던 것도 이들의 의사에 따른 것이 아니었다. 고구려는 東魏로부터 송환을 요구하는 詔書를 받고서야 이들을 돌려보냈다. 고구려는 북위 말의 혼란이 수습되어 동위가 들어섰음에도 불구하고 이들을 돌려보내지 않고 있었던 것이다. 수용보다는 확보의 측면이 보여지는 고구려의 태도이다.

고구려가 유인을 확보하려 했음은 한상의 예에서 더욱 분명하게 드러난다. "高麗爲寇 被擁遼東"이란 표현에서 한상의 고구려 이주에는 고구려군의 개입이 있었음을 엿볼 수 있기 때문이다. 의지할 곳이 사라진 영주 일대의 북위인들을 끌어들이기 위해 고구려는 적극적인 확보의 노력을 기울였

---

24) 또한 영주의 반란은 그 서남쪽인 平州로 확대되었다. 내란의 혼란에서 평주도 예외는 아니었던 셈이다. 내란을 계기로 고구려로 들어간 유인이 있었음을 강과의 예에서 확인할 수 있었다. 그러므로 평주인들의 일부도 고구려로 들어갔을 가능성이 있다고 본다.

25) C-2)의 기록에 따르면, 강과는 주변의 반란으로부터 안주를 지키고 있었다. 그러다가 사방이 반란군으로 둘러싸이게 되었지만, 북위 정부의 구원은 안주에 이르지 못하였다. 이에 안주를 버리고 북위측으로 탈출하려 하였지만 그 또한 불가능하였다.

던 것이다.[26)]

이처럼 확보한 유인들에게 고구려가 바랐던 것은 무엇일까. 이 점은 훗날 북제의 유인 요구와 직접 관련이 되는 문제일 것이다. 그런데 한상의 기록을 보면 고구려는 그에게 ‘太奢(大奢)’ 즉 大使者의 관등을 주려고 하였다. 대사자는 고구려의 관등체계에서 제6등에 해당하였다. 고구려는 한상에게 파격적인 대우를 하였던 것이다.[27)] 이러한 고구려의 한상에 대한 우대는 그를 회유하기 위해서였다. 그것은 “(그가) 끝내 굽히지 않아, 절개를 지키는데 변함이 없었다 할만하다”(竟無屈矣 執節無變 斯之謂乎)는 문구에서 그러하다. 또한 한상에 대한 대우와 관련하여 고구려의 大相이 그를 만났으며 “대하는 예가 보통과 달랐다”(禮異恒品)고 한다. 이것은 당시 고구려 조정이 한상의 회유에 각별한 관심과 노력을 기울이고 있었던 것을 의미한다.

이처럼 한상에 대한 고구려의 우대는 파격적이었으며 각별하였다. 그러므로 이 같은 조치가 일시적인 것이었고, 한상 한 사람에게 그친 것으로 보는 것이 무난하지 않을까 하는 생각도 든다. 그러나 한상에 대한 우대의 조치는 그가 입국한 무렵 - 고구려의 군사적 진출 초반기 - 에 이루어졌을 것으로 헤아려지는데, 이 무렵에 고구려에게 있어서 영주호족 한상의 존재

---

26) 어쩔 수 없는 상황때문이었다고 해도, 강과 집단이 고구려로 들어가려면 안주에서 나와 영주 관내의 지역을 거쳐야만 하였다. 더욱이 영주 지역은 이미 취덕홍의 반란으로 혼란한 상태였다. 사정이 이러함에도 이들은 안주에서 빠져나와 고구려로 들어갈 수 있었다. 또한 이들이 고구려로 들어갈 수 있을 것이라는 막연한 기대감에서 귀부를 결정하였다고는 여겨지지 않는다. 집단의 운명이 걸린 문제인 만큼 적어도 안주보다는 안전하리라는 보장 정도는 있었야만 하지 않았을까. 이런 점에서 강과 등의 탈출 과정에는 고구려군이 어떤 식으로든 개입되어 있었다고 보아야 마땅할 것이다. 그러므로 이 역시 고구려가 혼란에 빠진 북위인들을 끌어들이는 과정에서 나타난 예라고 여길 수 있다.

27) 井上直樹, 앞의 글, p.30.

는 어느 때보다도 중요했을 것이다. 그의 고구려 입국 시기는 고구려가
본격적인 유인 확보에 나선 무렵이었던 것이다. 그리고 뒤에서 보듯이 영주
의 전략적 가치는 어느 지역보다도 큰 것이었다. 고구려는 영주의 호족이라
는 점을 중시하여 한상을 대하였던 것이다. 이러한 점에서 유인과 관련하여
어느 때 누구보다도 한상에 대한 대접이 중후했을 가능성이 크다고 보아도
어김이 없지 않을까 한다.28)

　그런데 한상은 고구려에 들어와서도 그의 보유세력을 그대로 유지할 수
있었다. 이러한 고구려와 한상의 관계는 호족의 지배력이 그대로 유지되는
것이므로 고구려의 입장에서는 불리한 것이라고 생각할 수도 있을 것이다.
그러나 고구려는 한상에게 관등을 내려주었다. 관등을 줌으로써 한상을
고구려의 지배권 아래 묶어두면서 동시에 그를 통해 그 집단을 통제해 나가
려 했던 것이다. 강과 역시 안주성민을 거느렸다는 점에서 한상의 예와
별다르지 않았다고 여겨진다.

　여기에서 일단 고구려가 북위의 정세 변화에 개입하여 정책적으로 유인
을 확보하려 하였고, 확보한 유인들을 포섭하려고 했음을 알게 되었다. 이러
한 고구려의 유인정책이 당시 상황과 관련되었을 것임은 짐작하기 어렵지
않다. 또한 유인정책의 주요 대상이 영주 일대의 호족이었다는 점에서 고구
려가 이들에게 기대하는 바가 있었음을 알 수 있다. 즉 고구려의 유인정책은
영주 일대와 관련되어 추진되었다는 것이다.

　그러면 유인정책을 통해 고구려가 의도하였던 것은 무엇이었을까.29) 현

---

28) 고구려는 이 조치가 다른 세력들의 향배에 영향을 줄 것이라는 점도 고려하였다고
　　여겨진다. 강과의 고구려 귀부 결정은 이와 무관하지 않았을 것이다.

29) 물론 고구려의 의도가 시종일관한 것은 아니었을 것이다. 유인이 고구려에 거주한
　　기간은 30년에 가깝다. 이 기간동안 고구려의 정책 목표가 한결같지 않았을 것임은
　　짐작하기 어렵지 않다. 유인의 역할과 중요도도 고구려의 대외관계와 정책 변화에

재로선 고구려가 구체적으로 어떤 의도를 가지고 있었는지 알 수 없지만,
다음의 기록은 이들 유인의 활용도를 이해하는데 도움이 된다.

> D) (韓暨) 開皇四年 摠管陽洛公以東北一隅 九夷八狄 綏懷撫慰 不易其
> 人 自非雄略英謀 罕當斯冀. 遂上表特奏君與北平摠管府參軍事劉季
> 略 往契丹國獎導諸部. 未幾 勅授都督 宣揚皇化 夷狄傾心 屈膝稽顙
> 咸希朝賀. 七年 領大將軍. 契丹國大莫弗入朝 在醴川宮引客奉見 詔
> 問東夷北狄安撫之宜 招懷利害. 對答天旨 文皇歡尙 撫手咨嗟. 又除
> 帥都督 賜繪二百段. 十年 以君久在外蕃 頻有勞績 特勅追入朝 授大
> 都督 恩詔慰喻 朝野榮之. (『韓暨墓誌』)

위의 기록은 앞서 살펴보았던 『韓暨墓誌』의 내용 가운데 墓主 韓暨와
관련된 부분이다. 이에 따르면 한기는 開皇 4(隋文帝, 584)년부터 契丹을
회유하는 임무를 맡아 거란이 入朝하도록 했고, 그 뒤로도 동북방의 東夷
・北狄과 관련된 일에 종사하였다고 한다.[30] 그 임무로 보아 한기에게
외교적 수완이 필요했음은 물론이다. 그렇지만 외교적 수완이 있다고하여
누구나 맡을 수 있는 임무는 아니었다. 그것은 "東北一隅 九夷八狄"이라는
특정 지역 세력이 회유의 대상이었기 때문이었다.

그러므로 외교적 수완도 필요하지만, 더 중요한 것은 이들 세력에 대해
잘 알고 있어야만 하였다. "東夷・北狄"과의 왕래가 있던 영주 지역인이

좌우되었을 것임에 틀림없다. 여기에서는 일단 시기에 따라 고구려와 유인의 관계
도 변화하였을 것이라는 점만 밝혀둔다.

30) 隋는 동북방 일대로 진출하면서 영주 일대의 세력들을 포섭하려고 노력하였다(李成
制,「嬰陽王 9年 高句麗의 遼西 攻擊」『震檀學報』90, 2000, pp.10~15; 본서 제 Ⅴ장
「高句麗의 遼西 攻擊과 對隋戰爭의 開始」). 필자는 위의 글에서 6세기 후반을 중심
으로 고구려와 영주의 관계를 검토한 바 있다. 영주의 전략적 중요성에 대해서는
이 글을 참조하기 바란다.

여기에 합당하였을 것은 당연하다.[31] 이 지역 세력기반의 도움을 얻을 수 있던 영주 호족이라면 더할 나위가 없었을 것이다. 이러한 점들을 고려한 결과 영주 호족인 한기에게 그 임무가 맡겨졌다고 보인다.

한편 앞에서 보았듯이 영주 일대에 대한 북위의 통치력은 524년에 이르러 붕괴하였다. 그 결과 영주 인근의 이른바 "동이 · 북적" 세력들은 북위의 통제에서 벗어나게 되었다. 반면 고구려는 북위의 내란에 직접적인 영향을 받지 않았다. 영주 일대의 국제질서에서 고구려는 상대적 우위를 얻게 되었던 것이다. 고구려의 입장에서 볼 때 세력을 확대할 수 있는 기회였던 셈이다.[32]

이러한 상황으로 미루어 보아 훗날 영주로 진출한 隋가 韓暨라는 영주 호족의 역할을 필요로 한 것처럼 고구려도 그러하지 않았을까. 고구려는 영주 일대로 군대를 보내었던 것이다. 전략적으로 중요한 지역인 영주를 차지하려 했던 것이다. 그러면서 영주 일대의 호족세력들을 확보하려 하였다. 이들은 고구려가 영주를 중심으로 한 遼西지방에 거점을 마련하는데 필요하였던 것이다. 또한 隋와 韓暨의 관계에서 보았듯이 주변 세력들에게 영향력을 확대해나가는데도 도움을 줄 수 있는 세력들이었던 것이다. 고구

---

31) '東夷 · 北狄'에 대한 통제는 영주의 주요한 기능 가운데 하나였다(日野開三郎, 「粟末靺鞨の對外關係」『史淵』 41 · 42 · 43 · 44, 1949.10 · 1950.8;『東洋史學論集』第15卷, 三一書房, 1991, pp.216~217).

32) 5~6세기 고구려를 비롯한 동아시아세계는 대체로 勢力均衡의 국제관계를 이루고 있었다. 이와 관련해서는 序論의 註2)에 보인 논문들과 노태돈의 글(앞의 책, pp.309~345) 등을 참고하기 바란다. 장기간의 세력균형 시기에서 고구려와 북위는 어느 한 세력이 압도적인 지위를 점하지 못하고 있었던 것이다.
　그러나 세력균형적 국제관계는 북위의 내란을 계기로 더 이상 유지될 수 없었다. 이에 과거 서로의 세력권이 맞닿았던 지역이 세력각축의 장으로 바뀌게 되었던 것이다. 그러므로 520년대 이후 552년 무렵까지의 고구려와 북중국의 관계는 세력균형의 시각에서 바라볼 수 없다고 본다.

려는 이러한 측면에 주목하여 유인정책을 펴나갔다고 여겨진다. 즉 북위의 내란을 계기로 고구려는 요서지방에 거점을 마련하여, 세력을 확대해 나가려 했던 것이다. 이러한 의도가 이루어진다면, 적어도 요서지방을 중심으로 한 東北아시아세계의 국제질서는 고구려가 주도하게 될 것이었다.

이상에서 북위의 내란을 계기로 고구려가 서부방면인 요서지방으로 진출하여, 세력을 확대하려 하였음을 살펴 보았다. 고구려가 요서 일대의 호족 세력을 중심으로 유인들을 확보하려 했던 것은 바로 이러한 이유에서였던 것이다. 그러나 영주를 비롯한 동북방 일대의 혼란은 결국 수습되어갔다. 530년 무렵부터의 일이었다. 그러므로 영주 일대에 거점을 마련하려던 고구려의 의도가 어느 정도나 달성되었는지 의심스럽다. 나아가 고구려의 군사행동 역시 지속되지 못하였다고 보인다. 고구려군의 진출이 있은지 몇 년 뒤 고구려는 국왕이 시해되는 내분을 겪었기 때문이었다.[33]

그렇지만 영주 일대의 국제질서에서 고구려가 차지하였던 상대적 우위에는 커다란 변화가 없었다고 여겨진다. 첫째 북위와의 관계가 재개되었다는 점에서 그러하다. 532년 고구려 安原王은 북위의 책봉을 받았다.[34] 이에

---

33) "是月(531년 12월) 高麗弒其王安." (『日本書紀』卷17, 繼體紀 25年條 所引『百濟本紀』)

34) "魏帝詔策使持節 · 散騎常侍 · 領護東夷校尉 · 遼東郡開國公 · 高句麗王 賜衣冠車旗之飾."『三國史記』卷19, 安原王 二(532)年 春 3月. 그 동안의 연구에서는 북위의 안원왕 책봉에는 그에 앞서 고구려의 사신 파견이 있었다(坂元義種,「南北朝諸文獻にみえる朝鮮三國と倭國」『東アジア世界における日本古代史講座 3 倭國の形成と古文獻』, 學生社, 1981)고 보았다. 당시 고구려에서는 前王인 安臧王이 시해되고 安原王이 즉위하였기 때문에 국내의 동요를 신속히 수습할 필요가 있었다(井上直樹, 앞의 글, p.29)는 것이다.

고구려가 양국 관계의 회복을 필요로 하였을 것임은 분명하다. 그렇지만 국가 간의 관계란 어느 한쪽만의 기대와 필요만으로 성립할 수 있는 것은 아니다. 내란을 수습하고 있던 북위의 입장에서도 동북방의 안정은 절실한 것이었다. 더욱이 기록에 따르면 북위의 책봉이 고구려의 조공에 앞서 보이고 있다. 그러므로 국왕을 책봉

고구려는 安藏王 5년(523) 이후 처음으로 조공을 보내었다.35) 양국의 책봉
조공관계가 회복되었던 것이다. 그럼에도 불구하고 고구려는 유인을 송환
하지 않았다. 이들을 돌려보내라는 북위의 요구를 받은 것도 아니었다. 고구
려가 많은 수의 유인들을 확보한 상황에는 변동이 없었던 것이다. 즉 양국관
계의 회복은 520년대 이전 상태로의 복귀가 아니라 당시의 현실을 인정하는
선에서 이루어졌다는 것을 알 수 있다.36)

　둘째 유인의 고구려 귀부는 시간이 갈수록 줄어갔을 것이다. 그렇지만
일부의 송환 조치가 있었음에도 불구하고 陽原王 8년(552) 무렵 고구려에
머무르고 있던 유인의 수는 5,000호에 이르렀다. 이처럼 많은 유인들 모두가
한상·강과 등과 행동을 함께 하여 고구려로 들어왔다고는 여겨지지 않는
다. 즉 520년대 중후반기 이후에도 유인의 고구려 귀부현상은 그치지 않았
다는 것이다. 그것은 북중국 왕조가 내란 이전의 통치력을 회복하기 위해서
는 시간이 필요했기 때문이었다.

　셋째 북중국 왕조가 세력을 회복해 가면서 고구려의 상대적 우위는 점차
축소되어 갔다. 그러나 북위는 내란의 평정에도 불구하고 종전의 지배력을
회복하지 못하였다. 534년 東魏와 西魏가 북위를 양분하였고, 동위에서 영
주를 다시 설치하였던 것이다.37) 이 과정에서 강과 등이 송환38)될 수 있었

　해준다는 명분을 내세워 북위측이 먼저 관계 개선에 나섰을 가능성이 크다고 본다.

35) 『三國史記』卷19, 安原王 2年 6月.

36) 고구려의 군사행동과 유인 확보 등의 문제는 양국의 관계 회복에 별다른 지장을
　　주지 않았다고 보인다. 그것은 북위가 고구려 국왕을 책봉하였다는 점으로써도 알
　　수 있다. 더욱이 그 책봉호 가운데 '車騎大將軍'의 將軍號는 北魏史上 最高의 것이
　　었다(三崎良章, 앞의 글, p.129). 그러므로 북위측이 현실을 공식적으로 인정할 수는
　　없었다 하더라도, 적어도 묵인하는 태도를 취하였던 것으로 이해된다.

37) "營州治和龍城. 永安(528~530)末陷 天平(東魏 孝靜帝 534-537)初復". 『魏書』卷106
　　上, p.2494.

지만 그것은 전체 유인 가운데 일부에 지나지 않았다. 영주의 기능을 복구할 수는 있었지만 동위의 세력 회복 역시 여전히 제한적인 수준에 머물렀던 것이다.[39] 반면 552년(陽原王 8) 무렵까지 고구려는 5,000호의 유인을 확보하고 있었다. 이러한 점들로 보아 영주 일대에서의 고구려의 세력 우위는 비록 약화되어가고는 있었지만 陽原王 8년 무렵까지 유지되었다고 보인다.

4. 高句麗의 流人 送還과 그 意味

北魏가 내란을 겪게 되면서 營州 일대에서의 勢力均衡은 사라졌다. 이러한 정세변동에서 高句麗는 영주 일대에 군사적 진출을 할 수 있었다. 이것은 영주 일대에 있어서 고구려의 勢力圈 擴大가 추진되고 있었다는 뜻이 된다. 물론 고구려가 세력권의 확대를 장기적으로 이어갈 수는 없었다. 고구려가 영주 일대의 國際秩序를 오로지 할 수는 없었던 것이다. 그 대신 고구려는 많은 수의 流人들을 확보해 나갈 수 있었다.

한편 北中國의 상황이 점차 안정을 찾아가면서 北中國 王朝의 營州지역에 대한 통치력도 회복되기 시작하였다. 北魏가 영주 지역에 다시 세력을 미치게 되면서 고구려와의 사이에 타협이 이루어졌다. 북위를 이은 東魏도 그러하였다. 册封朝貢關係의 회복과 일부 流人의 송환은 그 결과였다. 북중국 왕조와의 관계를 재개함으로써 고구려는 영주 일대에서의 세력관계에서 相對的 優位를 유지할 수 있었다. 고구려가 확보했던 성과들은 그대로

---

38) 고구려는 538~539년 무렵(元象中 : 東魏 孝靜帝) 江果 등을 東魏로 보내었다.
39) 동위는 영주를 설치하여 과거 북위의 지방기구를 복구하였다. 그러나 곧이어 취해졌다고 믿어지는 유인 송환 조치에서 동위는 일부 유인만을 돌려 받았다.

묵인되었던 것이다. 유인들에 대한 고구려의 기득권도 유지되었다.

　그러나 北齊는 이러한 관계를 바꾸어 가고자 하였다. 552년 文宣帝가
유인 송환을 요구한 것은 그 노력의 일환이었다. 이에 5,000호의 유인이
송환되었다. 이는 종래의 타협적 관계가 바뀌어 가게 되었음을 뜻한다. 이러
한 관계의 변화를 당시 정세를 중심으로 좀더 알아볼 필요가 있다.

　북제 문선제는 庫莫奚 정벌과 더불어 營州로 진출하여 고구려를 위협하
였다. 그리고 이듬해 또다시 친정하여 契丹을 크게 격파하였다.40) 북제는
동북방 일대에 대해 군사행동을 거듭하였고, 그것도 황제의 친정에 의한
것이었다. 이런 점에서 보아 북제의 동북방 경영이라고 불릴 만하다. 그러면
북제의 동북방 경영은 어떤 의도에서 추진되었을까. 고구려와의 관계를
바꾸려 했던 이유를 여기에서 짐작하여 볼 수 있을 것이다. 이와 관련하여
다음의 기록에 주목하여 보기로 하자.

　　E) 突厥土門襲擊柔然 大破之. 柔然頭兵可汗自殺 其太子菴羅辰及阿那
　　　環從弟登注俟利 登注子庫提並帥衆奔齊 餘衆復立登注次子鐵伐爲
　　　主. 土門自號伊利可汗 (『資治通鑑』卷164, pp.5077~5078).

　위의 기록에 따르면 북제의 고막해 공격이 있을 무렵, 북방세계에서는
커다란 변화가 일어나고 있었다. 突厥이 당시까지 북방세계를 지배하고
있던 柔然을 크게 격파하였던 것이다. 유연의 可汗을 자살하게 할 정도였다.
이 사건은 552년 2월에 일어난 일이었다.41) 이제 북방세계는 돌궐이 장악하
게 되었다. 돌궐 土門이 伊利可汗으로 自立하였던 것이다. 그리고 유연의

---

40) 『資治通鑑』卷165, pp.5105~5106.

41) 『北史』卷7, p.249.

붕괴에 따른 영향은 곧바로 북제로 밀려왔다. 유연의 남은 무리들이 도망쳐 왔던 것이다. 이들 무리를 북방으로 돌려보내려던 북제의 시도는 실패하였다.[42] 이에 북제는 돌궐의 직접적인 위협에 대비하여야만 하였다. 天保 5년(554)부터 장성을 축조하기 시작하였던 것이다.[43] 북제가 방어를 위해 거듭 장성을 건설해야 할 정도로 돌궐의 위협은 심각하였다.

이처럼 북방에서의 위협이 증대되고 있는 상황에서 북제는 동북방 경영을 추진하였다. 시기나 지역적인 관련성으로 보아 북제의 북방에 대한 대책과 동북방 경영이 무관할 수가 없다. 북제의 동북방 경영은 무력을 수반한 것이었다. 그렇지만 북제의 국가 역량이 이들 세력 모두를 지배할 수 있을 정도는 아니었다고 믿어진다.[44] 대신 북제는 고막해와 거란을 격파함으로써 동북방에 그 군사력을 과시할 수 있었다. 북제의 힘을 보여줌으로써 북제는 이들 세력을 그 세력권 아래 묶어두려고 했던 것이다. 이들 세력들이 북방의 정세 변화에 쉽게 영향을 받을 수 있는 세력들이었기 때문이었다. 북제의 동북방 경영도 북방의 위협에 대비하려는 의도에서 추진되었던 것이다. 북방의 돌궐이 조만간 그 세력을 동쪽으로 진출시킬 것은 예상하기 어렵지 않은 일이었다. 이에 북제는 동북방 일대에 대한 영향력을 정비해 두어야 하였던 것이다. 북제가 552년 갑작스럽게 고구려에게 유인송환을

---

42) "齊主送柔然可汗鐵伐之父登注及兄庫堤還其國. 鐵伐尋爲契丹所殺" 『資治通鑑』卷 165, p.5097.

43) "十二月 庚申 齊主北巡 至達速嶺 行視山川險要 將起長城" 『資治通鑑』卷165, p.5122. 북변에 대한 북제의 축성은 이후로도 수차례(555 · 556 · 557년) 거듭되었다. 이들 축성은 돌궐의 東進과 그에 따른 위협을 감지한 북제가 이들의 침입에 대비한 것이었다(李在成, 『古代 東蒙古史硏究』(법인문화사, 1996, p.201의 주 56).

44) 북제는 과거 북위의 영역을 반분한 국가에 불과하였다. 이러한 국가역량의 한계 뿐만아니라 西魏와 적대하고 있던 정세 때문에서라도 북제의 동북방에 대한 군사행동은 제한적이었다고 이해된다.

요구하였던 이유도 바로 여기에 있었다고 여겨진다.

북제와의 관계에서 고구려는 유인 송환을 요구받았다. 앞에서의 검토를 통해 북제의 동북방 경영에도 이들의 역할이 필요하였을 것임을 짐작할 수 있을 것이다. 북제의 통치력이 영주 일대에서 강화될 수 있었던 것이다. 그런데 고구려가 돌려보내야 했던 유인은 일부가 아니었다. '북위 말 유인'이라는 표현에서 알 수 있듯이 전면적인 송환을 의미하였던 것이다. 5,000호에 이르는 유인들을 돌려보냄으로써 고구려는 유인을 매개로 한 정책을 더이상 추진할 수 없게 되었다. 즉 고구려는 세력권 확대 정책을 추진할 근거를 잃게 되었던 것이다. 물론 고구려의 세력권 확대가 양원왕 8년 당시 추진되고 있었다고 여길 수는 없다. 安藏王 시해(531년)와 내분45)이라는 혼란기를 거쳤을 뿐만아니라 이 무렵에 와서는 대외적 위협을 받고 있었던 것이다.

그렇지만 국내외적 한계가 있었다고 하여 고구려가 그 가능성마저 포기한 것은 아니었다. 그것은 유인의 거주지역에서 짐작할 수 있다. 앞에서 보았던 한상의 기록에 따르면, 한상 등은 遼東에 거주하였다. 遼東은 營州 즉 遼西지방에 인접하였다. 고구려가 유인에게 보였던 관심으로 보아 그 거주지 선정에도 특별한 의도가 있었다고 보아야 할 것이다. 고구려가 일부 유인들을 돌려보내기도 하였지만 5,000호에 이르는 유인을 여전히 세력권 아래 두고 있었던 점도 이 때문이었다고 보인다. 그러므로 고구려에게는 상황의 변화에 따라 유인의 역할을 기대해 볼 수 있는 여지가 남아 있었던 것이다.

---

45) "是歲 高麗大亂 被誅殺者衆" 【百濟本紀云 十二月甲午 高麗國細群與麤群 戰于宮門 伐鼓戰鬪 細群敗 不解兵三日 盡捕殺細群子孫 戊戌 狛國香岡上王薨也】『日本書紀』 卷19, 欽明紀 6(545)年

　　반면 북제의 입장에서 볼 때, 고구려가 유인을 여전히 보유하고 있는 것은 우려할 만한 상황이었다. 북제가 바랐던 동북방의 안정을 고구려가 파괴할 수 있었던 것이다. 다시 말해서 유인을 보유하고 있는 한, 고구려는 유인을 내세워 영주의 확보와 영주 일대에 대한 세력 확대를 시도할 가능성이 있었던 것이다. 그리고 이러한 가능성은 552년 무렵 커졌던 것이다. 돌궐의 팽창이 동북방에도 영향을 줄 것은 확실하였다. 고구려에게 또다시 영주로 진출할 수 있는 기회가 될 수도 있었던 것이다. 그러므로 북제는 이를 대비해야만 하였다. 북제가 유인 송환을 위해 무력시위까지 동원해야 했던 이유도 여기에 있었던 것이다.

　　한편 전면적인 유인 송환으로 고구려는 더 이상 유인의 역할을 기대할 수 없게 되었다. 유인을 돌려보냈다는 점에서 고구려의 대응은 과거에 비해 소극적이었다. 그만큼 예전에 못한 국력이었음이 드러난다. 또한 당시 고구려의 대외적 위기가 심각했기 때문이기도 하였다.

　　그렇지만 양원왕 8년 고구려의 대응을 이해하기 위해서는 다음의 두가지 측면도 고려되어야 한다고 믿는다. 먼저 북제의 위협은 단기적 위기였다[46]는 점이다. 북제의 무력시위는 실제로 고구려와 대결하겠다는 것이라기보다는 그 가능성을 보임으로써 바라는 바를 얻기 위한 행동이었다. 그러므로 위협의 정도에 비해 고구려가 내놓아야 했던 대가는 너무 컸다. 두번째는 당시 외부의 위협에 대해 고구려가 소극적인 대응으로만 일관했던 것은 아니라는 점이다. 551년 돌궐이 침입하자, 고구려가 군대를 보내 이들을

---

46) 노태돈은 북제가 554년부터 장성을 축조하여 돌궐을 방어해야 했으며, 北周와의 대결도 계속되었기 때문에 더 이상 塞外문제에 개입할 餘力이 없어 그 위험이 단기적이었다고 하였다(앞의 책, p.408). 그러나 북제의 고구려에 대한 압력을 세력확장과 관련하여 이해하는 것은 유인문제를 일관되게 설명할 수 없다.

격파한 사례는 그 대표적인 예라 할만하다. 그러므로 예전에 비해 상대적으로 약화되었다고는 하지만, 고구려도 가능한 범위 안에서의 대응은 하고 있었다고 보아야 할 것이다. 사정이 이러함에도 불구하고 고구려는 유인들을 돌려보내었다. 이러한 점들로 보아 고구려는 당장의 위기에서 벗어나는 것 뿐만아니라 다른 측면도 고려하여 유인을 돌려보냈다고 여겨진다.

552년 고막해가 공격받을 무렵부터 고구려는 북제의 움직임에 관심을 가지고 있었다. 그러므로 북제의 동북방 경영이 의도하는 바가 어디에 있는지도 알게 되었다고 보인다. 빠르게 성장하고 있던 돌궐의 존재는 고구려의 서북방도 위협하는 것이었음에 틀림없다. 고구려는 양원왕 7년(551)에 이미 그러한 충격에 맞선 적이 있었다. 이를 격파했다고는 하지만 돌궐의 세력이 곧 고구려의 서북방 일대로 밀려들어올 것을 모르지 않았을 것이다. 즉 서북방의 강력한 위협이 예상되는 상황에서 고구려는 북제와의 관계를 악화시킬 수 없었던 것이다. 양국의 관계가 악화된다면 고구려는 서북방의 강력한 위협을 홀로 감당해 내야 할 가능성이 컸던 것이다. 그러므로 서북방의 위협에 대처하기 위해서라도 북제와의 협력은 필요하였다. 특히 돌궐의 성장이 위협으로 다가왔다는 점에서 고구려나 북제나 동일한 입장에 놓여 있었던 것이다.

또한 이 무렵 고구려의 세력권 확대는 일단 중단된 상태에 놓여 있었다. 상당수의 유인을 여전히 보유하고는 있었지만, 가까운 장래에 세력권 확대를 시도할 수 있는 형편도 아니었다. 아울러 북제와의 우호적 관계는 고구려가 남방의 위협에 대처하기 위해서도 필요하였다. 이러한 점들을 고려한 결과, 고구려는 유인을 돌려보냈다고 생각된다. 이제 유인을 북제에 넘겨주는 대신, 고구려가 얻어낸 성과들을 정리해볼 차례이다. 우선 다음의 기록이 중요하다.

F) 北齊廢帝封王 爲使持節·領東夷校尉·遼東郡公·高句麗王 (『三國史
記』卷19, 高句麗本紀 平原王 二(560)年 春二月)

　　재위 2년(560) 고구려 平原王은 북제로부터 책봉을 받았다. 이때의 책봉
이 중요한 것은 그 책봉호 가운데 '東夷校尉' 官이 들어가 있기 때문이다.
동이교위직의 책봉에는 중국 왕조가 고구려를 遼海 以東 지역의 패자로
인식하고 있고, 나아가 그것을 공인한다는 의미가 담겨져 있다.47) 그러므로
위의 기록은 평원왕 2년 무렵 고구려의 세력권이 북제로부터 인정되고 있었
음을 뜻한다. 세력권이 인정되고 있었다는 점에서 이 무렵 고구려는 북제와
세력균형을 이루고 있었음을 알 수 있다. 고구려가 북제와 세력균형을 이루
고 있었다는 것은 매우 각별한 의미를 갖는다. 그것은 당시 고구려가 요해
이동 지역의 패권을 실제로 차지하지 못하고 있었기 때문이다. 도리어 한강
유역을 신라에게 빼앗기는 등 고구려는 위협을 받고 있었다. 이러한 신라의
성장과 고구려의 위기에도 불구하고 북제는 고구려의 적대세력에게 관심
을 보이지 않았던 것이다. 고구려는 적대세력들로부터 북제를 돌려놓을
수 있었던 것이다.
　　고구려가 얻게 된 성과는 여기에 그치지 않는다. 고구려는 예상되는 돌궐
의 위협에 대처해 나갈 수 있었다. 돌궐의 세력 확대에 대해 북제와 연결을

---

47) 노태돈, 앞의 책, p.350. 한편 565년 新羅 眞興王은 북제로부터 '東夷校尉'직이 포함된
　　책봉호를 받았다. 565년의 진흥왕 책봉은 그 동안의 연구에서 신라에 대한 최초의 책봉이었다
　　(三崎良章, 「東夷校尉考」『西嶋定生博士追悼論文集』, 山川出版社, 2000, p.227)는 점과 동이교위
　　직이 포함되었다(노태돈, 앞의 책, p.435)는 점에서 주목받아왔다.
　　　그렇지만 F) 기록이 전하는 사실에도 관심이 베풀어져야 한다고 생각한다. 당시
　　고구려는 551년 漢江 上·下 유역을 모두 상실한 뒤, 이를 회복하지 못하고 있었다.
　　반면 신라의 성장은 괄목할 만한 것이었다. 553년 漢江 유역을 차지하였던 것이다.
　　그럼에도 불구하고 북제는 565년까지 신라의 존재를 인정하지 않았다. F) 기사는
　　이러한 사실을 말해준다.

꾀할 수 있었던 것이다. 또한 고구려는 陽原王 7년(551) 이후 계속되어 왔던 남방 위협에 대해 수세적 입장에서 벗어나 공세를 취할 수 있었다. 양원왕 10년 고구려가 대규모의 군대로 百濟를 공격하였던 것이다.[48] 아울러 공세로의 전환을 위해서라도 국내 통치체제의 재정비가 선행되고 있었을 것임은 물론이다.[49]

이상에서 살펴본 바와 같이 552년 유인 송환을 통해 고구려는 북제와의 관계를 대립보다는 우호적인 방향으로 이끌어가려 하였다. 안정된 북제와의 관계를 토대로 고구려는 대외적 위협에 대처해 나가려 했던 것이다. 그 결과 고구려는 돌궐의 압력과 신라 · 백제의 위협에 대해 맞서나갈 수 있었다. 또한 정세변동에 발맞추어 체제의 재정비를 단행할 수 있었다. 즉 유인송환을 계기로 고구려는 위기에서 수습단계로 나아갈 수 있었던 것이다. "北魏末 流人"의 송환이 갖는 의미는 무엇보다도 이 점에서 찾아져야 할 것이다.

5. 맺음말

이상에서 流人送還 문제에 주목하여 양원왕 8년 무렵의 高句麗와 北齊의 관계에 대해 알아 보았다. 유인이란 단순히 北魏末의 혼란을 피해 고구려로

---

48) "高句麗大擧兵來攻熊川城 敗衄而歸."『三國史記』卷27, 百濟本紀5, 威德王 元(554)年 冬十月.

49) 고구려는 552년부터 長安城을 새로이 축조하기 시작하였다. 이는 기능적이고 강력한 방비체제였다(李成市,「高句麗와 日隋外交 -이른바 國書 문제에 관한 一試論-」『碧史李佑成教授停年退職紀念論叢』上, 1990, p.62). 여기에서 당시 고구려의 통치체제가 재정비되고 있었음을 엿볼 수 있다.

흘러들어온 難民이 아니었다. 6세기 전반기 고구려의 대외관계에서 특별히 유인이 중요하였던 것은 이들이 영주 일대의 국제질서와 관련되었기 때문이었다.

고구려는 북위세력이 사라지게 됨에 따라 영주 일대에 세력을 확대하려 하였다. 고구려가 영주 일대의 국제질서를 주도하려는 의도에서였다. 이와 관련하여 영주 일대를 중심으로 한 유인들을 확보하고 포섭하기 위해 고구려의 적극적인 유인정책이 추진되었다. 그 결과 영주 일대를 차지하지는 못하였지만, 고구려는 많은 수의 유인들을 확보해 나갈 수 있었다.

양원왕 8년(552) 북제가 유인송환을 요구하였던 것이나, 고구려가 완강히 거부하려 했던 것은 그만큼 양국 모두에게 유인의 비중이 컸음을 극명하게 보여주는 것에 다름아니었다. 팽팽한 긴장이 이어지던 끝에, 결국 고구려는 유인을 돌려보냄으로써 북제와의 대립보다는 우호적 관계를 택하였다. 이를 통해 양국은 세력균형적 관계를 이루었다. 북제와의 세력균형적 관계를 토대로 고구려는 대내외적 위기상황에 대처해 나갈 수 있었다. 유인을 송환함으로써 고구려는 위기상황을 수습의 국면으로 전환시켜 나아갔던 것이다. 따라서 영주 방면에 있어서 고구려의 세력권 확대와 그것의 굴절 과정을 살펴볼 수 있었다는 점에서 6세기 유인 문제가 가지는 역사적 의의는 크다고 할 수 있다.

나아가 6세기 전반기의 국제질서에 대해 새로운 이해를 얻을 수 있었다. 대체로 북위의 혼란으로 시작된 520년대 중반이후 552년까지의 시기에는 고구려와 북위의 세력균형적 관계가 붕괴되어 새로운 국제질서가 형성되고 있었던 것이다. 요컨대, 이 시기의 주요한 쟁점이 고구려가 영주 일대의 국제질서를 주도하려 함으로써 전개되었다는 점에서 새로운 국제질서의 모색이 있었던 시대였다고 볼 수 있다.

제Ⅴ장 高句麗의 遼西 攻擊과 對隋戰爭의 開始

1. 머리말

6세기말 高句麗를 둘러싼 東北아시아世界의 국제정세는 隋의 對外膨脹에 의해 위협받고 있었다. 隋가 中國 중심의 一元的인 國際秩序를 구축하려고 시도하였기 때문이었다. 이에 맞서 嬰陽王 9년(598) 高句麗는 隋의 遼西지방을 공격하였다. 고구려가 수에게 가한 첫 군사적 행동이었다. 그런데 고구려의 요서 공격은 단 한차례 시도되었고, 선제 공격에도 불구하고 오히려 패퇴하였다. 더구나 이를 계기로 수는 고구려를 침공해왔다. 고구려의 요서 공격은 양국의 대규모 전쟁으로 발전하였던 것이다. 따라서 고구려가 요서를 공격한 이유는 무엇이었으며, 그 의도가 무엇이었는지를 구체적으로 살펴서 밝히는 것은 598년에 일어난 양국의 전쟁을 이해하는데 중요하다. 또한 6세기말 당시 동북아시아세계의 국제정세가 어떠하였는가를 이해하는데 하나의 단서가 될 수도 있을 것이다.

고구려는 이 무렵 수의 침공 위협을 받고 있었다. 隋 文帝가 고구려의 적대행위를 비난하였을 뿐만아니라 즉각 중단하지 않으면 침공하겠다고 위협하였던 것을 보면 알 수 있다.[1] 지금까지의 연구에서는 이 같은 수의 위협이 고구려가 요서를 공격한 근본 원인이 되었다고 보았다. 결국 수의

---

1) 『隋書』卷81, pp.1815~1816.

적극적인 대외팽창이 고구려를 자극하였다는 데에는 의견의 일치를 보고 있는 것이다. 하지만 고구려가 전쟁을 택한 직접적이고 구체적 이유에 대해서는 견해가 달라진다. 첫째 견해에서는 고구려가 靺鞨・契丹에 수의 세력이 확대되는 것을 우려하여 공격했다는 것이다.[2] 둘째로는 수로 귀부한 일부 말갈세력이 고구려에 대해 적대행동을 하였고, 그것이 원인이 되어 고구려가 수와 대결하게 되었다는 것이다.[3] 세 번째의 이해에서는 예상되는 수의 공격을 방어하기 위해 고구려가 요서를 공격했다고 본다.[4]

요서를 공격한 고구려의 의도에 대해서도 공격의 원인을 어떻게 보는가에 따라 의견을 달리하고 있다. 말갈・거란을 중요시하는 입장에 따르면 요서 공격은 이들에 대한 지배권을 되찾기 위한 것으로 이해된다. 營州의 突地稽 세력에 주목한 견해에서는 고구려가 이들의 적대행위를 근절하기 위해 요서를 공격한 것으로 본다. 한편 방어를 강조한 입장에서는 수의 침입을 막는데 유리한 지점을 확보하기 위해서 고구려가 먼저 공격했다고 본다.[5]

이와 같이 고구려가 요서를 공격한 이유에 대하여서는 양국 간의 문제들

---

2) 고구려의 요서 공격 원인이 靺鞨・契丹의 歸屬 문제였다는 입장은 日野開三郎과 金善昱의 연구에서 보인다(序論의 註 14 참조). 두 연구자는 말갈의 귀속문제를 양국 분쟁의 원인으로 보았다. 日野開三郎은 특히 粟末靺鞨을 둘러싸고 고구려와 수가 대립하였다고 보았다. 이와는 달리 양국의 분쟁에서 거란을 중요하게 보는 입장도 있다. 이러한 견해는 李龍範・韓昇・노태돈의 연구에서 보인다(序論의 註 14 참조).

3) 菊池英夫,「隋朝の對高句麗戰爭の發端について」『中央大學アジア史硏究』16(1992), pp.28~33. 菊池英夫는 隋에 귀부한 突地稽의 粟末靺鞨에 주목하였다. 그에 따르면 귀부후 이들 세력은 수의 보호를 받으면서 고구려의 변경을 공격하고 말갈세력의 동요를 일으켰다는 것이다.

4) 李丙燾,「高句麗對隋唐抗戰」『韓國古代史硏究』(博英社, 1979), pp.426~428.

5) 한편 고구려의 요서 공격이 고구려 국내 정치세력과 관련되었다는 입장도 있다(李昊榮, 「수・당과의 전쟁」『한국사』5, 국사편찬위원회, 1996, pp.114~116). 그렇지만 수의 위협이 요서 공격의 근본적 원인이었다는 점에서는 다른 연구자들과 동일하다.

가운데 어떤 것을 중요하게 고려하는가에 따라 서로 다른 견해를 보이고 있다. 이런 문제가 생기는 이유 중의 하나는 6세기말의 고구려와 수의 관계가 적대적인 상태로 일관하였다고 보기때문이라고 생각된다. 아다시피 6세기말은 중국을 통일한 수가 고구려에게 침공의 위협을 가하고 突厥을 공격하는 등 적극적인 세력팽창을 추진하고 있던 시기였다. 이 시기에 고구려와 수의 관계도 수의 위협 정도에 따라 변화가 있었을 것으로 생각된다. 이러한 시기에 나타난 양국 간의 문제들에 대한 고구려의 대처 방식도 아울러 동일하지는 않았을 것으로 생각된다.

또한 지금까지 대부분의 연구에서는 수의 대외팽창에만 주목하여 고구려의 역할을 부수적인 것으로 여겼다. 598년 고구려가 요서를 공격하는데 있어서 수의 팽창정책이 무엇보다 중요한 원인이 되었음은 물론이다. 그러나 고구려가 수의 일방적인 주도에 늘 끌려다녔던 것은 아니었다. 598년의 요서 공격에서는 오히려 고구려가 먼저 수를 공격하는 등 사태를 주도하였다. 그러면서도 고구려는 요서를 공격한 것 이외에는 수에게 적대적인 행동을 삼갔다. 수의 고구려 침공에 대해서도 이러한 경향이 강하였다. 그러므로 고구려의 대수정책은 대결 위주라기 보다는 타협을 우선시하는 것이었다.

한편 고구려의 요서 공격과 수의 고구려 침공의 결과, 양국의 관계가 어떻게 변하게 되었을까 하는 점에도 소홀하였다. 침공한 수군이 철군하고, 고구려가 수에게 조공을 재개한 것은 양국 관계가 복구되었다는 것을 의미한다. 그러면 전쟁의 원인이 되었던 수의 팽창정책은 어떻게 되었으며, 598년 전쟁의 결과 고구려가 얻었던 것은 무엇이었을까. 이러한 점들이 밝혀져야만 598년 고구려의 요서 공격이 가지는 의미가 드러날 수 있다고 생각된다.

이 글에서는 영양왕 9년 고구려의 요서 공격을 검토해 보고자 한다. 먼저

고구려가 요서를 공격하였던 원인에 대하여 살펴보고자 한다. 이를 위하여
서는 6세기 후반 양국의 관계에 대한 이해가 선행되어야 할 것이다. 다음으
로는 전쟁을 야기한 수의 위협이 구체적으로 어떤 것이었는지를 찾아보겠
다. 끝으로 요서 공격과 뒤이은 수의 고구려 침공 과정을 중심으로 고구려의
공격이 지니는 의미를 찾아보고 그 성격을 규정지어 볼 것이다. 아울러
고구려가 요서를 공격한 뒤에 이루어진 양국의 관계도 알아볼 것이다. 이러
한 작업을 통하여 영양왕 9년의 요서 공격이 갖는 역사적 의의에 대해서도
새로운 시각을 보탤 수 있을 것으로 기대해 본다.

2. 6世紀末 高句麗와 隋의 關係

6세기말 高句麗를 둘러싼 주변 정세는 크게 변하였다. 隋가 등장하여
589년 남쪽의 陳을 멸함으로써 중국을 통일하였다. 이것은 5세기 이래 유지
되고 있던 東北아시아 國際秩序의 勢力 均衡이 파괴되는 것을 의미하여,
동북아시아의 覇者였던 高句麗를 위협하는[6] 사건이었다. 이에 高句麗는
隋와의 대결에 대비하여 전쟁 준비를 하는 한편, 여러 차례 隋에 朝貢 사절
을 파견하는 등 외교적 노력을 기울였다. 高句麗는 새롭게 형성된 국제정세
에 적절히 대응하였던 것이다. 그런데 嬰陽王 9년(598) 高句麗는 종전까지
의 태도를 버리고 隋의 遼西를 공격하였다. 高句麗 嬰陽王은 어떠한 이유로
隋를 공격하였을까.

우선 6세기말 고구려와 수의 관계를 알려줄 수 있는 자료들을 살펴 보도
록 하자. 당시 수가 고구려에게 미쳤던 위협이 어떠하였는지를 살펴 보는

---

6) 노태돈, 「영역국가 체제의 형성과 대외관계」『고구려사 연구』(사계절, 1999), p.353.

것이 매우 중요하겠다. 6세기말 수의 위협과 관련하여 가장 중요한 자료는 아래에 보인 隋 文帝의 詔書라고 생각된다. 아래에 보이는 기록은 隋 文帝가 590년[7] 高句麗 平原王에게 보낸 조서로서, 내용은 크게 네부분으로 나누어 진다.

A (開皇)十七年 上賜湯(平原王; 필자 주, 이하 필자 주 생략)璽書曰
a) 朕受天命 愛育率土 委王海隅 宣揚朝化 欲使圓首方足各逐其心.
b) 王每遣使人 歲常朝貢 雖稱藩附 誠節未盡. c) 王旣人臣須同朕德 而乃驅逼靺鞨 固禁契丹. 諸藩頓顙 爲我臣妾 忿善人之慕義 何毒害之 情深乎. 太府工人 其數不少 王必須之 自可聞奏. 昔年潛行財貨 利動 小人 私將弩手逃竄下國. 豈非修理兵器 意欲不臧 恐有外聞 故爲盜 竊. 時命使者 撫慰王藩 本欲問彼人情 敎彼政術. 王乃坐之空館 嚴加 防守 使其閉目塞耳 永無聞見. 有何陰惡 弗欲人知 禁制官司 畏其訪 察. 又數遣馬騎 殺害邊人 屢騁姦謀 動作邪說 心在不賓. …… 王專懷 不信 恒自猜疑 常遣使人密覘消息 …… d) 蓋當由朕訓導不明 王之愆 違 一已寬恕 今日以後 必須改革. 守藩臣之節 奉朝正之典 自化爾藩 勿忤他國 則長享富貴 實稱朕心. …… 王若洒心易行 率由憲章 卽是 朕之良臣 …… 王必虛心納朕此意 愼勿疑惑 更懷異圖. e) 往者陳叔 寶代在江陰殘害人庶 驚動我烽候 抄掠我邊境. 朕前後誡勅 經歷十 年. 彼則恃長江之外 聚一隅之衆 惛狂驕傲 不從朕言. 故命將出師 除

彼凶逆 …… 王謂遼水之廣何如長江. 高麗之人多少陳國. 朕若不存
含育 責王前愆 命一將軍 何待多力. 慇懃曉示 許王自新耳. 宜得朕懷
自求多福. (『隋書』卷81, 中華書局, pp.1815~1816, 이하 中華書局
생략)

　a의 부분은 高句麗 국왕이 隋 황제의 册封을 받은 朝貢國임을 밝히고
있다. 수가 건국하자 고구려는 사신을 보내어 조공하였고 책봉을 받았다.
요컨대 고구려와 수는 朝貢册封關係에 있었던 것이다. b의 부분은 a의 양국
관계를 부연하여 설명하면서 고구려에 대한 불만을 드러내고 있다. 즉 고구
려가 수에 조공하고 스스로를 수의 藩附라고 말하면서도 誠節을 다하지
않고 있다는 것이다. c의 부분은 고구려가 범한 잘못의 내용을 전한다. 즉
고구려는 契丹・靺鞨세력을 통제하고 무기기술자를 몰래 데려가고 수의
內政을 탐지하고 수의 使臣을 숙소에 억류하는 등 여러 가지 행동을 했다는
것이다.

　d와 e의 부분은 고구려가 잘못을 저지른데 따라서 그에 대한 대응으로
이루어질 수의 후속 조치의 내용을 전한다. d에서 수 문제는 고구려를 용서
할 수도 있음을 비추고 있다. 고구려가 잘못을 뉘우치고 고친다면 수는
더 이상 문제삼지 않겠다는 것이다. 그러면서 다시는 의심하거나 딴 마음을
품지 말고 藩臣의 도리를 지키라고 하였다.

　그런데 e에 따르면 수 문제의 조서는 고구려의 잘못을 지적하고 관용을
보이는 것으로 그치지 않았다. 즉 수 문제는 陳의 예를 들어 고구려 평원왕
을 위협하였다. 수에 대한 의심과 딴 마음을 버리지 않는다면 陳처럼 고구려
도 침공을 받게 될 것이라고 하였던 것이다. 이들을 종합하여 보면 수의
突厥 공격과 중국 통일에 대해 고구려가 위기감을 느끼고 있었음을 알 수
있다. 한편 수 문제의 靺鞨・契丹에 대한 언급은 수 스스로 이들 세력에게

관심을 가지고 있었음을 드러낸다. 이러한 수의 팽창의도에 대해 고구려가 병력을 정비하고 양곡을 비축하여 방비의 대책을 모색한 것은 당연한 일이었다.[8] 고구려는 새로운 국제정세에 대처하기 위해 필요한 조치들을 취하여야 하였던 것이다. 그러므로 고구려가 자신의 지배아래 있던 거란세력의 이탈을 막고, 정세를 파악하기 위해 사신을 이용하고, 내부 사정이 바깥에 알려지지 않게 하였던 것은 自衛的 행동으로 이해할 수 있다. 그렇지만 고구려의 자위적 조치들은 수의 비난을 받았다. 더욱이 수의 조서에서는 고구려의 잘못을 지적하는데 머물지 않고 침공 가능성을 거론하였다. 그러므로 당시 고구려가 수로부터 받고있던 압력은 심각한 수준에 있었다고 보아도 좋을 것이다. 앞에서도 언급한 바와 같이 수의 위협은 고구려가 요서 지방을 공격한 근본 원인으로 이해되고 있다. 수의 전쟁위협에 더하여 고구려에서도 전쟁 준비를 하고 있었기 때문에 요서를 공격하였다고 보는 것이다. 그러나 충돌의 가능성이 크다고 하여 항상 전쟁이 일어나는 것은 아니다.

e에 따르면 고구려도 陳의 예를 좇아서 수의 침공을 받게 될 것이라고 하였다. 수가 진의 멸망을 언급한 의도는 고구려에 사전 경고하려는 의미였다고 보인다. 여기에서 주목해야 하는 것은 고구려가 수로부터 태도 변화를 요구받았다는 점이다. 이 점은 고구려 국왕에게 잘못을 뉘우치고 속죄할 것을 권하는 문구들로써도 분명하다. 고구려가 수의 침공위협을 받은 것은 자위를 위한 고구려의 조치들 때문이었다. 고구려가 취하고 있던 조치들은 침공의 위협을 해서라도 중지시켜야 할 정도로 수에게 중요한 문제들이었던 것이다. 그렇다면 수의 요구에 대해 고구려는 그에 상응하는 답변을 했어야 마땅할 것이다. 그러한 고구려의 대응이 구체적으로 어떠한 것이었

---

8) "開皇初 頻有使入朝. 及平陳之後 湯大懼 治兵積穀 爲守拒之策." 『隋書』卷81, p.1815.

는가 하는 점이 궁금하다. 이와 관련하여 다음의 기록을 살펴보자.

A-2) 湯得書惶恐 將奉表陳謝 會病卒. 子元(嬰陽王)嗣立. 高祖使使拜
元 爲上開府儀同三司 襲爵遼東郡公 賜衣一襲. 元奉表謝恩 并賀
祥瑞 因請封王. 高祖優册元爲王 (『隋書』卷81, p.1816).

A-2)에서 高句麗는 謝罪의 글을 올리려 하였다고 한다. 비록 국왕의 사망
으로 사과의 表文을 보내지는 못하였지만, 고구려는 사과하려는 뜻을 수에
게 전달하였다고 보아야 할 것이다.[9] 평원왕의 사망으로 뒤를 이은 高句麗
嬰陽王은 隋로부터 上開府儀同三司의 직책을 받고 遼東郡公의 爵을 잇도
록 허락받았다. 즉 수에서 영양왕의 즉위에 대해 책봉사신을 보내 곧바로
인정하였던 것은 그만큼 고구려를 배려함으로써 원하는 바를 얻으려는 의
도였다고 여겨진다. 이러한 수의 바램에 고구려는 수를 만족시킬 수 있는
응답을 해야만 하였다. 고구려는 영양왕 2년에 사신을 보내어 고구려왕의
책봉을 요청하였다. 그리고 영양왕을 우대하여 왕으로 삼는다는 수 문제의
책봉을 받을 수 있었다.[10] 수의 태도로 보아 고구려 영양왕이 수의 요구에
걸맞는 조치를 취하지 않았다면 高句麗王 册封과 같은 優待를[11] 받을 수
있었을까. 도리어 즉위 초반의 嬰陽王은 이전보다 더한 위협과 압력을 받았
을 것이다.

---

9) 고구려 국내 정치상황을 근거로 고구려의 사과는 끝내 없었다고 보는 견해도 있다(李
昊榮, 앞의 글, p.112).

10) 『三國史記』의 기록에 따르면, 高句麗는 嬰陽王 2년(591) 정월과 5월, 3년 정월, 8년
(598) 5월에 각각 수에 사신을 보내었다. 반면 隋로부터는 詔書와 관련한 平原王
32년(590)과 국왕 책봉을 위한 嬰陽王 즉위년과 2년 3월의 使行이 있었다.

11) 사료 A-2)에 따르면 수 문제는 영양왕을 우대하여 遼東郡公에서 高句麗王으로 책봉
하였다('高祖優册元爲王').

그렇지만 고구려는 수의 책봉을 받음으로써 新王의 즉위를 인정받았고 책봉호 승격까지 이룰 수 있었다. 그러므로 수에서 만족할만한 조치가 취해졌던 것으로 이해해도 좋을 것이다. 어쩌면 굴복으로까지 비춰질 수 있는 정도로 고구려는 수의 압력에 대해 반응하였을 지도 모른다. 고구려의 태도는 수에게 謝罪라고 이해되었던 것이다. 따라서 적어도 영양왕 초반까지 양국은 전쟁 직전의 적대적 관계가 아니었던 것으로 생각된다. 고구려는 연이은 조공사절 파견과 요구의 수용으로 수와의 마찰을 피하고 있었던 것이다. 이처럼 590년 무렵의 긴장관계는 고구려의 양보와 타협이라는 외교적 교섭의 방법으로 개선되고 있었다. 그러므로 수의 침공 위협과 고구려의 전쟁 준비만으로는 고구려가 요서를 공격하게 되었던 문제를 설명하기에 부족하다.

高句麗의 遼西 공격 원인을 靺鞨·契丹세력의 이탈에서 찾는 견해에 대해 살펴보기로 하자.12) 종전까지 高句麗의 지배를 받고 있던 靺鞨과 契丹세력이 점차 隋의 勢力圈으로 편입되고 있었다는 것이다. 이러한 주장이 나오게 된 이유는 우선 이들 문제가 조서에서 언급되었다는 점과 말갈·거란세력이 실제로 수로 귀부하고 있었다는 점 때문이라고 생각된다. 말갈을 몰아내고 핍박하였으며, 거란을 꼼짝못하게 한 고구려의 조치들이 문제가 되었다는 것에서 590년 무렵 이들 세력을 둘러싸고 고구려와 수가 대립하고 있었음을 알 수 있다. 그런데 수의 조서에서 거론되었던 문제들에 대해 고구려는 거부감을 보이지 않았다. 도리어 고구려의 반응은 수를 만족

---

12) 日野開三郎, 앞의 책, pp.205~215.
　　金善昱, 앞의 글, p.13.
　　李龍範, 앞의 책, pp.181~182.
　　韓　昇, 앞의 글, p.360.
　　노태돈, 앞의 책, pp.413~414.

시킬 정도였다. 그러므로 말갈과 거란 문제는 嬰陽王 즉위년(590) 이후 해결
되었다고 보아야 한다. 다음의 기사를 살펴보자.

> B-1) 隋北蕃風俗記云 初開皇中(隋 文帝 581~600) 粟末靺鞨與高麗戰
>   不勝. 有厥稽部渠長突地稽者. 卒(率) …… 凡八部勝兵數千人.
>   自扶餘城西北齊(擧)部落向關內附. 處之柳城. 乃燕都之柳城 在
>   燕都之北 (『太平寰宇記』卷71, 河北道 20, 燕州)

B-1)의 기록을 보면, 6세기 후반의 어느 시기에 粟末靺鞨의 渠長(渠首)였
던 突地稽는 部衆 수천명을 이끌고 隋에 內附하였다.[13] 開皇 10년(590)의
詔書에서 고구려가 핍박하고 몰아내었다는 말갈이 突地稽의 靺鞨세력을
가리키는 것이라면 이 문제를 거론한 隋의 의도는 무엇이었을까. 고구려가
'몰아내고 핍박'하였다는 대상에는 돌지계의 말갈세력이 어울린다. '몰아
내고 핍박하였다'는 내용이 고구려가 이들세력과 전쟁을 벌여 거주지를
떠나게 하였다는 사실과 일치하기 때문이다. 그런데 '몰아내었다'는 표현으
로 보아 突地稽의 隋 歸附는 開皇 10년(590) 이전의 일이었음을 알 수 있
다.[14] 고구려의 손에서 이미 벗어난 일을 언급하였다는 점에서 돌지계의
말갈세력만을 가리킨 것도 아니었다고 생각된다. 돌지계의 귀부 자체가
문제였다면 문제삼아야 할 주체는 수가 아니라 고구려여야 마땅하다. 왜냐

---

13) 앞에서도 보았듯이 突地稽가 수로 귀부한 뒤의 동향에 주목하는 견해도 있다(菊池英
    夫, 앞의 글, pp.28~33). 이러한 이해는 돌지계가 粟末靺鞨의 渠首였다는 점과 고구
    려에 적대감을 가졌다는 점 등을 새롭게 부각시키고 있다. 그렇지만 돌지계의 구체
    적인 활동이 기록에 나타나기 시작하는 것은 돌지계가 遼西太守에 임명(611년)된
    뒤부터였다.
14) 이용범은 돌지계의 수 귀부사건이 開皇 5년(585) 무렵에 발생하였다고 보았다(李龍
    範, 앞의 책, p.181).

하면 수가 고구려의 적대세력을 받아들였기 때문이다. 그러나 돌지계 사건
은 고구려가 아니라 수에서 문제로 삼았다. 또한 귀부 후 돌지계의 말갈세력
은 營州 境內에 거주하였다.[15] 고구려와의 마찰을 예상할 수 있는 상황이었
음에도 불구하고 돌지계 세력의 귀부를 받아들였다는 점에서 수는 이들을
중요하게 여겼다고 생각된다.

이와 관련되는 점이 突地稽가 가진 靺鞨 안에서의 政治的 地位이다. 突地
稽는 粟末靺鞨의 渠首였다. 돌지계를 통해 수는 수의 영향력이 속말말갈에
미칠 것을 기대하였던 것으로 보인다. 그런데 돌지계 등이 거주지를 버려야
할 정도로 고구려의 속말말갈에 대한 지배는 확대되고 있었다. 따라서 고구
려의 세력이 확대되어 속말말갈을 차지하게 되면 수의 영향력은 미칠 수
없게 될 것이 당연하다. 수 문제는 바로 이러한 고구려의 세력 확대를 문제
로 삼았던 것이다. 그리고 속말말갈에 대한 수의 관심과 조서에 대한 고구려
의 반응으로 보아 고구려는 더 이상 속말말갈에 대한 세력 확대를 적극적으
로 추진하지 못하였다고 생각된다. 한편 高句麗와 隋의 관계에서 契丹을
둘러싼 세력다툼도 빼놓을 수 없는 문제이다.[16]

    B-2) 其後爲突厥所逼 又以萬家寄於高麗. …… 六年 其(契丹)諸部相
          攻擊 久不止 又與突厥相侵 高祖使使責讓之. 其國遣使詣闕 頓顙

---

15) 돌지계 세력이 거주한 지역은 '營州'(사료B-1)와 '營州界'로 『太平寰宇記』에서 서로
    달리 전하고 있다("粟末靺鞨首領突地稽 當隋開皇中 領部落歸化 處之於營州界" 『太
    平寰宇記』卷69, 河北道 幽州 幽都縣條). 이와 관련해서는 속말말갈의 원거주지와
    관련지워 營州界라고 파악한 日野開三郎의 「隋の遼西郡について」(『史淵』 55, 1953;
    『東洋史學論集』 第15卷, 三一書房, 1991, p.347)가 참고된다.

16) 李龍範, 앞의 책, pp.181~182.
    韓　昇, 앞의 글, p.360.
    노태돈, 앞의 책, pp.413~414.

謝罪. 其後契丹別部出伏等背高麗 率衆內附. 高祖納之 安置於
渴奚那頡之北 (『隋書』卷84, p.1881).

B-2)는 이 무렵의 契丹에 대한 기록이다. 契丹 別部는 高句麗를 배반하고
隋에 內附하였다. 바로 앞의 기사로 보아 契丹 別部의 內附는 開皇 6년(586)
이후의 일로 여겨진다. 遼西 일대에 거주하였던 契丹은 北魏시대부터 隋代
에 이르기까지 주변의 高句麗나 突厥 그리고 隋에게 정치적으로 隸屬되곤
하였다. 이 가운데 고구려와 수에게 문제가 되었던 거란세력은 出伏 등이
거느렸던 契丹 別部였다. 契丹의 別部였다는 점이나 이들의 前身이 1萬家
의 규모였다는 점을 고려하면 고구려가 영향력을 행사하고 있었던 거란세
력의 규모는 그리 크지 않았음을 알 수 있다. 고구려의 지배력은 전체 거란
세력 모두에게 미치는 것이 아니었던 것이다. 거란에 대해 지배권을 행사한
주체가 시기에 따라 고구려를 비롯한 돌궐 그리고 수로 바뀌었다는 점도
이와 무관하지 않을 것이다. 이렇듯 거란에 대해 지배권을 가진 국가는
고구려나 수 어느 한쪽이 아니었고, 지배관계가 한결같지도 않았다. 또한
지배력이 미치는 범위가 거란 전체에 걸친 것도 아니었다. 이러한 대상을
두고 고구려와 수 사이에서 갈등이 생겨날 수는 있겠지만, 고구려가 수를
공격할 만큼 절박한 문제였다고는 여길 수 없다.

앞에서 보았던 말갈도 그러하였지만 거란 별부의 귀부가 당사자들의 의
지로만 이루어지는 것은 아니었다. 귀부세력의 수용 여부는 수의 결정에
좌우되었던 것이다. 그렇다면 주변의 약소세력들이 귀부하려는 것에 대해
수가 판단하여야 할 문제는 어떤 것이었을까. 이것은 동일한 수 문제시대
돌궐의 지배에서 벗어나려 하였던 거란 별부 4천여가의 예와 비교할 만하다.

B-3) 開皇末 其(契丹)別部四千餘家背突厥來降. 上方與突厥和好 重失
　　　遠人之心 悉令給糧還本 勅突厥撫納之 (『隋書』卷84, pp.1882
　　　~1883).

　위의 B-3)에서 契丹 別部 4千餘家는 突厥을 배반하고 隋에게 항복을 청하
였다. 高句麗를 배반한 契丹 別部가 隋에 歸附한 뒤의 일이었다. 契丹 別部
의 요청에 대해 隋 文帝는 이를 거부하고 突厥로 돌려보내려 하였다. 여기에
서 수 문제는 거란 별부 4천여 가에 대해 돌지계의 말갈이나 출복 등의
거란 별부 귀부때와는 다른 입장을 취하였다. 수가 거란 별부를 받아들이려
하지 않은 이유는 돌궐 때문이었다. 돌궐의 지배아래 있던 세력을 받아들임
으로써 돌궐과의 관계가 악화될 것을 우려한 것이었다. 돌궐의 예에 비추어
보면 수는 B-2)의 출복 등이 귀부 요청을 하였을때에도 고구려를 고려하였
다고 여겨진다. 이들의 귀부는 고구려를 배반하는 것이기 때문이었다. 그럼
에도 불구하고 수가 출복 등의 거란 별부를 받아들였던 것은 고구려의 반발
을 크게 문제삼지 않아도 되었음을 의미할 것이다.

　이렇게 보아오면 開皇 10년 조서의 '거란을 꼼짝 못하게 하였다(固禁契
丹)'는 대목에 대해 고구려가 어떠한 반응을 보였는지 알 수 있다. 고구려는
거란에 대한 '固禁'의 조치를 더 이상 취하지 않았던 것이다. 그것은 이들이
수와 교통하는 것을 가로막지 말라는 수의 요구에 따른 것이었다.[17] 開皇

---

17) 이용범은 거란 별부의 수 귀부 시기를 585년 무렵으로 보고 있다(앞의 책, pp.180
　　~182). 이와는 달리 노태돈은 수가 중국을 통일(589년)한 이후의 일로 본다(앞의
　　책, pp.409~415).
　　　특히 노태돈은 '固禁契丹'의 의미를 '거란이 수로 이탈해 나가는 것을 통제'한
　　것으로 보았다(앞의 책, p.413). 뒤에서 살펴보겠지만 '固禁'은 華夷무역과 관련되었
　　다고 보인다. 그러므로 이 표현은 거란 별부가 수와 교통하는 것을 가로막지 말라는
　　의미로 보아야 할 것이다. 수의 조서는 거란 · 말갈문제에 대해 고구려의 양보를

10년(590; 嬰陽王 즉위년) 수가 고구려의 거란 통제를 비난하자, 고구려는 이들의 對隋 交通을 적극적으로 방해하지 않고 묵인하였던 것이다. 그 때문에 수는 이들의 귀부 문제에서 고구려의 반발을 고려하지 않을 수 있었던 것이다. 그러므로 영양왕 즉위년 조서사건의 외교적 해결에서 고구려와 수 관계가 정상화된 측면으로 말갈·거란 문제도 해석할 수 있다. 요컨대 고구려는 거란 별부가 수와 교통하는 것을 묵인하면서까지 양국의 갈등을 해결하고자 하였다. 이렇게 함으로써 고구려는 적대적인 방향으로 나아갈 수도 있었던 수와의 관계가 원만하게 유지되기를 기대하였다.

고구려의 입장에서 볼 때 수와 대결하지 않고 양국 관계를 유지하는 것이 당시로서는 최선의 것이었다. 그러나 그것이 반드시 이상적인 것이었다고 보기는 어렵다. 수의 세력 확대로 고구려가 위협받게 될 것이라는 점에서 보면 그것이 바람직한 것일 수가 없다. 590년대 양국의 분쟁 위기에 대해 고구려는 일단 수와의 타협을 택하였다. 그렇지만 고구려의 타협적 태도는 수의 움직임에 따라 변화될 수 있는 것이었다. 이에 세력확대에 나서고 있던 수와 고구려의 관계에 유의하여 그러한 사정을 검토하여 보아야 할 것이다. 이와 관련하여 먼저 고구려의 양보를 얻어내려고 하였던 수의 의도부터 지적되어야 한다.

말갈·거란세력을 차지하기 위한 수의 세력 확대에는 고구려가 걸림돌이 되고 있었다. 그러므로 수는 고구려의 영향력을 제거해야만 하였다. 그렇

얻어내려는 목적에서 보내진 것이었다. 수가 거란 별부를 넘겨달라고 고구려에게 요구했다면, 그것은 양보의 수준을 넘어서는 것이라고 생각된다. 고구려의 거란 별부에 대한 지배권을 완전히 포기하라는 것이기 때문이다. 그런데 거란 별부에 대한 지배관계의 변화는 고구려에 대한 背反과 수로의 內附로 표현되었다. 거란 별부가 고구려와의 관계를 완전히 단절하였던 것이다. 이것은 고구려의 수에 대한 양보가 주변세력들에게 미친 영향으로 보아야 할 것이다.

지만 수는 처음부터 고구려를 배제하고 이들 세력에 영향력을 미칠 수는 없었다. 수는 開皇 10년의 조서사건을 통해 고구려로부터 거란·말갈세력에 대한 양보를 얻어낼 수 있었다. 속말말갈에 대해서는 고구려의 적극적인 세력 확대를 저지할 수 있었을 뿐만 아니라 거란 별부와의 교통도 가능하게 되었다. 수의 요구가 고구려의 양보로 타협을 볼 수 있었던 것은 아마도 이들 세력에 대한 고구려의 지배가 아직 확고한 것이 아니었기에 가능하였다고 보인다. 속말말갈을 지배하기 위한 고구려의 세력 확대가 진행되고 있었던 것이다. 만일 자신의 기득권이 완전히 배제되었다면 고구려로서도 수의 요구를 받아들이기 쉽지는 않았을 것이라는 점에서도 그러하다. 고구려의 세력이 선점하고 있는 이들 세력에 대해 수도 개입하려고 시도했던 것이다. 그렇다면 수는 왜 고구려 세력을 배제하고 거란·말갈에 대한 지배를 독점적으로 하지 못하였을까. 이 문제는 수의 세력 확대와 관련된 구체적인 내용을 검토하여 보면서 살펴볼 수 있을 것이다. 거란·말갈과 관련된 수의 세력 확대는 營州總管府를 중심으로 이루어졌다. 그러므로 營州總管府의 활동에 주목하여 수의 세력 확대 과정을 살펴보고자 한다.

3. 隋의 遼西 進出과 營州總管府 設置

隋 文帝의 詔書를 검토함으로써 嬰陽王 즉위년 당시 양국관계의 위기 상황은 일단락되었음을 알 수 있었다. 또한 隋가 靺鞨과 契丹에 대해 각별한 관심을 보이고 있었음도 알 수 있었다. 그러면 隋는 靺鞨과 契丹에 대해 어떠한 이유에서 관심을 가졌던 것일까. 이들 세력 자체도 중요하겠지만

수의 관심이 그것으로 그친 것은 아니었다.[18] 契丹의 거주지역은 대체로 遼西 일대였다. 또한 粟末靺鞨의 거주지역은 突地稽의 예에서 알 수 있듯이 扶餘城의 西北 지역이었다. 이러한 지역적 분포는 대체로 수의 東北方 일대에 해당된다. 달리말해 수는 동북방 일대를 손에 넣고자 하였던 것이다. 그렇지만 의도와는 달리 이 일대를 차지한다는 것이 쉬운 일은 아니었다. 이 지역에 거주하는 여러 세력 가운데 契丹이 먼저 반응을 보이기[19] 시작하였다. 수는 우선 遼西를 차지하고자 하였던 것이다. 요서를 발판으로 하여 세력을 동북방 일대로 확대해가려는 의도였던 것이다. 더구나 고구려의 598년 공격은 요서를 목표로 하였다. 이런 점에서 볼 때 隋의 遼西經營과 관련된 어떠한 문제가 고구려에게 심각한 위협이 되었다고 생각된다. 그러므로 隋의 遼西 進出 과정을 먼저 검토해 보아야 하겠다.

隋가 遼西로 진출하는데 거점이 되었던 곳은 營州였다.[20] 營州는 6세기 후반 이래로 중국인과 동북아 제민족 사이의 交易의 중심지요 交通의 요지였다.[21] 高句麗와 契丹·靺鞨 뿐 아니라 突厥은 이 곳을 창구로 하여 중국과 연결될 수 있었다. 그러므로 영주를 중심으로 한 요서지방은 동북아시아 세계에서 지정학적으로 중요한 곳이었다. 그런데 수가 처음부터 영주를 확보하고 있었던 것은 아니었다. 開皇 3년(583)까지 영주에는 수의 통치력

---

18) 앞서의 연구자들은 고구려와 수의 갈등이 거란·말갈세력을 둘러싸고 일어났다고 보았다. 즉 수의 세력 확대가 세력집단을 대상으로 했다고 이해한 것이다. 하지만 수의 요서 경략이 거란과 같은 특정세력만을 목표한 것이 아니었다는 점에서 필자는 요서지역 자체에 주목하여야 한다고 본다.

19) 『韓暨墓誌』에 따르면 580년대 韓暨의 활동은 거란 포섭에 집중되었다. 영주를 확보한 뒤 수의 동북방 정책이 먼저 거란을 대상으로 하여 추진되었음을 알 수 있다.

20) 日野開三郎, 앞의 책, p.216.

21) 노태돈, 앞의 책, p.427.

이 미치지 못하고 있었던 것이다. 수가 이곳을 차지하였던 것은 영주의 高寶寧 세력을 토벌한 뒤의 일이었다.

> C-1) (營州刺史 高寶寧) 性桀黠 得華夷心. 及文帝爲丞相 遂連契丹·
> 靺鞨擧兵反. …… 開皇初 又引突厥攻圍北平. 至是 令(陰)壽討
> 之. …… 黃龍諸縣悉平 …… 北邊遂安 (『北史』卷73, p.2534)

위의 기록에서 高寶寧의 반란에 突厥과 契丹·靺鞨세력이 관련되었음을 알 수 있다. 특히 靺鞨과 契丹은 高寶寧의 세력에서 중요한 구성원이었다. 즉 고보녕은 거란과 말갈의 군사력에 기대어 北周와 隋에 대항할 수 있었던 것이다. 고보녕 세력은 開皇 3년(583) 4월에서야 평정되었다. 고보녕 세력을 제거함으로써 隋는 營州 일대를 차지할 수 있게 되었다. 隋의 遼西 進出이 시작되었던 것이다. 그런데 開皇 3년(583) 영주를 차지한 수가 곧바로 요서 진출을 적극화하였다고 보기는 어렵다. 고보녕이 그러하였던 것처럼 수도 거란과 말갈의 협조를 필요로 하였던 것이다. 달리 말해 수가 요서지방을 경영하기 위해서는 말갈과 거란을 통제할 수 있어야만 하였다.[22]

그러면 수의 요서경영에서 고구려가 문제되었던 것은 왜일까. 그것은 고구려가 契丹 別部를 지배하고 있었던 점에서 알 수 있다. 契丹 別部의 거주지는 遼河 以西였다.[23] 수의 진출에 앞서 고구려가 이미 요서 일대에 영향력을 미치고 있었던 것이다. 또한 營州가 隋의 遼西 진출 거점이었던 것처럼 高句麗에게도 武厲邏 등의 거점들이 있었다.[24] 한편 遼西 일대에 본래부터 세력

---

22) 『隋書』 契丹傳의 기록에 따르면 수는 開皇 4년(584)부터 거란을 장악해가고 있었다.
　　주 19) 참조.

23) 노태돈, 앞의 책, p.411.

24) 松井等은 무려라가 遼水의 진나루를 監視하는 감시소라고 보았다(「隋·唐 二朝高句

을 미치고 있던 국가는 高句麗와 突厥이었다. 그리고 突厥의 세력이 약해지면서 遼西 지역에서 상대적인 힘의 우위를 확보하기 시작한 국가는 高句麗였다.25) 고구려는 돌궐의 지배력이 약화된 粟末靺鞨에까지 세력을 확장하고 있었던 것이다. 그러므로 요서 일대에 대해 고구려가 우위를 가지고 있는 상황은 영주를 차지한 수에게 문제였다. 거란 별부와 말갈이 고구려의 통제를 받고 있는 한 수의 요서 진출은 불안정한 상태였기 때문이었다.

隋는 589년 陳의 멸망을 계기로 대외정책을 적극화하기 시작하였다.26) 영주의 확보와 거란의 조공만 가지고는 동북방 일대를 차지할 수 없었던 것이다. 대외정책이 점차 적극화되어가면서 수의 요서 경영은 제도화로 나타났다. 營州總管府가 그것이었다.27) 다음은 隋代 營州總管에 관한 기록이다.

麗遠征の地理」『滿洲歷史地理』 1, 1913, pp.387~388). 그러나 필자는 무려라의 전략적 중요성이 마치 北朝의 영주(화룡성)에 비견되는 것이었다고 생각한다.

25) 거란과 말갈에 대해 지배권을 행사하고 있었던 것은 고구려만이 아니었다. 거란 별부가 고구려에게 지배되었던 것과 달리 대부분의 거란세력은 돌궐에 의해 지배되었다. 돌지계의 사례에서 말갈 일부에 대한 돌궐의 지배권도 확인된다. 그러므로 수가 이들 세력을 차지하기 위해서는 돌궐도 상대하여야 하였다, 그렇지만 수의 토벌에 대해 고보녕은 돌궐의 구원을 받지 못하였다. 고보녕의 구원 요청에도 불구하고 돌궐은 수의 공격을 막기에 급급하였던 것이다. 같은 해인 開皇 3년(583) 수의 책략에 의해 돌궐은 동서로 분열되었다. 이같은 돌궐의 약화를 염두에 두면 요서 지역을 차지하려는 수에게 가장 문제가 되었던 상대는 고구려였다고 보아도 좋을 것이다.

26) 노태돈, 앞의 책, p.429.

27) 營州總管府는 다른 시대에서는 찾아볼 수 없는 隋代만의 기구였다. 영주총관으로서 처음 기록에 보이는 이는 韋藝이다. 그는 수의 건국 이후 몇 년간 다른 관직에 있다가 총관이 되었다. 또한 수가 대외정책을 적극화하고 고구려에 조서를 보냈던 시기가 開皇 10년(590) 무렵이었다. 그러므로 영주총관부는 이 무렵에 설치되었다고 보인다.

C-2) (韋藝) 遷營州總管. …… 每夷狄參謁 必整儀衛 盛服以見之 獨坐
滿一榻. 番人畏懼 莫敢仰視. 而大治産業 與北夷貿易 家資鉅萬
頗爲淸論所譏. 開皇十五年卒官 (『隋書』卷47, p.1269)

-3) (韋沖) 尋拜營州總管. 沖容貌都雅 寬厚得衆心. 懷撫靺鞨·契丹
皆能致其死力. 奚·霫畏懼 朝貢相續. 高麗嘗入寇 沖率兵擊走之
(『隋書』卷47, p.1270)

위의 C-2)와 3)의 기록에서 營州總管府의 활동을 살펴볼 수 있다. 韋藝와
韋沖이 營州總管을 역임하였던 기간은 대체로 開皇 10년(590) 무렵부터 仁
壽 3년(603)의 시기였다. 그러므로 이들을 통해 營州를 중심으로 한 隋의
요서 진출과정을 엿볼 수 있다. 영주는 주변 세력들이 중국과 교통하기
위한 통로였다. 또한 이곳에는 互市가 개설되어 주변 세력들이 중국의 문물
을 交易해 갈수 있었다.[28] 하지만 영주에서의 호시에는 모든 이민족이 참여
할 수 있는 것은 아니었다. 중국에게 항거하는 세력들의 교역은 제한되거나
금지되었다. 호시에 참여하기 위해서는 중국의 宗主權을 인정하는 支配服
屬의 관계를 인정하여야만 하였던 것이다.

隋는 營州에 總管府를 두고 華夷의 통제에 뛰어난 인물을 파견하였다.[29]
먼저 韋藝는 營州總管府에 온 北夷들을 상대로 하여 개인적 치부를 할 수
있었다. 그의 치부가 北夷와의 貿易으로 이루어졌다는 점에서 營州의 互市
가 隋代에도 열렸음을 알 수 있다. 그러므로 隋代의 華夷貿易도 이민족
통제의 수단으로 이용되었다고 보인다. 위예의 치부에서도 알 수 있듯이

---

28) 日野開三郞에 따르면, 華夷貿易이란 중국왕조가 교역의 기회를 장악함으로써, 이민
족의 중국 문화와 문물 욕구를 이용한 회유방법이었다. 이 화이무역을 통해 중국왕
조는 정치적인 측면의 효과를 얻을 수 있었다(日野開三郞, 앞의 책, p.216).

29) 日野開三郞, 앞의 책, p.216.

영주총관은 이러한 관련업무를 관할하였다. 영주총관부의 화이무역을 통해 수는 요서 일대의 세력들을 수의 국제질서 안으로 포섭할 수 있었던 것이다.

수가 開皇 10년(590) 고구려에 조서를 보냈던 것은 요서 일대의 세력들에게 고구려의 영향력이 미치고 있었기 때문이었다. 특히 거란과 말갈세력은 수의 입장에서 볼 때 반드시 자신의 세력권에 포함시켜야 할 대상이었다. 영주에서 열리는 호시에 이들 세력들이 참여할 것을 수는 기대하였다. 그러나 590년 무렵 契丹 別部의 對隋 교통은 고구려에 의해 억제되고 있었다. 침공의 위협을 통해 수는 590년 이후 고구려의 양보를 얻어낼 수 있었다. 또한 영주총관 위예는 開皇 15년(595)에 사망하였다. 그와 관련된 기록에서 화이무역의 번성 이외에 별다른 내용은 찾아볼 수 없다. 이러한 점들로 보아 요서 일대의 세력에 대한 고구려의 통제 완화가 영주총관부의 화이무역이 활발하게 전개될 수 있었던 배경이 되었음을 알 수 있다.30)

그러나 시간이 지나면서 수는 요서 일대의 세력에 대한 최소한의 지배에 만족할 수 없게 되었다. 영주의 호시가 점차 활기를 띠어가면서 수의 이 일대에 대한 영향력은 강화되었다. 수 중심의 지배복속의 관계도 강도를

---

30) 말갈이 수에 朝貢한 기사는 590년부터 나타나다가 593년 이후 보이지 않는다. 이 사실에 주목하여 고구려가 처음에는 수와 대결하지 않으려고 말갈의 조공사절을 통과시켜 주었으나 593년 이후부터는 가로막았다고 보는 견해가 있다(日野開三郎, 앞의 책, pp.205~216). 수와 대결할 준비를 마친 고구려가 말갈의 조공을 가로막았다는 것이다.

　　필자는 593년 이후 말갈의 수에 대한 조공이 중단된 것이 고구려와 관련이 없다고 본 바 있었으나, 고구려가 말갈을 통제하였던 것으로 수정한다(이성제, 「"靺鞨問題"를 통해 본 6世紀末 遼西 정세의 변화」『학예지』 10, 육군사관학교 박물관, 2003, pp.190~191). 다만 고구려가 수와 대결할 준비를 마쳤기에 말갈의 조공을 가로막았다는 견해에 대해서는 여전히 의문을 갖고 있다.

더하여 갔다. 수의 요서 경영이 순조롭게 진행될 수 있었던 것은 고구려의 묵인에 힘입은 것이기도 하였다. 다른 한편으로 이 같은 양국의 대조적인 태도에 대해 주변 세력들이 수의 세력권에 포함되기 시작하였다. 주변 세력들의 입장에서는 고구려의 반응을 수에 대한 굴복으로 볼 수 있었던 것이다. 거란 별부가 고구려를 배반하였던 것은 그 한 예이다. 고구려와 수라는 두 강국 사이에서 거란 별부는 고구려와의 관계를 버리고 수의 지배 아래 들어갔던 것이다.

수의 요서경영이 확장되어갔음은 韋冲의 예에서 보다 구체적으로 볼 수 있다. 위의 C-3) 기록에 따르면 營州總管 韋冲은 靺鞨과 契丹에 대한 懷柔와 慰撫에 성공하였다. 수는 요서 경영을 위해 이들 세력의 死力을 이끌어낼 수 있을 정도였던 것이다. 거란과 말갈세력 포섭에서 그치지 않고 영주총관부의 활동은 한걸음 더 나아갔다. 㠊와 霫의 朝貢을 받기에 이르렀던 것이다. 㠊와 霫의 거주지가 거란의 서북쪽이었던 점을 염두에 두면 이들의 조공은 각별한 의미를 갖는다. 수의 세력권이 요서 일대를 넘어 거란의 서북지역에까지 확대되기 시작하였던 것이다.

이 같은 결과에 대해 고구려는 어떤 입장을 가지고 있었을까. 고구려가 수의 요구를 받아들이면서 바랐던 것은 양국 관계의 정상화였다. 그러나 그것은 어디까지나 고구려의 의도에 있어서 그러하였다. 수가 요서로 진출하면서 바랐던 바가 고구려와 같았을 것이라고 볼 수 없기 때문이다. 그러므로 고구려의 입장은 開皇 10년(590) 조서 사건에 대응하였던 시기와 그 이후 수의 요서 경영이 확대되어갔던 시기를 구분하여 달리 살펴보아야 할 것이다. 아래에 보이는 세가지 이유로 해서 開皇 10년(590) 무렵 고구려는 요서의 일부에 수의 세력이 미치기 시작한 상황을 반드시 불리한 것으로 여기지만은 않았을 것으로 본다.

첫째로 고보녕 세력을 토벌한 뒤 수의 세력이 요서로 진출하리라는 것은 고구려가 예상하기 어려운 일이 아니었다. 또한 고구려의 對隋 정책은 수와의 관계를 원만히 유지하는 방향으로 진행되어왔다.31) 그러므로 침공의 위협까지 동원하였던 수에게 반발하기 보다는 양국의 갈등을 해결하여 관계를 개선하는 것이 당시로서는 적절한 정책이었다. 더욱이 예전에 비해 약화되어 있었지만 수의 북방에서 여전히 위협적인 존재로서 돌궐이 자리 잡고 있었다. 고구려는 수의 요서 진출도 돌궐의 위협이 계속되는 한 제한적일 수밖에 없을 것으로 판단하였다고 믿어진다. 역대 중국 왕조의 동북아시아세계에 대한 진출에서 匈奴 · 蠕蠕 등 북방 세력의 위협이 늘 걸림돌로 작용하였음은 잘 알려진 사실이기 때문이다.32)

둘째로 고구려는 요서 일대에 세력을 미치고 있었지만, 수는 그러하지 못하였다. 더욱이나 돌궐이 상당한 거란세력에 대해 지배권을 행사하고 있었다. 수의 진출이 있기 전까지 고구려는 돌궐의 팽창에 대항해왔다. 아다시피 돌궐의 국력이 약해지기 전까지 그에 대적할 상대는 없었다. 요서 일대에 수의 세력이 등장하게 됨으로써 고구려는 돌궐을 견제할 수 있는 세력 균형을 이룰 수 있었던 것이다. 또한 수는 새로이 요서 일대에 진출하였다는 점에서, 돌궐은 약체화하고 있었다는 점에서 어느 한 국가의 우세를 점칠 수 없는 상황이었다. 세력 균형이 이루어진다면 어느 한 국가의 일방적 우세를 나머지 한 국가와 공동으로 대응할 수 있다. 고구려는 이러한 점들에 주목하였다고 보인다.

---

31) 고구려는 평원왕 23년(581) 12월 조공한 이래 24, 25, 26년까지 매년 거의 2~3회씩 사절을 수에 보내었다. 영양왕도 즉위 직후부터 여러차례 사절을 수에 보내었다.
32) 이와 함께 高句麗가 隋에 대해 宥和的 태도를 보였던 데에는 한반도 중남부의 百濟 · 新羅를 고려한 것이기도 하였다고 본다. 수를 적대세력으로 돌려놓게 된다면 고구려는 적대세력들로 둘러싸일 형편이었기 때문이다.

셋째로 고구려는 590년대 이전에 이미 수의 팽창에 대해 대비하고 있었다. 589년 陳의 멸망 이후 수에서 알 정도로 '拒守之策'을 마련하고 있었다는 사실로써도 분명하다. 또한 고구려가 수의 요구를 수용하는 조치들을 취했다고 하여 靺鞨·契丹 別部에 대한 고구려의 지배권 자체를 포기한 것은 아니었다. 그것은 고구려가 요하 이서의 거점들에서 후퇴하지 않았다는 사실에서 짐작할 수 있다.33) 이들 세력이 수의 요서 경영에서 필요하였던 만큼이나 고구려에게도 그러하였던 것이다. 그렇다면 수의 요서 진출이 본격화되었던 590년대 고구려는 수에 대한 대비를 이전보다 훨씬 강화하고 있었다고 보아야 할 것이다. 이에 비해 요서에 연고가 없던 수는 요서로 진출하는데 어려움이 있었을 것이다. 설사 그렇지 않더라도 수의 요서 진출이 가져다 주는 위협은 고구려가 두려워할 정도는 아니었다고 짐작된다. 그러므로 590년 수의 요서 진출을 묵인하였던 고구려의 의도가 수의 요구를 수용하는 선에서 양국의 갈등을 무마하는데 있었던 것은 분명하다고 믿어진다. 아울러 수와의 관계를 정상화함으로써 고구려는 요서 일대에서의 세력 균형을 이루려고 하였다고 생각된다.

그러나 수가 요서 경영에 적극적으로 나서게 되면서 요서 일대의 정세는 고구려에게 불리하게 전개되어갔다. 거란 별부의 배반 사례는 요서 일대에 대한 고구려의 영향력이 급속도로 약화되어갔음을 보여준다. 반면에 향배가 불분명하였던 奚·霫세력이 수에 조공하기 시작했다는 사실은 수의 세력이 요서 주변까지 확대되어갔음을 뜻한다. 이에 따라 고구려는 가까운

---

33) 요하 이서지역에 고구려가 마련해 두었던 거점들에 대해서 지금까지 알려진 곳은 武厲邏 한 곳이지만 다른 거점도 있었을 것으로 추정된다. 또한 고구려가 무려라 등의 지역을 상실한 것은 隋 煬帝의 침공에서였다. "是行(隋의 612년 高句麗 침공)也 唯於遼水西 拔我武厲邏 置遼東 郡及通定鎭而已" (『三國史記』卷20, 高句麗本紀 8 嬰陽王 23年).

장래에 요하 이서를 상실할 가능성이 높아졌다. 뿐만 아니라 수의 세력이
확대된다는 것은 세력 균형이 파괴되어 감을 의미하였다. 고구려가 바라는
요서 지역에서의 세력 균형이 곧 깨어질 위험에 처하였던 것이다. 고구려
영양왕이 598년 수의 요서를 공격한 이유도 여기에 있을 것이다. 그러면
요하 이서의 전략적 가치가 어떤 것이었기에 고구려는 수를 공격하였을까.

먼저 武厲邏 등 요하 이서의 고구려 거점들이 어떠한 역할을 하고 있었는
지 고려해 보아야 하겠다. 이들 거점은 고구려가 遼河를 방어하고 大陵河
유역으로 진출하는데 뿐만아니라 거란 별부 등의 요서 일대 세력을 통제하
는데 필요하였다.[34] 그러므로 요하 이서의 거점들을 잃게 되면 고구려는
요하 일대의 여러 세력들에 대한 지배권을 모두 잃게 될 것이었다. 그런데
앞에서 살펴보았듯이 거란 별부는 590년 조서사건 이후 고구려를 배반하였
다. 요하 이서의 주변 세력들이 고구려의 지배를 벗어나고 있었던 문제는
598년의 상황이라기 보다 이미 590년 무렵부터 벌어지고 있었던 것이다.
그러므로 고구려가 요하 이서의 거점을 중요하게 여겼던 데에는 또 다른
이유가 있었다고 생각된다. 이와 관련하여 수의 팽창에 위협을 느끼고 있었
던 국가는 고구려만이 아니었다.[35]

특히 요서 일대에 대한 수의 팽창이 위기로 다가왔다는 점에서 고구려나
돌궐이나 동일한 입장에 놓여 있었다. 수의 세력이 요서를 장악해 가면서
다른 두 국가의 요서 일대에 대한 지배력은 압도당하기 시작하였던 것이다.
이러한 상황에서 수에 대항하는 공동의 보조를 취해야 할 필요성을 서로가
절실하게 느끼게 되었을 법하다. 그러므로 수의 위협이 강화되어 갈수록

---

34) 노태돈, 앞의 책, p.411.

35) 노태돈은 수의 압박에 대응하기 위해 고구려와 돌궐이 580년대 후반부터 관계를
   개선하였을 것으로 추정하였다(앞의 책, pp.426~429).

고구려는 돌궐과의 연대를 더욱 필요로 하였다. 이것은 고구려가 삼국의
세력 균형에서 기대한 바이기도 하였다. 따라서 적어도 590년 무렵 요하
이서의 고구려 거점들에게는 돌궐과의 연결과 관련된 역할이 기대되고 있
었다고 여겨진다. 그런데 수의 영향력이 奚와 霫에까지 미치기 시작하였다.
고구려와 돌궐은 수의 세력권으로 둘러싸여 연결이 단절될 상황에 놓이게
되었던 것이다.36) 돌궐과의 연대가 그 어느 때보다 필요한 시점에서, 고구
려는 가장 가능성있는 지원세력을 잃으려 하지 않았다고 보인다.37)

　여기에 더하여 고구려의 입장에서 고려해보아야 할 점은 없을까. 위에서
언급하였던 위기 상황들로 인해 시간이 흐를수록 고구려가 불리하여 질
것은 확실하였다. 고구려가 결국에는 수의 직접적인 위협을 받게 될 것이기
때문이다. 그런데 고구려의 요서 공격은 곧바로 수의 침공을 불러왔다. 30만
수군의 대규모 침공은 고구려가 요서를 공격한 것에 대한 대응이었다. 그러
므로 고구려는 수에게 대규모 침공의 빌미를 제공할 수 있다는 점을 의식하
면서도 요서지방을 공격하였던 것이다. 선제 공격하였다는 점에서 고구려
영양왕은 가까운 장래에 대규모 전쟁이 벌어질 것이라고 생각하였던 것은
아닐까. 달리말해 수의 침공이 멀지 않았다고 고구려가 판단할 가능성은
없었는가 하는 것이다. 고구려의 요서 공격이 있었던 영양왕 9년(598) 무렵
수의 태도는 어떠한 것이었을까. 수의 적극적 대외팽창정책을 염두에 두면
침공 가능성은 여전히 존재하고 있었다고 보아야 할 것이다. 그리고 그

---

36) 해와 습은 거란의 서북쪽에 위치하여 돌궐과 접하고 있던 세력이었다. 돌궐은 이들
　　에게 土屯이라는 관리를 파견하여 지배하고 있었다. 즉 돌궐의 직접적인 영향력이
　　미치고 있던 세력이었던 것이다. 그런데 이러한 세력마저 수에 조공하였다는 것은
　　수의 세력권이 거란을 넘어서 이 지역까지 확장되고 있었음을 의미할 것이다.

37) 수는 요서 진출을 적극화하여 거란을 장악하고 멀리 떨어진 해와 습에까지 세력을
　　뻗치려고 하였다. 아마도 고구려와 돌궐의 연결 가능성을 사전에 차단하려는 의도
　　가 아니었을까 짐작된다.

가능성은 590년대 후반 더욱 커졌다. 다음 기사에서 확인할 수 있다.

> D-1) 開皇之末 國家殷盛 朝野皆以遼東爲意. (劉)炫以爲遼東不可伐 作
>   撫夷論以諷焉 當時莫有悟者. 及大業之季 三征不克 炫言方驗
>   (『隋書』卷75, p.1721)

사료 D-1)에서 590년대 말 수측의 분위기를 알 수 있다. 遼東 즉 고구려를
침공하자는 의견이 수의 朝野 모두에게서 나오고 있었던 것이다. 당시 돌궐
은 이미 약화되어가고 있었다. 또한 수는 중국을 통일한 이후 국력이 배가되
었던 상황이었다. 요서로 진출하면서 수는 고구려의 저항을 거의 받지 않았
다. 이 같은 이유들로 수는 고구려를 굴복시킬 수 있다는 자신감을 갖게
되었던 것으로 보인다. 그 결과 고구려를 직접 대상으로 한 세력 확장에
나서자는 논의가 점차 힘을 얻게 되었다. 이러한 수의 국내 분위기는 고구려
에게 심각한 위협이 되었다고 생각된다. 더구나 수의 개전 여론에 더하여
고구려가 실제 전쟁이 벌어질 것이라고 판단할 만한 사건이 있었다.

> D-2) (漢王 諒) …… 十七年(597) 出爲幷州總管 …… 自山以東 至于滄海
>   南拒黃河 五十二州盡隷焉. 特許以便宜 不拘律令. 十八年 起遼東之
>   役 以諒爲行軍元帥 率衆至遼水 遇疾疫 不利而還 (『隋書』卷45,
>   p.1244)

D-2)는 漢王 諒 열전의 일부이다. 隋 文帝는 開皇 17년(597) 漢王 諒을
幷州總管에 임명하면서, 52州를 그 예하에 두었다.[38] 그러면서 律令에 구속

---

38) 이 조치는 고구려 침공을 위한 군사력의 전진배치였다고 이해되기도 한다(金善昱b,
　　「隋代「遼東之役」의 廷議에 관한 檢討」『忠南大學校 人文科學研究所 論文集』14-1,

되지 않는 便宜從事를 허락하였다. 이런 점들로 보아 병주총관을 강화하는 조치였다고 믿어진다. 그런데 고구려의 입장에서 볼 때 幷州總管의 권한과 관할지역이 확대되는 것은 營州總管과 관련지워 생각될 수 있는 것이었다. 幷州총관은 수의 4大總管의 하나였다.39) 그러한 병주의 예하에 영주가 두어졌고, 병주총관의 권한 또한 강화되었던 것이다. 이런 점들이 고구려를 대상으로 한 군사력 증강으로 여겨졌던 것은 아닐까. 침공 준비가 아니었다고 할지라도 고구려는 요서 일대에 대한 군사력 강화조치라고 이해할 수 있었다고 짐작된다. 병주의 군사력이 영주총관부를 직접 지원할 수 있게 되었던 것이다. 실제로 고구려가 요서를 공격하자 漢王 諒은 30만 병력을 지휘하여 고구려를 침공하였다. 따라서 고구려 영양왕은 수의 침공이 임박하였다고 보고 수세적 입장을 버리고 공격에 나섰던 것이다.

이런 점들에서 볼 때 수의 침공이 임박한 시점에서 고구려는 돌궐과의 연결 통로를 잃게 될 상황에 맞서 요서를 공격하였음을 알 수 있다. 590년의 조서사건 이후 고구려는 수의 요서진출을 허용하였다. 이는 수와의 관계 악화를 우려한 고구려의 불가피한 선택이었다. 그러나 수의 요서진출로 인해 주변 세력들이 수의 세력권에 포함되기 시작하였다. 그 결과 요서지역을 둘러싼 세력균형은 깨어지게 되었다. 수의 세력이 요서를 차지해가면서 고구려는 돌궐과의 연결마저 차단될 형편이었다. 또한 수의 세력이 고구려를 압도해가면서 수 국내에서는 고구려 침공 논의가 점차 힘을

1987, p.177). 그러나 같은 열전에서 漢王 諒은 突厥의 위협을 내세워 幷州의 증강을 요청하였다. 그러므로 597년의 조치를 반드시 고구려와 관련지워 볼 수만은 없을 것이다. 여기에서 보다 중요한 것은 이 조치를 고구려가 어떻게 이해하였는가의 문제라고 본다.

39) "隋文帝以幷益荊揚四州置大總管. 其餘總管府置於諸州 列爲上中下三等 加使持節. 煬帝悉罷之" (『通典』卷32, 職官 14, 都督).

얻어가고 있었다. 이러한 급박한 상황에서 고구려는 영양왕 9년 요서를 공격하였던 것이다. 고구려가 요서를 공격한 원인은 이들 문제에 있었다. 그러므로 영양왕의 요서 공격은 이런 문제들을 해결하려는 방향으로 추진되었을 것이다. 이 점은 고구려의 요서 공격 과정을 검토함으로써 살펴보려고 한다. 고구려의 요서 공격이 갖는 의미를 찾아보고 공격의 성격을 규정지어 보려는 것이다.

4. 高句麗의 遼西 攻擊과 그 性格

재위 9년 高句麗 嬰陽王은 靺鞨兵 1萬을 이끌고 隋의 遼西를 공격하였다.[40] 이 공격은 營州總管 韋沖에 의해 격퇴되었을 뿐아니라 隋의 즉각적인 반격을 불러왔다. 30만 수군의 고구려 침공이 있었던 것이다. 고구려의 요서 공격과 그에 뒤이은 수의 고구려 침공 과정을 다음의 기록에서 구체적으로 살펴보자.

> E-1) 高麗王元帥靺鞨之衆萬餘寇遼西 營州總管韋沖擊走之. 上聞而大
>   怒. (2月) 乙巳 以漢王諒·王世積並爲行軍元帥 將水陸三十萬伐

---

40) 고구려의 요서 공격 기사는 『北史』·『隋書』·『資治通鑑』에 전해졌고, 이들 자료를 토대로 『三國史記』 고구려본기에 기록되었다. 이들 자료에 따르면 요서 공격은 開皇 18년(598)에 일어났다고 한다. 그리고 고구려의 요서 공격이 수 문제에게 보고되었던 것은 같은 해 2월이었다. 그러므로 고구려의 공격은 2월에 앞서 일어났다고 보아야 하겠지만, 정확한 공격일자와 기간을 알 수 없는 형편이다. 이러한 점에서 요서 공격이 과연 開皇 18년(598)에 벌어졌는지에 대해 의문이 들기도 한다. 일단 고구려의 요서 공격을 開皇 17년(597) 기사와 구분하여 '明年'의 일로 보았던 『隋書』의 기록을 따른다.

高麗 以尙書左僕射高熲爲漢王長史 周羅睺爲水軍總管. 六月 丙
寅 下詔黜高麗王元官爵. 漢王諒軍出臨渝關 値水潦 餽運不繼
軍中乏食 復遇疾疫. 周羅睺自東萊泛海趣平壤城. 亦遭風 船多
飄沒. 秋九月 己丑 師還 死者什八九. 高麗王元亦惶懼遣使謝罪
上表稱遼東糞土臣元 上於是罷兵 待之如初. (『資治通鑑』卷178,
pp.5560~5562)

고구려군이 요서에서 퇴각한 뒤, 수 문제는 30만을 동원하여 고구려를
침공하도록 하였다. 그리고 6월에는 수의 공격군이 臨渝關을 나섰다. 당시
수의 분위기를 고려하면 이러한 대응은 자연스럽기까지 하다. 이후 9월에
이르면 수군은 군량 부족과 풍랑에 의해 심각한 피해를 입고 있었다. 한편
침공을 받은 고구려는 사신을 수에 파견하였다. 그리고 고구려 영양왕의
表文을 받은 수 문제는 군대를 해산하고 고구려를 이전과 같이 대우하기로
하였다고 한다. 이들을 종합하면 고구려의 요서 공격은 실패였고, 수에게
침공의 명분만을 준 셈이었다.[41] 과연 고구려 영양왕은 절박한 상황에 못이
겨 무모한 결정을 내렸던 것일까. 그런데 다음의 몇 가지 점들 때문에 고구
려의 요서 공격을 무모한 군사작전으로 이해하는데 주저된다.

먼저 주목하여야 할 점은 고구려 영양왕이 직접 요서 공격에 나섰다는
점이다. 기록에 따르면 고구려의 요서 공격은 영양왕의 親征이었다. 국왕이
직접 전장에 나섰다는 점만으로도 고구려측에서 이 공격을 어떻게 생각하
고 있었다는 것을 알 수 있다. 고구려의 입장에서 볼 때 수의 요서를 공격하
는 것은 국왕이 나서서 지휘할 정도로 매우 중요한 군사적 행동이었던 것이
다. 그런데 이처럼 중요한 요서공격에 동원된 병력은 1만명 정도였다.[42]

---

41) 日野開三郞(앞의 책, p.213)과 韓 昇(앞의 글, pp.360~361). 특히 日野開三郞은 고구려
   의 요서 공격을 도전적 행동으로 평가하였다.

수를 상대로 하였다는 점에서 1만명의 병력은 결코 많은 병력이 아니었다.

또 하나 관심을 가져야 할 문제는 요서 공격에 동원된 공격군의 구성이다. 영양왕이 이끌었다는 공격군은 靺鞨人으로 이루어졌다. 물론 高句麗人으로 구성된 병력도 있었을 것이다. 그러나 기록에서 高句麗와 靺鞨을 구분하였던 점을[43] 고려하면 일부 고구려인의 병력이 있었다고 해도 주요한 공격군은 말갈인으로 구성되었다고 보아야 할 것이다. 그리고 이러한 사실들에서 598년 고구려의 요서공격을 이해하는데 매우 중요한 단서를 찾아낼 수 있다.

우선 요서를 공격하였으면서도 고구려는 군사력을 적극적으로 동원하지 않았다는 것이다. 고구려가 적극적으로 수를 공격하고자 하였다면 1만여 명에 불과한 병력이 아니라 상당 수의 고구려군이 동원되어야 하였다. 또한 고구려의 요서 공격은 수의 입장에서 볼 때 고구려의 명백한 도전행위였다. 곧바로 수에서 보복할 것을 예상하기 어렵지 않았다. 예상되는 수의 침공에 대비하기 위해서라도 고구려는 공격을 한차례에 그칠 것이 아니라 후속 공격을 이어갔어야 하였다. 그리고 수가 차지한 요하 이서의 일부라도 점령하려는 시도가 이어졌어야 하였다. 그러므로 고구려의 요서 공격은 처음부터 영토의 확보나 수와의 장기적이고 대규모의 전쟁을 바라고 시작된 것이 아니었을 가능성이 크다. 도리어 고구려의 요서공격은 단기간에 이루어진 한번의 공격이었다는 점에서 제한적인 성격을 가진 공격이었다. 또한 고구려가 공격한 지역은 요서였다.[44] 그러므로 고구려의 요서 공격은 局地戰이

---

42) 고구려 국왕의 친정이라면 쉽게 격퇴당하지도 않았을 것이고 소수병력일 수도 없었을 것(李昊榮, 앞의 글, p.115)으로 영양왕의 친정을 부인하는 견해도 있다.

43) 고구려 관련 기록에서 말갈은 대부분 고구려와 구별하여 기록되고 있음은 널리 알려진 사실이다. 수는 공격군의 주축이 말갈병이었다는 것에 주목하여 병력 1만이라고 하지 않고 굳이 말갈병 1만이라고 표현하였다고 보인다.

었다고 생각된다.

한편 590년대 말 수에서는 고구려 침공 논의가 활발하게 진행되고 있었다. 이 때문에 수의 반격이 군사적 보복으로 나타날 것이라는 점을 고구려 영양왕은 염두에 두어야만 하였다. 또한 고구려군이 영주총관에 의해 격퇴되었다고 하여, 더 이상의 군사행동을 중지한다고 하여 원래의 상태로 돌아갈 수 있는 상황이 아니었다. 영양왕은 수의 보복이 대규모 침공으로 나타날 가능성이 컸던 만큼 결과를 예측하기는 곤란하였을 것임에도 불구하고 요서를 공격하였던 것이다. 이런 점들로 볼 때 고구려 영양왕은 수의 반격이 있을 것이지만 고구려의 존망을 위협할 정도로 심각하지는 않을 것이라고 확신하고 있었던 것은 아닐까. 만일 그러하다면 어떤 근거에서 고구려는 이후 벌어질 상황을 자신하였던 것일까.

> E-2) (開皇)十八年(598) 突厥達頭可汗犯塞 以素爲靈州道行軍總管 出塞討
>   之 (『隋書』卷48, p.1285)

위의 기록에 따르면 突厥은 開皇 18년(598) 隋를 침공하였다.[45] 돌궐의 침입을 막아낸 수는 이듬해 돌궐을 공격하였다.[46] 실제로 돌궐의 수 침입이

---

44) 아마도 영주총관부를 목표로 하였던 것이 아닐까 한다. 문제가 되었던 수의 요서 경영이 영주총관부를 통해 이루어지고 있었다는 점에서 그러하다.

45) 6세기 말 突厥은 東突厥과 西突厥로 나뉘어 있었다. 위의 기록에서 598년 전쟁의 발단이 되었던 達頭可汗은 東突厥의 통치자였다. 당시 東突厥은 達頭와 함께 突利可汗(뒤에 啓民可汗)의 세력으로 나뉘어 있었는데, 隋의 이간책이 작용한 결과였다. 이에 대항하기 위해 達頭可汗은 西突厥의 都藍可汗과 연합하여 수를 침공했다고 여겨진다. 이와 관련된 구체적 자료는 다음과 같다.
"突厥突利可汗因長孫晟奏言 都藍可汗作攻具 欲攻大同城. 詔以漢王諒爲元帥 尚書左僕射高熲出朔州道 左僕射楊素出靈州道 上柱國燕榮出幽州道以擊都藍. … 都藍聞之 與達頭可汗結盟 合兵掩襲突利 大戰長城下 突利大敗." (『資治通鑑』卷178, p.5563)

있었다는 것을 고려하면 수는 30만의 대병력이 투입된 고구려 전쟁을 장기
간 지속할 수 있는 형편이 아니었음을 알 수 있다. 여기에서 특히 고려해
보아야 할 것은 고구려의 요서 공격에 뒤이어 돌궐이 수를 침공했다는 사실
이다. 고구려가 전쟁이 확대되지 않을 것으로 여겼던 근거는 돌궐의 움직임
에 있었던 것이 아닐까. 결과적으로 볼 때 고구려의 요서공격이 돌궐 연합군
의 수 침공과 짝을 이루었기 때문이다. 고구려와 돌궐의 이해관계는 수의
팽창에 맞서야 한다는 점에서 일치하고 있었다. 또한 수가 요서를 장악하게
된다면 돌궐은 한층 강화된 수의 위협을 받게 될 위험이 있었다. 고구려에게
돌궐이 필요하였던 것처럼 돌궐에게도 배후세력인 고구려의 존재는 절실
한 것이었다. 그렇지 않더라도 수가 고구려를 공격하기 위해 대군을 파견한
상황은 돌궐이 수에 반격을 꾀할 수 있는 기회였을 것으로 여겨진다.

반면에 돌궐과의 적대적 관계로 보아 수는 돌궐의 침입 가능성을 고려하
면서도 고구려를 침공하기로 결정하였다고 생각된다.[47] 돌궐을 염두에 둘
때 단 한차례 군사행동에 그친 고구려에 대한 수의 반격은 지나친 것이었다.
開皇 10년 조서의 예에 비추어 보면 수는 고구려를 엄중하게 경고하는 선에
서 대응할 수도 있었던 것이다.[48] 이런 점들에서 볼 때 수에게는 고구려를

---

46) 당시 돌궐 공격군의 지휘관 가운데 漢王 諒(『隋書』卷45, p.1244), 高穎 · 韓僧壽(『隋
書』卷52, p.1342) 등은 바로 전해인 598년 고구려 침공군의 지휘관이었다. 고구려
침공이 실패한 뒤 수는 공격의 방향을 돌궐로 돌렸던 것이다.

47) 당시 수 조정의 고구려 침공 논의에서 高熲은 공격의 불가를 주장하였다(『隋書』卷41,
p.1182). 아다시피 高熲은 수의 대외원정에서 빠지지 않았던 重臣이었다. 군사일에
밝은 그의 능력을 신임하여 수 문제는 공격에 반대한 고경을 漢王 諒의 長史로
삼아 고구려 침공군을 맡겼을 정도였던 것이다. 그의 경력을 고려하면 고경의 반대
는 돌궐의 동향을 염려한 때문으로 여겨진다.

48) 수가 고구려를 침공한 것은 고구려의 요서 침공으로 잃어버린 위신을 회복하고
고구려의 강대함과 위협을 견제하기 위한 것이었다는 견해도 있다(金善昱b, 앞의
글, 1987, p.177).

공격해야 할 이유가 있었다는 것을 알 수 있다.

우선 고구려의 요서 공격으로 수는 아무런 피해가 없었는가 하는 점이다. 영주총관이 고구려의 공격을 막았지만, 수의 요서 경영에는 영향이 있었다고 생각된다. 고구려가 요서를 공격하였다는 것은 영주총관부의 활동에 대한 고구려의 태도를 그대로 보여주는 것이었다. 앞에서 보았듯이 영주총관부의 활동 즉 수의 요서 진출과 세력 확대는 고구려의 묵인에 힘입은 것이었다. 요서지방의 영주총관부는 주변 세력을 압도할 수 있는 정치 · 군사력에 의해 유지된 것이 아니었다.49) 앞에서 살펴보았듯이 華夷貿易과 귀부세력의 협력 등은 영주총관부를 운영하는데 꼭 필요하였다. 그런데 요서를 공격한 고구려가 화이무역이 계속 열리도록 내버려 두지 않을 것임은 분명하였다. 귀부세력 역시 고구려의 강경한 태도에 불안해 했을 것은 당연하다.

또한 영양왕 9년(598)의 요서 공격으로 고구려는 더 이상 수의 세력확대를 더이상 용납하지 않겠다는 의사를 보였다. 더구나 고구려 국왕이 직접 나섰다는 점으로 보아 고구려는 거국적인 대항 의지를 수에게 보이려고 했다고 이해된다. 이런 점들을 종합해 보면 590년 이후 수가 요서일대에서 확보하였던 결과들은 고구려의 요서 공격으로 타격을 받게 되었다고 생각된다.

고구려의 이러한 반응은 수의 입장에서 받아들이기 어려운 것이었다고 보인다. 고구려가 수에게 대항함으로써 양국의 관계는 적대적인 상태로 바뀌게 되었다. 이와 더불어 고구려가 돌궐과의 연대를 꾀하려 할 것도

---

49) 수가 開皇 17년 병주총관부를 강화한 조치는 바로 이러한 한계와 관련된 것은 아니었을까. 이 조치를 통해 영주총관부는 병주총관부의 직접적인 지원을 받을 수 있었다고 생각된다.

충분히 예상할 수 있었던 것이다. 그러므로 고구려의 태도를 종전과 같이 순종적인 것으로 돌려놓기 위해서라도 수는 대규모 공격군을 보내야만 하였다.

수의 고구려 공격은 즉각 실행에 옮겨졌다. 6월에는 벌써 臨渝關을 벗어나고 있었던 것이다.[50] 영양왕 23년(612)의 경우 隋 煬帝는 고구려 침공의 조서를 발표한 뒤 1년 여의 준비기간을 거쳐 고구려를 공격하였다. 598년의 30만 공격군은 113만에 비해 작은 규모임에 틀림없지만 준비기간이 충분하였다고는 여길 수 없다. 실제로 30만의 수군은 군량을 제대로 보급받지 못하였던 것이다. 그만큼 수의 군대 출병은 갑작스럽게 이루어진 것이었다. 그 결과 수군은 홍수와 군량 부족, 그리고 유행병으로 싸우기도 전에 큰 피해를 입고 있었다. 이러한 수군에 대해 고구려군은 적극적으로 대항하지 않았다. 도리어 고구려 영양왕은 수 문제에게 사신을 파견하였다. '遼東糞土臣元云云'의 기록으로 보아 고구려 영양왕의 표문은 자신을 극도로 낮추는 표현을 사용하여 용서를 바라는 내용으로 되었다고 보인다. 기록의 표현대로라면 고구려 영양왕은 굴욕을 감수하면서까지 수와의 강화를 바랐던 것이 된다. 그러나 이러한 고구려의 행동을 이해하기 위해서는 고구려가 수의 동태를 예의주시하고 있었으며, 배후세력인 돌궐의 역할을 기대하고 있었다는 점을 염두에 두어야 한다. 598년 요서 공격 이후 벌어진 이상의 상황은 대체로 고구려가 주도하고 있었다고 여겨진다.

돌궐의 세력이 약화되었다고 하여 그 위협까지 사라진 것은 아니었다. 이런 상황에서 수가 고구려 공격을 위해 30만의 대군을 파병한다는 것은 돌궐의 침공을 불러올 가능성이 컸다. 또한 침공군의 상황으로 보아 수의

---

50) 위에 인용한 『資治通鑑』의 註에 따르면 柳城에서 서북으로 400里 떨어진 곳이었다.

고구려 침공은 이미 성공을 바랄 수 없는 형편이었다. 그러므로 수는 자칫하면 고구려와 돌궐의 두 국가와 싸우게 될지도 모른다고 우려하였다고 생각된다. 실제로 598년 돌궐이 수를 침공하였던 것이다. 그렇다고 하여 수 문제는 실패를 인정하고 군대를 돌릴 수도 없는 입장이었다. 그러므로 고구려 영양왕의 표문은 수가 절실히 바라던 바였고, 때를 맞춘 것이기도 하였다. 수 문제는 영양왕의 표문을 받고 전쟁을 끝냈던 것이다. 수는 고구려의 용서를 바라는 표문으로 撤軍의 名分을 삼을 수 있었던 것이다. 고구려와 돌궐을 모두 상대하게 될 지도 모를 상황에서 수는 고구려의 굴복으로 위기를 벗어날 수 있었던 것이다.

나아가 전쟁의 결과는 수의 撤軍으로만 끝나지 않았다. E-1)기록 끝부분에서 수 문제는 고구려(국왕)를 처음과 같이 대우하였다('待之如初')고 한다. 여기에서의 처음이란 고구려 국왕의 관작까지 박탈한 조치들을 원 상태대로 환원시킨다는 의미일 것이다. 그러면 고구려가 전쟁의 결과로 얻었던 것은 국왕호의 관작 회복과 수와의 관계 복구에 그치는 것이었을까. 이는 영양왕 16년(605; 隋 煬帝 大業 1) 영주의 모습에서 살펴볼 수 있다.

E-3) (韋雲起) 會契丹寇營州 詔雲起護突厥兵討之 啓民可汗以二萬騎
受節度. …… 旣入境 使突厥紿云 詣柳城 與高麗市易 敢言有隋
使在者斬. 契丹不疑 (『新唐書』卷103, pp.3993~3994)

수의 사주를 받은 돌궐군은 거란을 공격하기 위해 군대를 이동하면서 고구려와의 교역을 위한 것으로 위장하였고, 거란은 그것을 의심하지 않았다.51) E-3)에 전하는 관련 내용에서 중요한 사실은 위장을 위해 고구려와

---

51) 이와 관련해서는 노태돈의 견해가 참고된다(앞의 책, p.427). 그에 따르면 고구려와

돌궐의 交易이 내세워졌다는 점이다. 위장이 성공하였다는 점에서 돌궐인이 고구려와 교역하기 위해 이동하는 것은 의심받을 행동이 아니었음을 알 수 있다. 또한 돌궐군의 이동에서 수의 개입 사실은 철저히 감추어졌다. 발설하는 자는 참하겠다고 할 정도였다. 돌궐이 교역하는데 수의 사자가 동행하는 것은 자연스럽지 못하였기 때문이었을 것이다. 이는 돌궐과 고구려의 교역에 수가 참여하지 않고 있었음을 의미할 것이다.

수의 역할이 이러하였음에도 불구하고 돌궐과 고구려의 교역지로 柳城이 거론되었다. 고구려가 돌궐과 교류한다는 것은 양국의 연대 가능성때문에라도 수에게 이로운 일이 아니었다. 유성 근방에 수의 세력이 온전하게 유지되고 있었다면 과연 이 곳에서 돌궐과 고구려의 교역이 자유롭게 열릴 수 있었을까. 영주총관부의 치소가 유성에 있었다는 점에서 더욱 그러하다. 이러한 사실들에서 미루어보아 고구려는 영양왕 9년의 요서 공격으로 원하던 바를 이루었다고 보인다.

우선 수의 요서 장악이 저지되었던 것이다. 이 점은 수의 영주 일대에 대한 지배력이 강력하지 못하였다는 것에서 알 수 있다. 고구려와 돌궐이 영주총관부의 치소가 있던 유성지역에서 교역하고 있었던 것이다. 이 사실은 또한 거란이 영주를 침공하였다는 점에서도 확인된다. 6세기말부터 거란은 수의 통제아래 놓여있었다. 이러한 수와 거란의 관계가 수 양제초반기에 이르러서는 달라져 있었던 것이다. 거란이 수에 적대행동을 하였다는 것은 수의 지배력이 예전에 미치지 못하였다는 것을 의미한다. 30만을 동원한 開皇 18년의 고구려 침공이 실패한 뒤, 수는 더 이상 요서 일대에 대한 세력 확장정책을 이어가지 못하였던 것이다. 더구나 수의 요서 일대에 대한

돌궐의 대규모 교역은 거란인들에게 자연스러운 것으로 여겨졌다.

지배력은 고구려의 요서 공격으로 이미 타격을 받았다. 결국 7세기 초까지 수는 요서 일대에 대한 지배력에 있어서 開皇 18년 전쟁 이전의 수준을 회복하지 못하고 있었던 것이다.[52]

둘째 고구려는 수의 요서 진출을 저지함으로써 요서의 교통로를 유지할 수 있었다. 전쟁의 경과에서 보았듯이 고구려가 수의 위협을 저지하는데 돌궐이라는 제3세력의 지원은 매우 중요하였다. 돌궐의 수 침공이라는 측면 지원을 받음으로써 고구려는 수의 군사적 위협을 억제할 수 있었다. 양제의 침공이 있기까지 고구려는 수의 직접적인 위협에서 벗어날 수 있었던 것이다. 그리고 이 기간동안 고구려는 요서 일대에 대한 지배력을 확고히 해나갈 수 있었다고 생각된다. 이와 함께 세력권에서 떨어져 나갔거나 태도가 불투명하였던 주변 세력들을 다시 장악하는 노력도 기울여졌다고 보인다.

셋째로 고구려는 局地戰으로 요서를 공격하여 수의 대규모 침공을 사전에 예방할 수 있었다. 고구려의 요서 공격은 수에서 고구려 침공의 준비를 모두 갖추기 전에 이루어졌다. 고구려의 이같은 행동은 수로서는 예상하지 못한 사태였다. 허를 찔린 수로서는 고구려를 제압하고 사태를 다시 장악하려고 하였다. 그렇지만 수의 갑작스러운 군사행동은 침공군의 피해를 크게 했을 뿐만아니라 돌궐이 수를 침입할 수 있는 기회를 제공하는 역효과를 낳았다. 배후세력인 돌궐의 위협이 다시 한번 드러남으로써 수의 고구려 침공은 중지되어야 하였던 것이다. 더구나 고구려는 국지전을 벌임으로써 전쟁에도 불구하고 수와의 외교관계를 회복할 수 있었다. 이는 단지 국왕호

---

52) 기록에 따르면 韋沖은 仁壽 3년(603)년까지 영주총관 직에 머물렀다. 하지만 그의 기록 어디에도 開皇 18년(598) 이후 영주총관의 활동은 보이지 않는다. 또한 仁壽 3년(603) 이후 영주총관과 관련된 기록은 찾아볼 수 없다. 앞서의 검토를 미루어보면 영주총관의 활동은 영양왕 9년 고구려의 요서 공격으로 중단되고 다시 회복되지 못하였던 것으로 보인다.

의 관작회복이라는 조공책봉관계의 회복만을 의미하는 것이 아니었다. 침공군의 철군은 요서에 대한 수의 세력 확대정책이 중단되었음을 의미하였다. 고구려는 수의 세력이 후퇴함으로써 요서 일대에 대한 지배권을 회복할 수 있었다. 나아가 한반도 내의 국제질서에 대해서도 고구려는 독점적인 지위를 인정받을 수 있었던 것으로 보인다. 수 문제에게 고구려를 정벌해 달라는 백제의 요청이 양국 관계가 회복되었다는 이유로 거부되었던 사실로써도 알 수 있다.[53] 고구려의 국제적 지위는 7세기 초에도 여전히 유지될 수 있었던 것이다.

끝으로 고구려는 요서 일대의 세력 균형을 회복할 수 있었다. 이것은 동북아시아세계의 정세에서 매우 중요한 의미를 가진다. 왜냐하면 수의 요서 진출 과정에서 보았듯이 한 국가가 요서를 차지하게 되면 동북아시아세계 전체의 국제질서를 좌우할 수 있었기 때문이었다. 수의 요서 장악 시도를 저지함으로써 고구려는 동북아시아세계의 세력균형적 국제질서를 7세기초까지 이끌어 나갈 수 있었던 것이다.

결국 동북아시아세계에서의 세력균형은 隋 煬帝의 고구려 침공을 거쳐 唐 太宗의 침공에 이르면 소멸하였다고 생각된다. 이와 더불어 고구려의 상대적 우위 역시 사라지게 되었다. 고구려가 영양왕 9년에 벌어진 일련의 과정을 주도하였던 것은 세력균형을 이용할 수 있었기에 가능하였다. 이 시기를 지나면서 고구려는 더 이상 영양왕 9년의 돌궐과 같은 지원세력 혹은 동맹세력을 배후에 두지 못하였다. 대신 고구려가 수와 그 뒤를 이은 당에 대항하는 두 세력의 대결구도로 바뀌어 나갔다. 그것은 고구려가 홀로 수·당과 그 세력권에 포함된 주변국가들에 대항하게 되었음을 의미한다.

---

53) "百濟王昌遣使奉表 請爲軍導. 帝下詔諭以高句麗服罪 朕已赦之 不可致伐" (『三國史記』 卷20, 高句麗本紀 8, 嬰陽王 9年).

이러한 점에서 수 · 당의 팽창에 대한 대항이면서도 영양왕 9년의 遼西戰
爭과 이후의 對隋唐戰은 근본적으로 다른 전쟁이었다.

이처럼 598년 고구려의 요서 공격이 가진 의미는 고구려가 자신의 세력
권을 유지하였다는데 머문 것이 아니었다. 동북아시아세계의 세력균형이
고구려의 주도아래 유지되었던 것이다. 6세기 말 요서 일대의 세력 균형은
중국을 통일한 수가 진출하면서 위협을 받았다. 동북아시아세계에 중국중
심의 세계질서를 구현하려고 수에서 시도하였기 때문이었다. 이에 맞서
고구려는 요서를 공격하여 수의 의도를 좌절시킬 수 있었다. 이러한 동북아
시아세계의 세력균형은 점차 고구려와 수 · 당의 양대 세력의 대립으로
바뀌어가고 결국 고구려와 수 · 당의 국운을 건 정면대결로 나가고 말았다.

5. 맺음말

고구려의 선제공격이었던 영양왕 9년의 요서 공격은 고구려와 수의 첫
충돌이었다. 6세기 말 중국을 통일한 수가 대외적 팽창을 시작하면서 양국
의 관계는 기본적으로 적대적인 방향으로 진행되었다. 영양왕 9년의 충돌
은 그 결과였다. 그러나 전쟁이 벌어졌던 기간을 제외하고는 양국의 조공책
봉관계는 지속되었다. 이에 당시 고구려와 수의 관계가 적대적인 상태만으
로 일관한 것은 아니었다.

또한 고구려는 영양왕 9년 요서 공격으로 30만 隋軍의 침공을 받았지만,
수에게 철군의 명분도 제공하였다. 수의 반격을 예상할 수 있는 상황에서
먼저 공격하였던 점이나 침공한 수의 입장을 헤아려 철군의 명분을 주었던

점에서 사태의 진행을 주도한 쪽은 고구려였다. 그러면서도 고구려는 타협의 여지를 두려고 노력하였다.

한편 고구려의 요서 공격과 이에 따른 수의 고구려 침공이 있었지만, 고구려와 수의 관계는 다시 복구되었다. 조공책봉관계가 회복되었던 것이다. 그런데 영양왕 9년의 전쟁에서 수의 침공군은 큰 피해를 입고 철군해야 하였다. 그러므로 598년의 전쟁 결과 나타난 양국 관계는 수보다는 고구려에게 유리한 방향으로 성립되었다. 이러한 몇 가지 문제들과 관점들을 토대로 대체로 다음과 같은 사실들을 밝힐 수 있었다.

전쟁이 일어나기 전인 590년대 고구려와 수의 관계를 가장 잘 보여주고 있는 자료는 수 문제의 조서였다. 이 글에는 요서 진출을 가로막지 말라는 수의 요구가 거절될 경우 고구려를 침공하겠다는 위협이 담겨있었다. 590년 고구려는 수와의 관계에 있어서 위기를 맞았던 것이다. 이 위기상황에서 수의 요서 진출을 묵인함으로써 고구려는 양국 관계를 원만히 유지할 수 있었다. 또한 수의 세력을 끌어들여 요서 일대의 세력균형에 이용하려 하였다. 이로써 요서 일대에는 기존의 고구려와 돌궐에 더하여 수의 세력이 자리잡게 되었다. 하지만 세력균형을 이루려던 고구려의 의도와는 달리 요서 일대의 국제질서는 급격히 변하였다.

수는 요서로 진출하여 세력권을 확대하려 하였다. 수의 요서진출정책은 수가 영주에 설치한 영주총관부에 의해 추진되었다. 영주총관부는 590년 전반기에 華夷貿易을 통해 주변세력을 수의 세력권에 끌어들이려 노력하였다. 이에따라 北夷와의 무역이 번성하였다는 기록이 있을 정도로 수의 요서진출은 성공적이었다. 그것은 고구려의 묵인이 있었기에 가능한 것이었다.

그러나 수는 화이무역만으로 그치지 않고 적극적인 세력 확대에 나섰다.

또한 당시 고구려와 수의 관계는 주변세력들에게 고구려의 굴복으로 여겨
질 수 있었다. 그 결과 고구려의 세력권이 위협을 받기 시작하였다. 契丹
別部가 고구려를 배반한 것은 그 대표적 사례였다. 영주총관부의 활동은
요서 일대에 자리잡고 있던 또 하나의 세력인 돌궐의 세력권에도 영향을
주었다. 수의 요서 진출이 세력균형을 넘어서고 있었던 것이다. 이러한 수의
세력 확대가 계속 된다면 수가 요서지역을 차지하게 될 상황이었다. 요서지
역에서 세력균형이 파괴된다는 것은 고구려에게 심각한 위협이었다.

　이에 고구려는 요서를 공격하여 요서지역에서의 세력균형을 회복하려고
하였다. 그리고 수의 고구려 침공을 저지하고자 하였다. 그러면서도 고구려
의 세력권에 대한 수의 인정을 받고자 하였다. 이를 위해서 수와의 관계가
적대적으로 바뀌는 것 또한 바라지 않았다. 이러한 여러 가지 조건을 고려하
여 고구려의 요서 공격은 국지전의 성격을 띠었다. 그리고 수의 위신을
세워줌으로써 고구려는 수의 침공군을 철군시킬 수 있었을 뿐만 아니라
고구려 세력권을 인정받을 수도 있었다. 그 결과 고구려는 7세기 초까지
동북아시아세계의 세력균형을 유지할 수 있었다.

　하지만 균형은 세력관계의 변화에 따라 파괴될 가능성이 항상 있었다.
고구려가 영양왕 9년 돌궐을 배후에 두고 요서 공격을 가함으로써 수의
요서 진출은 좌절되었다. 그러나 수와 당은 고구려와 연결될 수 있는 세력들
을 사전에 굴복시켜나갔다. 세력균형은 이후에도 일시적이나마 회복되기
도 하였지만, 수 양제의 침공을 거쳐 당 태종의 고구려 침공에 이르면 회복
이 불가능할 정도로 파괴되었다. 그 결과 고구려는 당의 군사적 위협을
견제할 수 없게 되었다. 이 점에서 598년 요서 공격의 역사적 의의는 크다고
할 수 있다.

결 론

　이 글의 목적은 5~6세기 高句麗의 西方政策이 지니는 특징과 그 변화를 밝히는데 있었다. 전성기 고구려를 중심으로 하여 동아시아세계의 국제관계를 파악하기 위하여 서방에 대한 고구려의 대외정책을 살핀 것이다. 이를 위하여서 필자는 서방에 대한 고구려의 대외정책이 시기나 위협의 정도에 따라서 달랐을 것이라는 점에 유의하였다. 시기적인 변화와 상대세력의 위협 정도에 따라서 서방정책의 전개 양상이 달라졌다고 보았던 것이다. 그리고 양국 관계에 대한 인식의 차이를 현실적으로 좁혀가기 위하여 고구려가 기울인 노력에 관심을 두었다. 서방에 대한 대외정책이 양국의 관계를 공존으로 이끌어가기 위하여 마련되었다는 시각을 가졌던 것이다. 또한 책봉과 조공을 연결 고리로 삼아서 5~6세기 고구려의 대외관계에서 나타난 여러 문제들을 연결지워 이해하려고 노력하였다. 아울러 고구려와 서방 세력이 경계를 접한 요서지역은 양 세력 모두에게 지정학적으로 중요하였다는 점을 각별히 고려하였다. 이러한 몇 가지의 관점에 주의하면서 필자는 고구려가 서방에 대한 정책을 필요로 하였던 각 시기의 여러 현안을 중심으로 논의를 이끌었다. 본론에서 검토한 내용은 다음과 같이 요약할 수 있다.

　제 Ⅰ장에서는 長壽王 23년(435) 무렵 고구려의 對北魏 交涉에 관하여 알아 보았다. 장수왕은 재위 23년 세력관계에서의 우열에 바탕을 둔 대북위 교섭에 나섰다. 고구려는 북위에 사절을 보내 表文과 方物을 바치고, 북위의 國諱를 요청하였다. 그리고 장수왕은 북위의 冊封을 받았다. 이로써 고구려는 우호적인 관계를 이루기 위한 북위의 동의를 얻을 수 있었다.

고구려가 장수왕 23년에 대북위 외교에 나선 것은 연접해 있던 北燕의 정세가 악화되고 있었기 때문이었다. 또한 국제정세도 북위에게 유리하게 전개되고 있어서 고구려로서는 북위의 세력이 요서 이동으로 넘어올 것에 대처해야만 하였다. 북위는 북연 너머의 동이세력에 대해 지배력을 행사하려는 의도를 감추지 않고 있었던 것이다. 이러한 북위의 동방 관련 정책은 항복한 북연의 왕자 馮崇을 책봉한 것에서 드러나고 있었다. 풍숭이 맡았던 직임에는 "都督幽 · 平 · 東夷諸軍事 領護東夷校尉" 따위가 있었다. 완충지대로서의 북연이 남아있었지만 북위는 북연왕자 출신 풍숭을 내세워 북연의 저항력을 약화시키는 한편 주변의 동이세력에 대해 영향력을 뻗치려 하였다. 이러한 북위의 동방정책은 곧 붕괴할 북연의 상황에서 미루어 머지 않아 적극적으로 전개될 것이고, 고구려는 북위의 강력한 세력확대 정책에 직면하게 될 예정이었다. 특히 고구려가 먼저 북위와의 관계 모색에 나섰던 사정은 여기에 더하여 북연이 북위쪽으로 기울어지고 있었기 때문이다. 그러던 북위와 북연의 관계는 고구려의 조공으로 변하였다. 고구려의 조공에 기세를 얻은 북위가 북연을 직접 지배하려는 조치를 취하였기 때문이다. 이로써 북연왕은 고구려에 의지하게 되었다. 북연왕을 필요로 하였던 고구려는 이를 위한 예비작업으로 대북위 외교를 전개했던 것이다.

그러다가 북위의 북연 장악을 즈음하여 북위의 세력확대가 최고조에 달하게 되자, 이에 맞서 고구려는 군사력을 과시함으로써 북위의 동방 진출에 제약을 가하였다. 그리고 고구려권의 和龍城 진출로 북연왕 영입에 성공함으로써 고구려는 북위에 맞설 수 있는 억제력을 확보할 수 있게 되었다.

이에 고구려는 북위와의 새로운 관계를 모색할 수 있었다. 고구려는 외교적으로 북위의 우위를 인정하고 그로부터 遼西 일대와 東夷 세력에 대한 고구려의 기득권을 보장받는 방식으로 북위와의 관계를 이루려고 하였다. 이러한 관계가 요서 이동에 대한 고구려의 지배권 유지와 대서방 관계를 우호적으로 이끌어 가는데 효과적이라고 판단한 것이다.

제 Ⅱ장에서는 高句麗의 對宋外交 추진과 그에 따른 대북위 전략을 검토하였다. 北燕과 그 일대의 東夷 제세력을 장악하려던 북위의 전략은 고구려의 군사적 개입으로 좌절되었다. 또한 고구려는 和龍城에 진출하여 북연의 지배층을 영입함으로써 북위의 북연 정복을 불완전하게 만들었을 뿐만 아니라 북연지역 통치에도 불안감을 주었다. 이에 북위는 고구려를 적대국가로 간주하였고, 우선 북연지역을 안정시킨 후 東方政策을 적극적으로 추진해 나가려 하였다. 북위가 북연지역과 정복민을 유화적인 통치방식으로 다루고 和龍鎭을 두고 要人을 파견하였던 것은 이러한 사정을 보여주고 있었다. 이에 대해 고구려가 강국이라고는 하지만, 그것이 북위에 비해선 열세였음에 틀림없다. 그리고 이것은 고구려의 북위에 대한 强穩兩策이 가지는 효과를 제한하였다.

長壽王 26年(438) 宋이 北燕王 馮弘을 영입하려 시도하자, 고구려는 대북위 관계에서 송의 존재를 내세울 수 있었다. 송의 전략이 북위의 東方에 새로운 전선을 만들어 북위의 군사적 역량을 분산시키려는 데 있었기 때문이다. 그러므로 대송외교를 전개함으로써, 장수왕은 고구려가 북위와 송의 대결관계에서 양측 모두에게 전략적으로 중요한 상대라는 점을 새롭게 인식시킬 수 있었다. 또한 장수왕은 대북위 관계를 단절하고 대송외교를 추진함으로써 북위와 反北魏戰線의 대결관계에서 고구려의 전략적 가치를 한껏 끌어올릴 수 있었다. 물론 고구려의 전략은 북위와 송으로부터 쉽사리 인정받을 수는 없었다. 그러나 풍홍사건의 수습과정에서도 알 수 있듯이, 고구려는 송에게 사태의 잘못을 인정하도록 강요할 수 있었다. 뿐만 아니라 고구려는 고구려의 전략적 중요성을 새로운 견제력으로 확보하여, 북위로 하여금 고구려의 서방을 목표로 한 군사행동을 자제하도록 만들 수 있었다. 나아가 고구려는 송과의 관계를 우호적으로 이끌어 갈 수 있었음은 물론이고, 동아시아세계 대부분의 국가들이 빠져나오지 못했던 宋·柔然과 북위의 대결에 휘말리지 않을 수 있었다. 이러한 고구려의 전략은 대립관계에 있던 북위를 상대로 한 것이었다는 점에서 각별한 의의가 있다.

제 Ⅲ장에서는 高句麗가 北魏와의 관계에서 독자의 세력권을 인정받고 있었다는 통설과 관련하여 그것이 어떠한 과정을 거쳐 나온 것인지에 대해 살펴보았다. 집권 후반기에 들어서 長壽王은 대북위 외교를 재개하였다. 이것은 북위가 고구려를 적대하고 있던 百濟·勿吉 등 주변 세력에게 지지와 군사적 제휴의 가능성을 비춤으로써 고구려를 압박해 오고 있던 상황에서 비롯되었다. 북위의 전략은 전력을 기울일 수 없는 상황에서 취해진 것이라는 점에서 한계가 있었지만, 북위의 전략에 편승할 주변 세력들이 한둘이 아니라는 점에서 그 파급효과는 위협적이었다.

고구려는 북위와의 관계 개선을 통해 이러한 위협을 차단하려고 하였다. 이와 더불어서 양국 사이에서 향배를 관망하고 있던 주변 세력들이 북위에 편승하게 될 것을 막으려는 뜻도 있었다. 그러나 양국 관계를 개선하려던 고구려의 시도는 북위의 대고구려 전략이 또다른 차원에서 진행될 수 있는 빌미를 제공해 주었다. 북위의 사절이 백제 사신을 대동한 채 고구려 영내를 통과하여 백제로 나아가려고 했던 것이나, 고구려 王女의 納妃를 요구한 것은 고구려의 대북위 외교를 기회로 삼아 고구려를 도모해 보려던 북위 조정의 전략에서 기인한 사건들이었다.

이에 따라 고구려가 북위의 적대적 전략을 무산시키기 위해서는 우선 북위측의 고구려에 대한 인식을 바꿀 필요가 있었다. 장수왕 63년(475) 고구려는 백제 수도 漢城을 함락하여 백제에게 커다란 타격을 주는 한편, 곧이은 군사행동에서는 북위의 동방 일대를 뒤흔들었다. 고구려는 庫莫奚와 契丹 등이 거주지를 버리고 북위의 營州로 몰려가도록 함으로써 북위 東方의 안정을 크게 파괴하였다. 이로써 고구려는 북위로 하여금 고구려의 강성함을 깨닫게 하였고, 북위 동방의 안정을 위해서라도 고구려와 우호하는 편이 바람직하다는 것을 인식케 하였다. 뿐만 아니라 주변 세력들에게 고구려의 위세를 과시하는 효과를 노린 것이기도 하였다. 이같은 고구려의 실력 행사는 북위와의 전면적 대립을 도모하지 않는 간접적 방식을 통한 것으로써 북위와의 갈등을 최소화하는데 초점이 맞추어져 있었다. 고구려의 강경한 행동들은 어디까지나 북위를, 타협의 장으로 이끌어내기 위한 압력의 수준을 넘어서는 것이 아니었다.

고구려가 도모할 수 없는 상대로 간주되면서 북위의 전략은 달라지지 않을 수 없었다. 이와 짝하여 고구려와의 외교에 있어서도 고구려의 국제적 위상에 걸맞는 대우를 하기에 이르렀다. 고구려 사절에 대한 북위의 예우가 각별하였다는 것은 이같은 인식의 변화를 드러내는 것이었다. 그렇지만 양국이 遼西를 兩分하고 있으며 고구려가 그 以東의 세계에 대해 독점적 지위를 확보하고 있다는 현실을 북위가 인정하는 데에는 시간이 좀더 필요하였다. 이 점에서 대북위 외교의 재개와 일련의 군사행동으로 대표되는 장수왕 후반기의 서방정책은 북위의 고구려에 대한 인식을 재고케 하는데 기여하였다. 나아가 요서 이동 세계에 대한 고구려의 독점적 지위가 제도적으로 보장되는 데 필요한 기반을 마련하였다는 점에서 의의가 있다.

제 Ⅳ장에서는 流人送還 문제에 주목하여 552년 무렵의 高句麗와 北齊의 관계에 대해 알아 보았다. 流人이란 단순히 北魏末의 혼란을 피해 고구려로 흘러들어온 難民이 아니었다. 6세기 전반기 고구려의 대외관계에서 특별히 유인이 중요하였던 것은 이들이 營州 일대의 국제질서와 관련되었기 때문이었다.

고구려는 북위세력이 사라지게 됨에 따라 영주 일대에 세력을 확대하려 하였다. 고구려가 영주 일대의 국제질서를 주도하려는 의도에서였다. 이와 관련하여 영주 일대를 중심으로 한 유인들을 확보하고 포섭하기 위해 고구려의 적극적인 유인정책이 추진되었다. 그 결과 영주 일대를 차지하지는 못하였지만, 고구려는 많은 수의 유인들을 확보해 나갈 수 있었다.

552년 북제가 유인송환을 요구하였던 것이나 고구려가 완강히 거부하려 했던 것은 그만큼 양국 모두에게 유인의 비중이 컸음을 극명하게 보여주는 것에 다름아니었다. 팽팽한 긴장이 이어지던 끝에, 결국 고구려는 유인을 돌려보냄으로써 북제와의 대립보다는 우호적 관계를 택하였다. 이를 통해 양국은 세력균형적 관계를 이루었다. 북제와의 세력균형적 관계를 토대로 고구려는 대내외적 위기상황에 대처해 나갈 수 있었다. 552년 유인을 송환함으로써 고구려는 위기상황을 수습의 국면으로 전환시켜 나아갔던 것이다. 따라서 영주 방면에 있어서 고구려의 세력권 확대와 그것의 굴절 과정을 살펴볼 수 있었다는 점에서 6세기 유인 문제가 가지는 역사적 의의는 크다고 할 수 있다.

나아가 6세기 전반기의 국제질서에 대해 새로운 이해를 얻을 수 있었다. 대체로 북위의 혼란으로 시작된 520년대 중반이후 552년까지의 시기에는 고구려와 북위의 세력균형적 관계가 붕괴되어 새로운 국제질서가 형성되고 있었던 것이다. 요컨대, 이 시기의 주요한 쟁점이 고구려가 영주 일대의 국제질서를 주도하려 함으로써 전개되었다는 점에서 새로운 국제질서의 모색이 있었던 시대였다고 볼 수 있다.

　제 Ⅴ장에서는 중국을 통일한 隋의 강력한 세력이 遼西로 밀려든 것과 관련하여, 고구려의 서방정책을 살펴보았다. 고구려의 선제공격이었던 嬰陽王 9年(598) 요서 공격은 고구려와 수의 첫 충돌이었다. 그러나 전쟁이 벌어졌던 598년을 제외하고는 양국의 조공책봉관계는 지속되었다. 이에 당시 고구려와 수의 관계가 적대적인 상태만으로 일관한 것은 아니었다.

　또한 고구려는 598년 요서 공격으로 인해 30만 隋軍의 침공을 받았지만, 수에게 철군의 명분도 제공하였다. 수의 반격을 예상할 수 있는 상황에서 먼저 공격하였던 점이나 침공한 수의 입장을 헤아려 철군의 명분을 주었던 점에서 사태의 진행을 주도한 쪽은 고구려였다. 그러면서도 고구려는 타협의 여지를 두려고 노력하였다.

　한편 고구려의 요서 공격과 수의 고구려 침공 결과 고구려와 수의 관계는 복구되었다. 조공책봉관계가 회복되었던 것이다. 그러나 598년의 전쟁에서 수의 침공군은 큰 피해를 입고 철군해야 하였다. 그러므로 598년의 전쟁 결과 나타난 양국 관계는 수보다는 고구려에게 유리한 방향으로 성립되었다. 이러한 몇 가지 문제들과 관점들을 토대로 대체로 다음과 같은 사실들을 밝힐 수 있었다.

　전쟁이 일어나기 전인 590년대 고구려와 수의 관계를 가장 잘 보여주고 있는 자료는 隋 文帝의 조서였다. 이 글에는 요서 진출을 가로막지 말라는 수의 요구가 거절될 경우 고구려를 침공하겠다는 위협이 담겨있었다. 590년 고구려는 수와의 관계에 있어서 위기를 맞았던 것이다. 이 위기상황에서 수의 요서 진출을 묵인함으로써 고구려는 양국 관계를 원만히 유지할 수 있었다. 또한 수의 세력을 끌어들여 요서 일대의 세력균형에 이용하려 하였다. 이로써 요서 일대에는 기존의 고구려와 돌궐에 더하여 수의 세력이 자리잡게 되었다. 하지만 세력균형을 이루려던 고구려의 의도와는 달리 요서 일대의 국제질서는 급격히 변하였다.

수는 요서로 진출하여 세력권을 확대하려 하였다. 수의 요서진출정책은 수가 영주에 설치한 營州總管府에 의해 추진되었다. 영주총관부는 590년 전반기에 華夷貿易을 통해 주변세력을 수의 세력권에 끌어들이려 노력하였다. 이에따라 北夷와의 무역이 번성하였다는 기록이 있을 정도로 수의 요서진출은 성공적이었다. 그것은 고구려의 묵인이 있었기에 가능한 것이었다.

그러나 수는 화이무역만으로 그치지 않고 적극적인 세력 확대에 나섰다. 또한 당시 고구려와 수의 관계는 주변세력들에게 고구려의 굴복으로 여겨질 수 있었다. 그 결과 고구려의 세력권이 위협을 받기 시작하였다. 契丹別部가 고구려를 배반한 것은 그 대표적 사례였다. 영주총관부의 활동은 요서 일대에 자리잡고 있던 또 하나의 세력인 돌궐의 세력권에도 영향을 주었다. 수의 요서 진출이 세력균형을 넘어서고 있었던 것이다. 이러한 수의 세력 확대가 계속 된다면 수가 요서지역을 차지하게 될 상황이었다. 요서지역에서 세력균형이 파괴된다는 것은 고구려에게 심각한 위협이었다.

이에 고구려는 요서를 공격하여 요서지역에서의 세력균형을 회복하려고 하였다. 그리고 수의 고구려 침공을 저지하고자 하였다. 그러면서도 고구려의 세력권에 대한 수의 인정을 받고자 하였다. 이를 위해서 수와의 관계가 적대적으로 바뀌는 것 또한 바라지 않았다. 이러한 여러 가지 조건을 고려하여 고구려의 요서 공격은 국지전의 성격을 띠었다. 수의 위신을 세워줌으로써 고구려는 수의 침공군을 철군시킬 수 있었을 뿐만아니라 고구려 세력권을 인정받을 수 있었다. 그 결과 고구려는 7세기 초까지 동북아시아세계의 세력균형을 유지할 수 있었다.

하지만 균형은 세력관계의 변화에 따라 파괴될 가능성이 항상 있었다. 고구려가 598년 突厥을 배후에 두고 요서 공격을 가함으로써 수의 요서 진출은 좌절되었다. 그러나 隋와 唐은 고구려와 연결될 수 있는 세력들을 사전에 굴복시켜나갔다. 세력균형은 이후에도 일시적이나마 회복되기도 하였지만, 隋 煬帝의 침공을 거쳐 唐 太宗의 고구려 침공에 이르면 회복이 불가능할 정도로 파괴되었다. 그 결과 고구려는 당의 군사적 위협을 견제할 수 없게 되었다. 이 점에서 598년 요서 공격의 역사적 의의는 크다고 할 수 있다.

參考文獻

1. 史料

가. 韓國

『三國史記』
『三國遺事』
韓國古代社會研究所 編,『譯註 韓國古代金石文 Ⅰ·Ⅱ』, 駕洛國史蹟開發研究院
          (1992).
國史編纂委員會 編,『韓國古代金石文資料集』(1995).

나. 中國·日本

『晉書』
『魏書』
『北齊書』
『隋書』
『北史』
『宋書』
『南齊書』
『南史』
『舊唐書』
『新唐書』
『資治通鑑』

『通典』
『册府元龜』
『太平寰宇記』
『25史補編』(이상, 標點校勘 中華書局本)
『日本書紀』

2. 研究書

箭內亘・稻葉岩吉・松井等 撰,『滿洲歷史地理』1(東京 丸善株式會社, 1940).

池內宏,『滿鮮史 研究』上世 1(吉川弘文館, 1951).

濱口重國,『秦漢隋唐史の研究』上(東京大 出版部, 1966).

朴時亨,『廣開土王陵碑』(사회과학원출판사, 1966).

谷川道雄,『隋唐帝國形成史論』(筑摩書房, 1971).

李弘稙,『韓國古代史의 研究』(新丘文化社, 1971).

上田正昭・井上秀雄,『古代の日本と朝鮮』(學生社, 1974).

鬼頭淸明,『日本古代國家の形成と東アジア』(校倉書房, 1976).

李丙燾,『韓國古代史研究』(博英社, 1976).

坂元義種,『古代東アジアの日本と朝鮮』(1978).

唐代史研究會 編,『隋唐帝國と東アジア世界』(汲古書院, 1979).

朴性鳳,『高句麗의 南進發展에 관한 研究- 특히 好太王期까지의 '廣開土境'의 性
格을 中心으로-』(경희대 박사논문, 1979).

全海宗,『韓中關係史研究』(一潮閣, 1980).

徐榮洙,『三國時代의 對中國關係研究』(단국대 박사논문, 1981).

金翰奎,『古代中國的世界秩序研究』(一潮閣, 1982).

金善昱,『隋唐時代中韓關係研究 -以政治軍事諸問題爲中心- 』(臺灣大學歷史研究

　　　　所 박사논문, 1983).

西嶋定生, 『中國古代國家と東アジア世界』(1983).

歷史學會 編, 『韓國古代의 國家와 社會』(一潮閣, 1985).

韓國史硏究會 編, 『古代 韓中關係史의 硏究』(1987).

全海宗 編 『東亞史의 比較硏究』(一潮閣, 1987).

이지린·강인숙, 『고구려역사』(사회과학출판사; 논장, 1988).

朴漢濟, 『中國中世胡漢體制硏究』(一潮閣, 1988).

武田幸男, 『高句麗と東アジア -「廣開土王碑」硏究序說- 』(東京 岩波書店, 1989).

손영종, 『고구려사』(과학백과사전종합출판사, 1990).

日野開三郎, 『東洋史學論集 -東北アジア民族史-』第14卷(三一書房, 1991).

日野開三郎, 『東洋史學論集-東北アジア民族史-』第15卷(三一書房, 1991).

方學鳳, 『중국동북민족관계사』(서울, 대륙연구소, 1991).

徐仁漢, 『高句麗 對隋唐 戰爭史』(국방부 전사편찬위원회, 1991).

李成市 外, 『<<新版 古代の日本>>アジアからみた古代日本』(角川書店, 1992).

堀敏一, 『中國と古代東アジア世界』(岩波書店, 1993).

金鍾完, 『中國南北朝史硏究 -朝貢·册封關係를 중심으로- 』(一潮閣, 1995).

朴性鳳 編, 『高句麗 南進經營史의 硏究』(백산자료원, 1995).

林起煥, 『高句麗 集權體制 成立過程의 硏究』(경희대 박사논문, 1995).

李在成, 『古代 東蒙古史硏究』(법인문화사, 1996).

金翰奎, 『古代東亞細亞幕府體制硏究』(一潮閣, 1997).

孔錫龜, 『高句麗 領域擴張史 硏究』(서경문화사, 1998).

金翰奎, 『韓中關係史硏究』 Ⅰ(아르케, 1999).

노태돈, 『고구려사 연구』(사계절, 1999).

鄭載潤, 『熊津時代 百濟政治史의 展開와 特性』(西江大學校 博士論文, 1999).

忠南大 百濟硏究所編, 『百濟史上의 戰爭』(2000).

金子修一, 『古代中國と皇帝祭祀』(汲古書院, 2000).

3. 硏究論文

末松保和, 「高句麗攻守の形勢」『靑丘學叢』 5(京城, 1931).

池內宏, 「勿吉考」『滿鮮地理歷史硏究報告』 15(1934); 『滿鮮史硏究(上世-第1册)』
　　　(吉川弘文館, 1951).

濱口重國, 「東魏の兵制」『東洋學報』 24-1(1936); 『秦漢隋唐史の硏究』 上(東京大
　　　出版部, 1966).

箭內亘 外, 「晉代の滿洲」『滿洲歷史地理』 1(1940).

松井等, 「隋・唐 二朝高句麗遠征の地理」『滿洲歷史地理』 1(1940).

韓國磐, 「隋征高麗之目的及其失敗之原因」『讀書通訊』 154(1948).

池內宏, 「漢魏晉の玄菟郡と高句麗」『滿鮮史 硏究』 上世 1(吉川弘文館, 1951).

李龍範, 「高句麗의 遼西進出 企圖와 突厥」『史學硏究』 4, 1959; 『韓蒙關係史硏究』
　　　(1989).

傅啓學, 「隋代對外關係(2)-隋代與高麗關係-」『社會科學論叢』 14(1964).

全海宗, 「韓中朝貢關係考」『東洋史硏究』 1; 『韓中關係史硏究』(一潮閣, 1966).

李龍範, 「高句麗 成長과 鐵」『白山學報』 1, 1966; 『韓蒙關係史硏究』(1989).

江畑武, 「四-六世紀の朝鮮三國と日本-中國との册封をめぐって-」『朝鮮史硏究會論
　　　文集』 4(極東書店, 1968); 上田正昭・井上秀雄編, 『古代の日本と朝鮮』
　　　(學生社, 1974).

坂元義種, 「古代東アジアの日本と朝鮮-「大王」の成立をめぐって-」, 「史林」51-4
　　　(1968); 『古代東アジアの日本と朝鮮』(吉川弘文館, 1978).

丁仲煥, 「古代史上의 大陸關係-高句麗를 中心으로-」『白山學報』 4(1969).

谷川道雄, 「第Ⅱ篇 北魏統一帝國の支配構造と貴族制社會」『隋唐帝國形成史論』
　　　(筑摩書房, 1971).

武田幸男, 「高句麗官位制とその展開」『朝鮮學報』 86(1978); 『高句麗と東アジア』
　　　(東京 岩波書店, 1989).

盧泰敦,「高句麗의 漢水流域喪失의 原因에 대하여」『韓國史硏究』13(1976);『고구려사 연구』(사계절, 1999).

李萬烈,「고구려와 수당과의 전쟁」『한국사 2 -민족과 성장-』(국사편찬위원회, 1977).

坂元義種,「古代東アジアの國際關係-和親・册封・使節よりみたる-」『古代東アジアの日本と朝鮮』(吉川弘文館, 1978).

李丙燾,「高句麗對隋唐抗戰」『韓國古代史硏究』(博英社, 1979).

堀敏一,「隋代東アジア國際關係」『隋唐帝國と東アジア世界』(1979).

金貞培,「中原高句麗碑의 몇 가지 問題點」『史學志』13, 中原高句麗碑 特輯號(1979);『韓國古代史論의 新潮流』(高麗大 出版部, 1980).

邊太燮,「中原高句麗碑의 內容과 年代에 대한 檢討」『史學志』13, 中原高句麗碑 特輯號(1979).

李基白,「中原高句麗碑의 몇 가지 문제」『史學志』13, 中原高句麗碑 特輯號(1979).

李丙燾,「中原高句麗碑에 대하여」『史學志』13, 中原高句麗碑 特輯號(1979).

任昌淳,「中原高句麗古碑小考」『史學志』13, 中原高句麗碑 特輯號(1979).

申瀅植,「中原高句麗碑에 대한 考察」『史學志』13(1979);『韓國古代史의 新研究』(一潮閣, 1984).

朴性鳳,「韓國史上 南進・北進의 性格問題」『慶熙大論文集』9(1979).

朴性鳳,「廣開土好太王期 高句麗 南進의 性格」『韓國史硏究』27(1979).

武田幸男,「序說 5-6世紀東アジア史の一視點 -高句麗「中原碑」から新羅「赤城碑」へ-」『東アジア世界における日本古代史講座』4(1980).

古川政司,「6世紀前半の日朝關係」『立命館史學』1(1980).

千寬宇,「廣開土王의 征服活動에 대하여」『軍史』1(1980).

木下禮仁,「中原高句麗碑-その建立年代を中心として-」『村上四男博士和歌山大學退官記念朝鮮史論文集』(1981);『南都泳博士華甲紀念史學論叢』(1984).

武田幸男,「牟頭婁一族と高句麗王權」『朝鮮學報』99・100합집(1981);『高句麗と東アジア』(東京 岩波書店, 1989).

朴性鳳,「發展期 高句麗의 南進過程-특히 西安平・樂浪 攻取의 南進的性格을 내

세우며」『조영식박사화갑기념논문집』(1981).

朴性鳳,「高句麗 對外關係資料 記事의 整理」『韓國研究資料叢刊』 6(경희대, 1981).

梁起錫,「三國時代 人質의 性格에 對하여」『史學志』 15(1981).

盧重國,「高句麗·百濟·新羅사이의 力關係變化에 대한 一考察」『東方學志』 28 (1981).

徐永大,「高句麗 平壤遷都의 動機-王權 및 中央集權的 支配體制의 强化科程과 關 聯하여-」『韓國文化』 2(1981).

徐榮洙,「三國과 南北朝 交涉의 性格」『東洋學』 11(1981).

李亨求,「廣開土大王碑文의 所謂 辛卯年記事에 對하여」『東方學誌』 29(1981).

塙 博,「北涼の對外關係について」『早稻田大學大學院文學研究科紀要別冊』 9 (1982).

三崎良章,「北魏の對外政策と高句麗」『朝鮮學報』 102(1982).

三崎良章,「高句麗の對北魏外交」『早稻田大學大學院文化研究科紀要別冊』 9 (1982).

三崎良章,「南北朝の對外政策についての一考察-氏族楊氏集團への册封を通して-」 『史觀』 114.

李鍾旭,「高句麗 初期의 地方統治制度」『歷史學報』 94·95(1982).

千寬宇,「廣開土王陵碑再論」『全海宗博士華甲紀念 史學論叢』(一潮閣, 1982).

李昊榮,「高句麗·新羅의 漢江流域進出 問題」『史學志』 18(1982).

徐榮洙,「廣開土王陵碑文의 征服記事 再檢討(上)」『歷史學報』 96(1982).

金英夏·韓相俊,「中原 高句麗碑의 建立 年代에 대하여」『敎育研究志』 25(경북대, 1983).

梁起錫,「4-5C 高句麗 王者의 天下觀」『湖西史學』 11(1983).

西嶋定生,「東アジア世界と册封體制-六～八世紀の東アジア-」『中國古代國家と東 アジア世界』(1983).

金秉柱,「羅濟同盟에 관한 研究」『韓國史研究』 46(1984).

金善昱,「高句麗의 隋唐關係 研究-朝貢記事의 檢討를 中心으로-」『忠南大 人文科

學硏究所論文集』11-2(1984).

朴性鳳,「高句麗의 漢江流域進出과 意義」『鄕土서울』42(1984).

盧泰敦, 「5-6世紀 東아시아의 國際秩序와 高句麗의 對外關係」『東方學志』44(1984).

金翰奎,「南北朝時代의 中國的 世界秩序와 古代韓國의 幕府制」『韓國古代의 國家와 社會』(一潮閣, 1985);『古代東亞細亞幕府體制硏究』(一潮閣, 1997).

金善昱,「高句麗의 隋唐關係」『百濟硏究』26(1985).

盧重國,「高句麗 對外關係史 硏究의 現況과 課題」『東方學志』49(1985).

손영종,「중원고구려비에 대하여」『력사과학』1985-2(1985).

朱子方・孫國平,「隋'韓暨墓誌'跋」『北方文物』1986年 1期(1986).

盧重國, 「高句麗史硏究의 現況과 課題」『東方學志』52(1986).

李基東,「廣開土王陵碑文에 보이는 百濟關係記事의 檢討」『百濟硏究』17(1986).

金翰奎,「古代韓國 位制의 爵制的 性格에 대하여」『東亞史의 比較硏究』(1987).

金善昱,「隋代'遼東之役'의 廷議에 관한 검토」『忠南大論文集』14-1(1987).

徐榮洙,「三國時代 韓・中外交의 展開와 性格」『古代韓中關係史의 硏究』(1987).

李鍾旭,「高句麗 初期의 政治的 成長과 對中國關係의 展開」『東亞史의 比較硏究』(1987).

李龍範,「高句麗의 膨脹主義와 中國과의 關係」『韓蒙關係史硏究』(1989).

金貞培,「高句麗와 新羅의 영역문제-順興地域의 考古學자료와 관련하여-」『韓國史硏究』61・62(1988).

盧重國,『百濟政治史硏究』(一潮閣, 1988).

盧泰敦,「5世紀 金石文에서 보이는 高句麗人의 天下觀」『韓國史論』19(서울대, 1988);『고구려사 연구』(사계절, 1999).

盧泰敦, 「5세기 高句麗人의 天下觀」『韓國史市民講座』3집(1988); 앞의 책.

盧泰敦,「고구려의 성립과 발전」『韓國古代史論』(한길사, 1988); 앞의 책.

徐榮洙,「廣開土王陵碑文의 征服記事 再檢討(下)」『歷史學報』119(1988).

李道學,「高句麗의 洛東江 流域 進出과 新羅 伽倻 經營」『國學硏究』2(1988).

趙仁成, 「廣開土王陵碑를 통해 본 高句麗의 守墓制」『韓國史市民講座』 3(1988).

武田幸男, 「長壽王の東アジア認識」『高句麗と東アジア』(東京 岩波書店, 1989).

張國慶, 「西晉至北魏時期"護東夷校尉"初探」『中央民族學院學報』 1989-3(1989).

金賢淑, 「廣開土王碑를 통해 본 高句麗 守墓人의 社會的 性格」『韓國史研究』
　　　65(1989).

盧泰敦, 「扶餘國의 境域과 그 變遷」『國史館論叢』 4(1989);『고구려사 연구』(사계절,
　　　1999).

全海宗, 「三國 및 統一新羅時代의 韓中關係」『震檀學報』 68(1989).

朴京哲, 「高句麗 軍事戰略 考察을 위한 一試論-平壤遷都 以後 高句麗 軍事戰略의
　　　志向點을 中心으로-」『史學研究』 40(1989).

鄭雲龍, 「5世紀 高句麗 勢力圈의 南限」『史叢』 35(1989).

高寬敏, 「永樂十年 高句麗廣開土王の新羅救援戰について」『朝鮮史研究會論文集』
　　　27(1990).

金榮煥, 「北魏與東北諸國關係研究-以庫莫奚 契丹 高句麗 勿吉爲中心-」(臺灣大學
　　　歷史研究所 석사논문, 1990).

李成市, 「高句麗と日隋外交-いわゆる國書問題に關する一試論-」『思想』 765(1990);
　　　「高句麗와 日隋外交-이른바 國書問題에 관한 一試論-」『碧史李佑成敎 授
　　　停年紀念論叢』(1990).

孔錫龜, 「廣開土王陵碑의 東夫餘에 대한 考察」『韓國史研究』 70(1990).

朴性鳳, 「北韓의 高句麗史 研究動向과 特性」『東方學志』 65(1990).

李道學, 「漢城後期의 百濟王權과 支配體制의 整備」『百濟論叢』 2(百濟文化開發研
　　　究院, 1990).

池培善, 「北燕에 대하여(Ⅲ)-馮弘 재위시와 對高句麗관계를 중심으로-」『東洋史學研
　　　究』 32(1990).

日野開三郎, 「隋の遼西郡について」『史淵』 55(1953);『東洋史學論集 -東北アジア
　　　民族史-』第15卷(三一書房, 1991).

日野開三郎, 「夫餘國考-特にその中心地の位置について-」『東洋史學論集-東北アジ

ア民族史-』第14卷(三一書房, 1991).

日野開三郎,「勿吉考」『東洋史學論集-東北アジア民族史-』第14卷(三一書房, 1991).

孔錫龜,「高句麗의 領域擴張에 대한 研究」『韓國上古史學報』6(1991).

菊池英夫,「隋朝の對高句麗戰爭の發端について」『中央大學アジア史研究』16(
　　　1992).

李成市,「東アジアの諸國と人口移動」『《新版 古代の日本》 アジアからみた古代日
　　　本』, 角川書店(1992).

川本芳昭,「4・5世紀の中國と朝鮮・日本」『《新版　古代の日本》アジアからみた古代
　　　日本』(角川書店, 1992);『魏晉南北朝時代の民族問題』(汲古書院, 1998).

金子修一,「中國皇帝と周邊諸國の秩序」『《新版　古代の日本》 アジアからみた古
　　　代日本』(角川書店, 1992).

山尾幸久,「7世紀 中葉의 東아시아」『百濟研究』23(1992).

金鍾完,「南北朝時代 中外間의 國書에 대한 小考」『全州又石大學論文集』14(1992);
　　　『中國南北朝史研究』(一潮閣, 1995).

金賢淑,「高句麗의 靺鞨支配에 관한 試論的 考察」『韓國古代史研究』6(1992).

李鍾旭,「廣開土王陵碑 및 「三國史記」에 보이는 '倭兵'의 정체」『韓國史 市民講座』
　　　11(1992).

李鍾旭,「廣開土王碑文의 辛卯年條에 대한 해석」『韓國上古史學報』10(1992).

朱甫暾,「文館詞林에 보이는 韓國古代史 관련 外交文書」『慶北史學』15(1992).

朴漢濟,「7世紀 隋唐兩朝의 韓半島進出 經緯에 대한 一考-隋唐初 皇帝의 正統性
　　　確保問題와 關聯하여-」『東洋史學研究』43(1993).

武田幸男,「「高麗記」と高句麗政勢」『于江權兌遠教授停年紀念論叢』(1994).

延敏洙,「百濟의 五王時代의 對倭關係-對宋外交와 韓半島問題-」『金甲周教授華甲
　　　紀念 史學論叢』(1994).

林起煥,「廣開土王碑의 國烟과 看烟-4・5세기 고구려 대민편제의 일례-」『역사와 현
　　　실』13(1994).

尹明喆,「高句麗末期의 海洋活動과 東亞地中海의 秩序再編 -高隋戰爭을 중심으

로-」『國史館論叢』52(1994).

鄭雲龍,「5~6世紀 新羅·高句麗 관계의 推移 -유적·유물의 해석과 관련하여-」『신라의 대외관계사연구』(신라문화선양회, 1994).

韓 昇,「隋と高句麗の國際政治關係をめぐって」『堀敏一古稀論叢』(1995).

劉健明,「隋文帝征討高句麗的因由」『春史卞麟錫敎授還曆紀念唐史論叢』(1995).

劉子敏,「高句麗與南北朝的關係」『中朝韓日關係史研究論叢』1(1995).

尹明喆,「長壽王의 南進政策과 東亞地中海의 역학관계」『高句麗 南進經營史의 研究』(1995).

延敏洙,「廣開土王碑文에 보이는 對外關係-高句麗의 南方經營과 國際關係論」『韓國古代史研究』10(한국고대사연구회, 1995).

李熙眞,「廣開土王碑文에 나타난 任那伽倻征伐 背景과 影響」『韓國古代史研究』10(1995).

孔錫龜,「(고구려의) 영토확장과 5-6세기의 대외관계」『한국사』5(國史編纂委員會, 1996).

盧泰敦,「5-7세기 고구려의 지방제도」『韓國古代史論叢』8(1996);『고구려사 연구』(사계절, 1999).

濱田耕策,「廣開土好太王 時代의 '聖王'秩序에 對하여」『廣開土好太王碑研究 100年(下)』(1996).

李成市,「廣開土王碑의 立碑目的과 高句麗의 守墓役制」『廣開土好太王碑研究 100年(下)』(1996).

延敏洙,「廣開土王碑 研究와 韓日關係史上」『廣開土好太王碑研究 100年(下)』(1996).

尹明喆,「廣開土大王의 對外政策과 東亞地中海의 秩序再編」『廣開土好太王碑研究 100年(下)』(1996).

李仁哲,「廣開土太王碑 守墓人 烟戶條를 통해 본 高句麗의 南方經營」『廣開土好太王碑研究 100年(下)』(1996).

李基東,「高句麗史 發展의 劃期로서의 4世紀」『東國史學』30(1996).

李成珪,「中國의 分裂體制模式과 東아시아 諸國」『韓國古代史論叢』8(1996).

李昊榮,「(고구려의) 수당과의 전쟁」『한국사』5(國史編纂委員會, 1996).

姜性文,「麗隋·麗唐戰爭 原因考」『國史館論叢』69(1996).

木村誠,「中原高句麗碑立碑年次の再檢討」『朝鮮社會の史的發展と東アジア』(山川
        出版社, 1997).

金英珠,「高句麗 故國原王代의 對前燕關係」『北岳史論』4(1997).

金澤均,「＜三國史記＞에 보이는 靺鞨의 實體」『高句麗研究』3(1997).

김병남,「高句麗 平壤遷都 原因에 대하여」『全北史學』19·20(1997).

金瑛河,「高句麗의 發展과 戰爭」『大同文化研究』32(1997).

남재우,「＜廣開土王碑文＞에서의 安羅人 戍兵과 安羅國」『成大史林』 12·13
        (1997).

盧泰敦,「＜三國史記＞ 新羅本紀의 高句麗 關係記事 검토」『慶州史學』16(1997).

申瀅植,「高句麗 千里長城의 研究」『白山學報』49(1997).

李仁哲,「新羅의 漢江流域 進出過程에 대한 考察」『鄕土서울』57(1997).

孔錫龜,「5-6세기 高句麗의 對外關係」『高句麗 領域擴張史 研究』(1998).

金榮官,「三國 爭覇期 阿旦城의 位置와 領有權」『高句麗研究』5(1998).

최종택,「고고학상으로 본 고구려의 한강유역진출과 백제」『百濟研究』28(1998).

井上直樹,「高句麗の對北魏外交と朝鮮半島政勢」『朝鮮史研究會論文集』38(2000)

金壽泰,「百濟 蓋鹵王代의 對高句麗戰」『百濟史上의 戰爭』(2000).

李成制,「嬰陽王 9年 高句麗의 遼西攻擊」『震檀學報』90(2000).

余昊奎,「高句麗 千里長城의 經路와 築城背景」『國史館論叢』91(2000).

井上直樹,「『韓暨墓誌』を通してみた高句麗の對北魏外交の一側面 -六世紀前半を
        中心に-」『朝鮮學報』178(2001).

李成制,「高句麗와 北齊의 關係 -552년 流人 送還의 문제를 중심으로-」『韓國古代
        史研究』23(2001).

金鍾完,「南朝와 高句麗의 關係」『高句麗研究 14-高句麗의 國際關係-』(2002)

李 凭,「高句麗와 北朝의 關係」『高句麗研究 14-高句麗의 國際關係-』(2002).

李在成, 「4-5世紀 高句麗와 契丹」『高句麗硏究 14-高句麗의 國際關係-』(2002).

李成制, 「高句麗 長壽王代의 對宋外交와 그 意義」『白山學報』 67(2003).

李成制, 「"靺鞨問題"를 통해서 본 6世紀末 遼西 정세의 변화」『학예지』 10(육군박물
　　관, 2003).

徐榮敎, 「고구려의 대당전쟁(對唐戰爭)과 내륙아시아 제민족-安市城戰鬪와 薛延陀-」『
　　軍史』 49(2003).

李成制, 「長壽王의 對北魏交涉과 그 政治的 의미 -北燕을 둘러싸고 이루어진 對北
　　魏關係의 전개-」『歷史學報』 181(2004).

李成制, 「高句麗의 對唐戰爭과 安市城戰鬪」『우리나라의 대외항쟁과 호국정신』(전
　　쟁기념관, 2004).

李成制, 「高句麗의 西方政策과 對北魏關係의 定立-高句麗의 '專制海外'를 둘러싼
　　北魏의 認識 변화를 중심으로-」『實學思想硏究』 26(2004).

Abstract

On The western policy of Koguryo in the 5~6th century

The purpose of this study is to examine the characteristics and changes revealed in the western policy of Koguryo in the 5~6th century. The existing researches have not fully noticed the importance of the problem of the western powers for Koguryo's international policy. According to the dominant theory of the existing study, Koguryo could maintain her double-edged diplomatic relations with Northern Wei(北魏) and Song(宋) by using Northern Wei's opposition to Song. It has been accepted that there was no military collision between Koguryo and the western powers and their relationship was peaceful, though there were some phases of opposition and tension. Northern Wei, however, thrust the west of Koguryo after defeating Northern Yen(北燕). Northern Ch'i(北齊) and Sui (隋), which united China, followed in the steps of Northen Wei one after another. Koguryo usually met the western powers which thrust Liao-hsi(遼西) region. Though there were no actually military collisions, there always existed tension in the relation between Koguryo and the western powers, which sometimes led to a crisis of overall collision. This study tries to reach a systematic understanding of Koguryo's international policy toward the western powers and their threats. In this connection, I especially notice the reality and changes of Koguryo's international relations in the 5~6th century, focusing on her conference(冊封) by the west powers and her tribute(朝貢) to the west powers.

The result of this study can be sketched like this. Instead of opposing to Northern Wei, King Changsu(長壽王) tried to draw her compromise and this resulted in her agreement to his proposal for keeping a friendly relationship between the two countries. With tribute to Northen Wei, he approved the priority of Northern Wei in the power relation between the two countries. Instead, with conference of Northern Wei, Koguryo secured her vested rights to east of Liao-hsi. Based on this friendly relationship, Koguryo attempted to maintain her exclusively powerful status to east of Liao-hsi and at the same time to reduce the possibility of collision due to the expansion of Northern Wei's power. This relationship, however, of conference and tribute was a tentative and variable one. That is to say, this agreement between the two countries made in the 23d year of King Changsu when their borders did not meet was the result of their intension to take advantage of future situation. For this reason, he prevented Northern Wei's progress toward Liao-hsi with military power when the new situation of the collapse of Northern Yen arose.

After Koguryo's interference with the expansion of Northern Wei, they opposed each other. As Northen Wei considered Koguryo as one of main hostile countries, Northern Wei pushed ahead with its policy toward the East powers, which was done against Koguryo's reception of the king of Northern Yen(;馮弘).

It is illustrated in the cases that Northern Wei established Hwayong-Garrison(和龍鎭), and nominated and sent leading persons as Tung-i Gyowi(東夷校尉). The opposition between the two countries offered 송 the opportunity to disperse Northern Wei's military power. As Song attempted to threat the east of Northern Wei by receiving the king of Northern Yen, Koguryo was nearly involved with the situation of their opposition. After this, Koguryo severed a diplomatic relation with Northern Wei and promoted a diplomatic relation with Song and could elevate her potential in this situation. Taking a neutral attitude towards the two countries enabled Kogyryŏ to secure her new power of check and to prevent Northern Wei from undertaking armed operations to the west of Koguryo. Furthermore, Koguryo could avoid getting involved with Song's opposition to Northern Wei, which drew most of East Asian countries.

Entering to the latter period of his reign, King Changsu resumed a diplomatic relation with Northern Wei because Northen Wei pressed Koguryo with revealing that it would provide a military support for Paekche(百濟), Wu-chi(勿吉), etc., opposed to Koguryo. Koguryo made an effort to break Northen Wei's threat by keeping a friendly relationship with it. This effort was also to prevent counteractions of another surrounding powers which could take advantage of Northern Wei's eastern policy. Along with Koguryo's effort to improve the relation between the two countries, Northen Wei's strategy against Koguryo developed in different ways. Northern Wei attempted to control Koguryo in their diplomatic relations and this attempt resulted in conflicts between the two countries focusing on diplomatic rituals, or marriages. Koguryo's western policy also changed from diplomatic one to military one. King Changsu gave a huge blow to Paekche by collapsing its capital and his subsequent military action shook the east area of Northern Wei. With these actions, Koguryo made Northern Wei recognize that Koguryo was very powerful and Northern Wei should coexist friendly with Koguryo. It was in this period that the approval that the East region to the east of Liao-hsi would be under Koguryo's control was accepted. With this approval, Koguryo and Northern Wei came into the relation of coexistence which excluded the unilateral lead of any party, and this relation was defined institutionally.

With the collapse of Northern Wei's power, Koguryo's relations to the west entered into a new phase. She tried to expand her power around Liao-hsi and to secure migrants. Though she could not occpy Liao-hsi, she succeeded in securing the migrants. As Northern Ch'i got into the west of Koguryo, both countries opposed each other with the problem of the migrants. Koguryo accepted Northern Ch'i's demand and repatriated the migrants. By giving up the priority which she previously had in the relations with the west powers, she chose to coexist with them.

When Sui got into the Liao-hsi after her unification of China, Koguryo attempted to pursue a diplomatic compromise with it. That is, by giving tribute to Sui and receiving conference from Sui, Koguryo intended to keep peaceful coexistence, which had been one of the main characteristics of the relations between Koguryo and its western powers since the days of Northern Wei. But, with Sui's march to Liao-hsi accelerated, the powers around Sui and Koguryo began to fall into Sui's control. Sui's march to Lia-hsi went beyond the balance of power and its invasion to Kogyryŏ was also expected. Against Sui's advance,

Koguryo attacked Ying-zhǒu, Sui's strongpoint in Liao-hsi, to retrieve the balance of power. Koguryo, however, did not want to oppose Sui unilaterally. With consideration of all these conditions, Koguryo's attck on Liao-hsi was kind of a limited warfare, which lasted when Sui's counterattack happened in a large scale. By maintaining Sui's prestige, Koguryo could pull his troops out of Liao-hsi and be recognized that she had the control of that region. As a result, though uneasily, Koguryo could maintain her relations with the western powers based on coexistence until the early 7th century.

한국사 연구총서 54

高句麗의 西方政策 研究

인쇄일 초판 1쇄 2005년 01월 10일
        3쇄 2015년 03월 23일
발행일 초판 1쇄 2005년 01월 15일
        3쇄 2015년 03월 25일

지은이 이 성 제
발행인 정 진 이
발행처 새미
등록일 2005.03.15. 제17-423호

서울시 강동구 성내동 447-11 현영빌딩 2층
Tel : 442-4623~4 Fax : 442-4625
www.kookhak.co.kr
E-mail : kookhak2001@hanmail.net
ISBN 978-89-541-0286-5 93900
가 격 14,000원

* 새미는 국학자료원의 자매회사입니다.
* 저자와의 협의 하에 인지는 생략합니다.